Griechische Schriftsteller

DIE BERÜHMTEN

Griechische Schriftsteller

Vorgestellt von Rainer Nickel

Philipp von Zabern

Inhalt

So ist der Mensch

Äsop

Name:	**Aisopos**
Lebensdaten:	**6. Jh. v. Chr.**
Literarische Gattung:	**Fabel**
Werke:	**Überwiegend Tierfabeln in Prosa**

Wer war das?

Äsop ist als individuelle Person kaum fassbar. Sagenhaftes und Anekdotisches ist in den sogenannten Äsop-Roman, eine fiktive Äsop-Biographie, eingeflossen, die vielleicht schon im 6. Jh. v. Chr. entstanden ist, aber erst in der römischen Kaiserzeit aufgezeichnet wurde. Der Geschichtsschreiber → Herodot kennt den „Roman". Er erzählt von einer Pyramide des ägyptischen Königs Mykerinos:

> Manche Griechen behaupten, diese Pyramide gehöre der Hetäre Rhodopis. Sie wissen offenbar nicht, wer Rhodopis war; sonst würden sie nicht behaupten, man habe ihr eine solche Pyramide gebaut. Rhodopis stammte aus Thrakien und war Sklavin des Iadmon von Samos. Sie war eine Mitsklavin des Fabeldichters Aisopos. Auch er gehörte Iadmon, wie man am deutlichsten daraus ersieht: Als man in Delphi auf göttlichen Befehl wiederholt ausrufen ließ, wer die Genugtuung für das Leben des Aisopos in Empfang nehmen wolle, da erschien nur ein Enkel des Iadmon, ein zweiter Iadmon, der die Buße annahm. Also gehörte auch Aisopos dem Iadmon.
>
> *(Herodot 2, 134)*

Herodots Hinweis setzt voraus, dass Äsop in Delphi ermordet oder zu Unrecht getötet wurde. Auch → Aristophanes (*Wespen* 1446 ff.) weiß von der Geschichte seiner Tötung zu Delphi wegen vermeintlichen Tempeldiebstahls. Nach → Aristoteles (fr. 573 Rose) war Äsop Thraker und kam als Sklave nach Samos.

Die frühe Äsop-Legende – so scheint es – verhinderte die Rekonstruktion einer zuverlässigen Biographie. Das legendäre Erzählgut deckte die historisch-biographischen Tatsachen zu.

Was schrieb er?

Im Äsop-Roman heißt es, Äsop habe die Fabeln, die unter seinem Namen liefen, aufgeschrieben und in der Bibliothek des Königs Kroisos hinterlegt. Seine Fabeln sind unterhaltsame Texte, die sich Menschen aufgrund ihrer natürlichen Freude am Erzählen und Zuhören zu allen Zeiten und in allen Kulturen erzählten und gern erzählen ließen. Das Vergnügen an diesen kurzen, pointierten und witzigen Geschichten wird nicht geschmälert, wenn praktische Lebensweisheit und Moral hinzukommen. Der wichtigste Effekt bleibt aber die überraschende Pointe, mit der jede gute Fabel den Hörer „belohnt". Allerdings besitzen nicht alle Fabeln eine „Moral" im landläufigen Sinne, und das empfohlene Verhalten ist keineswegs immer moralisch akzeptabel. Sehr oft „lehrt" die Fabel, Vorteile rücksichtslos wahrzunehmen, günstige Gelegenheiten zu nutzen oder sich an Feinden zu rächen. Sie nährt die Schadenfreude und erzeugt in der Regel kein Schuldbewusstsein oder schlechtes Gewissen – ganz im Gegenteil. Wahrscheinlich diente sie nicht dem Zweck, Menschen zu bessern oder auf den richtigen Weg bringen – sie spiegelt eigentlich nur menschliche Grundbedürfnisse und -befindlichkeiten. Die Fabel nimmt den Menschen eben, wie er eben ist.

Wie wurden seine Werke überliefert?

Der Redner und Philosoph Demetrios von Phaleron erstellte um 300 v. Chr. eine Sammlung „äsopischer Geschichten", doch die uns zugänglichen Sammlungen sind wesentlich später entstanden. Die älteste ist wohl die *Collectio Augustana*, die nach einem ehemals in Augsburg und jetzt in München befindlichen Codex (gr. 564) benannt ist und auf eine Sammlung zurückgeht, die erst zwischen dem 2. und 5. Jh. n. Chr. entstand.

Wie lebten die Werke fort?

Phaedrus, der römische Autor, der sich (wie er selbst im Prolog zum ersten Buch seiner lateinischen Fabelsammlung erklärt) in die Tradition der äsopischen Fabeldichtung stellte und den Erzählstoff des Äsop in Jamben setzte, definiert eine zweifache Wirkung seines Buches: Es „bringt zum Lachen" und „vermittelt Lebensklugheit". Sollte aber jemand – so Phaedrus – daran Kritik üben wollen, weil hier Bäume oder Tiere redeten, soll er bedenken, dass „wir nur mittels erfundener Geschichten scherzen". Im Prolog zum zweiten Buch bezieht sich Phaedrus erneut auf die äsopische Fabel. Äsop erscheint hier schon als Synonym für eine literarische Gattung, der der lateinische Dichter den Zweck zuspricht, die „Fehleinschätzungen menschlicher Möglichkeiten" zu korrigieren und die „Fähigkeit zur Selbstbeobachtung" zu stärken. In diesem Sinne will auch Phaedrus mit seinen Fabeln niemanden treffen oder gar einzelne Personen bloßstellen, sondern „das Leben als solches und die Verhaltensweisen der Menschen darstellen" (Prolog zum 3. Buch, 50). Es geht ihm um „das, was allen Menschen gemeinsam ist" (46), womit er sich wiederum der Tradition der äsopischen Gattung anschließt. Ausdrücklich sagt er dies noch einmal im Prolog zum vierten Buch (10 f.): Er nenne seine Fabeln „äsopische Fabeln" (*fabulae Aesopiae*), nicht etwa „Fabeln des Äsop" (*fabulae Aesopi*).

Dass schon Sokrates um das Jahr 400 v. Chr. eine Sammlung äsopischer Geschichten vorlag, ist nicht unwahrscheinlich. Immerhin berichtet → Platon im *Phaidon*, Sokrates habe im Gefängnis erzählt, er sei im Traum wiederholt dazu aufgefordert worden, „Musenkunst" zu betreiben. Zuerst habe er darunter die Philosophie verstanden, dann aber doch angefangen zu dichten, aber nur mit den Möglichkeiten eines nachschaffenden Poeten, indem er u. a. Fabeln des Äsop in Verse gesetzt habe (60c–61b). In demselben Zusammenhang denkt Sokrates über die Unvereinbarkeit von Lust und Schmerz nach und meint, dass Äsop aus diesem Problem, wenn es ihm bewusst gewesen wäre, eine Fabel gemacht hätte:

Äsop und die attischen Redner

Der Redner Demades sprach einmal in Athen vor dem Volk. Die Leute hörten ihm aber nicht richtig zu. Da bat er sie darum, ihm zu erlauben, eine „äsopische Geschichte" zu erzählen. Sie waren damit einverstanden, und er fing an zu erzählen:

„Demeter, eine Schwalbe und ein Aal hatten denselben Weg. Als sie an einen Fluss kamen, flog die Schwalbe hoch, der Aal tauchte ins Wasser."

Dann sprach Demades nicht weiter.

Die Leute fragten ihn: „Was ist denn mit Demeter passiert?"

Er antwortete: „Sie ärgert sich über euch, weil ihr euch für die wichtigen Angelegenheiten der Stadt nicht interessiert, es aber gern zulasst, dass man euch äsopische Geschichten erzählt."

Auch der Redner Demosthenes soll einmal, als er von den Athenern niedergeschrien wurde, für wenige Worte um Ruhe gebeten haben. Daraufhin erzählte er die äsopische Geschichte vom Schatten des Esels, den ein junger Mann gemietet hatte. Als die Sonne heftig brannte habe ihm der Vermieter des Esels dessen Schatten streitig gemacht, indem er behauptete, er habe zwar den Esel, nicht aber dessen Schatten als

Schutz gegen die sengende Sonne vermietet. Als Demosthenes die Geschichte bis hierhin erzählt hatte, wollte er fortgehen, aber die Athener hielten ihn auf und wollten das Ende hören. Demosthenes reagierte darauf mit folgenden Worten: „Ihr wollt also etwas über den Schatten eines Esels hören; wenn ich aber über bedeutende Angelegenheiten des Staates spreche, wollt ihr mir nicht zuhören" (Hausrath Nr. 63 und Halm Nr. 339).

Wie seltsam ist es doch um das bestellt, ihr Männer, was die Menschen das Lustvolle nennen, wie wunderlich verhält es sich zu seinem Gegenteil, dem Schmerzhaften: beide wollen nicht gleichzeitig im Menschen entstehen; wenn aber jemand eines von beiden verfolgt und ergreift, dann ist er fast immer gezwungen, auch das andere mitzunehmen, als ob beide an einem Ende miteinander verknüpft wären. Und mir scheint, wenn Äsop daran gedacht hätte, dann hätte er die folgende „Geschichte" daraus gemacht: „Der Gott wollte die widerstreitenden Empfindungen miteinander versöhnen; als er es aber nicht schaffte, verknüpfte er ihre Enden miteinander. Und aus diesem Grunde ist es so: bei wem das Eine entsteht, den überkommt anschließend auch das Andere."

So geht es offensichtlich auch mir. Weil ich durch die Fesselung Schmerzen im Bein bekam, stellt sich jetzt anscheinend die Lust ein.

(Platon, Phaidon 60b)

Was bleibt?

Die in den Fabeln dargestellten Schwächen wie etwa Neid, Habsucht, Geiz, Eitelkeit, Hochmut sind durchweg Ursachen für eine geradezu grandiose Fehleinschätzung, denen die handelnden Personen unterliegen. Das menschliche Leben ist demnach eine unendliche Kette von Fehleinschätzungen und falschen Entscheidungen.

Aischylos

Name:	**Aischylos**
Lebensdaten	**525/524–456/455 v. Chr.**
Literarische Gattung:	**Tragödie**
Werke:	***Die Eumeniden, Agamemnon, Die Perser* u. a.**

Wer war das?

Aischylos stammte aus Eleusis bei Athen. Sein Vater hieß Euphorion. Schon 499/495 v. Chr. beteiligte er sich an einem Tragödienwettstreit; 484 v. Chr. errang er seinen ersten Sieg. Er nahm an den berühmten Schlachten der Perserkriege teil: Marathon (490 v. Chr.), Salamis (480 v. Chr.), Plataiai (479 v. Chr.). Auf Einladung des Tyrannen Hieron besuchte er später Sizilien; dort hat er die *Perser* ein zweites Mal aufgeführt und dafür viel Beifall bekommen. 468 v. Chr. soll er im Tragödienwettstreit dem Sophokles unterlegen gewesen sein. Er starb fast siebzigjährig, als ein Adler eine Schildkröte auf seinen Kopf fallen ließ. In Gela (Sizilien) wurde er bestattet; er hatte sein eigenes Grabepigramm verfasst, das in seiner antiken Vita zitiert wird; der Text verschweigt zwar seinen Ruhm als Dichter, rühmt aber seine Verdienste in den Perserkriegen:

> Aischylos, den Sohn des Euphorion, birgt dieses Grabmal.
> Er starb in der Getreidestadt Gela. Von seiner Tapferkeit
> könnte das ruhmreiche Gefilde von Marathon reden und
> jeder langmähnige Meder, der ihn kennt.

(11)

Athenaios wies im 2. Jh. n. Chr. in seinem Reiseführer darauf hin (1, 14, 5), Aischylos habe am Ende seines Lebens (für sein Monument) nur seinen Namen und den seines Vaters und seiner Heimatstadt aufgeschrieben und hinzugefügt, dass er den Hain von Marathon und die Perser, die dort gelandet seien, als Zeugen seiner Tapferkeit nennen könne.

Aischylos ist nicht nur durch seine literarischen Werke berühmt. Er bewährte sich auch mit seiner persönlichen Tapferkeit im blutigen Kampf.

Was schrieb er?

Sieben Tragödien des Aischylos sind vollständig erhalten: *Sieben gegen Theben, Die Schutzflehenden, Agamemnon, Die Choephoren, Die Eumeniden, Die Perser* und *Der gefesselte Prometheus*. Dazu kommen zahlreiche Fragmente weiterer Tragödien und einiger Satyrspiele. Von 79 Stücken sind die Titel bekannt.

Die vollständig erhaltenen Tragödien verbindet die Absicht des Autors, eine gottgewollte Ordnung darzustellen, in der sich das menschliche Handeln ereignet. Die Gottheit garantiert den Bestand dieser Ordnung, solange der Mensch seine Grenzen nicht überschreitet. Tut er dies doch, sorgt die Gottheit dafür, dass der Mensch durch Leiden lernt und zur Erkenntnis seiner Beschränktheit gelangt. So bedeutet zum Beispiel der persische Feldzug gegen die Griechen in den *Persern* eine Nichtachtung dieser Grenzen – das Überschreiten des Bosporus ist eine Metapher dafür.

Die 472 v. Chr. zum ersten Mal aufgeführten *Perser* sind die älteste Tragödie der Weltliteratur. Die Niederlage des Xerxes durch die griechische Flotte wird aus der Sicht der besiegten Perser dargestellt. Das Stück spielt am persischen Königshof in Susa. Es gliedert sich in vier Teile: (1) Der Chor der persischen Ratgeber und Atossa, die Mutter des Königs, ahnen ein großes Unglück voraus. (2) Ein Bote berichtet vom Untergang der persischen Flotte bei Salamis. (3) Der Schatten des Dareios erscheint und deutet die persische Vergangenheit, Gegenwart und Zukunft. (4) Das Stück endet mit dem alles Maß überschreitenden Klagegeschrei der Besiegten (zu dem der vermutlich frenetische Jubel der Theaterbesucher in bedenklichem Kontrast stand).

Als Teilnehmer an der Schlacht bei Salamis konnte Aischylos den Botenbericht von dem für die Perser so katastrophalen Ereignis wie ein Augenzeuge schreiben. Dass der Dichter die persische Kultur und Geschichte studiert hatte, zeigt das Stück. Aischylos geht es aber nicht um die historischen Fakten, sondern um ihre Deutung. Die zentrale Frage ist, warum Xerxes scheitern musste. Für den Dichter hat die Katastrophe ihre Ursache in der Hybris des Perserkönigs, seinem Aufstand gegen die göttliche Ordnung. Er wäre nicht Aischylos, wenn er nicht zugleich die Sieger vor der eigenen Überheblichkeit hätte warnen wollen. Diese Deutung kommt in den Worten des Dareios, des verstorbenen Vaters des Xerxes, zum Ausdruck:

Dort erwartet die Unterlegenen das größte Leid als Vergeltung für die Hybris und für die gottlosen Absichten; denn sie scheuten sich nicht, nach Griechenland einzudringen, die Götterbilder zu rauben und die Tempel in Brand zu setzen. Die Altäre sind verschwunden und die Gotteshäuser von Grund auf zerstört. Weil sie so viel Schlimmes taten, ist nicht geringer, was sie selbst leiden und noch leiden werden, und es ist noch kein Ende der Leiden zu sehen, sondern es kommt noch immer mehr dazu. [...] Noch im dritten Glied werden die Leichenhaufen den Sterblichen wortlos vor Augen führen, dass sich ein Mensch nicht über seine Grenzen hinaus erheben darf. Denn wenn Überheblichkeit aufgeblüht ist, lässt sie die Frucht der Verblendung reifen, aus der ein tränenreicher Herbst die Ernte einbringt. Wenn ihr solches als Strafe dafür seht, denkt auch an Athen und Griechenland, und sorgt dafür, dass keiner, der sein gegenwärtiges Schicksal in Überheblichkeit verachtet und auf anderes versessen ist, sein großes Glück verliert! Zeus, der die allzu hochmütigen Gedanken bestraft, ist da und passt streng auf. In diesem Sinne sollt ihr, die ihr im Besitz der Vernunft seid, jenen Mann, Xerxes, mit klugen Ermahnungen dazu drängen, endlich Schluss zu machen mit seiner auf maßlosem Stolz beruhenden Gotteslästerung.

(807–831)

Die Grenzüberschreitung besteht darin, dass Xerxes über den Hellespont eine Brücke geschlagen, das Meer gewissermaßen gefesselt hatte und zudem versucht hatte, die traditionell auf dem Lande operierenden persischen Streitkräfte in eine Seestreitmacht zu verwandeln. In die Warnung vor der Gefahr der Hybris wird selbstverständlich auch das siegreiche Athen einbezogen.

Die *Orestie* ist die einzige vollständig erhaltene griechische Tragödien-Trilogie, bestehend aus dem *Agamemnon*, den *Choephoren* und den *Eumeniden*. Dieses letzte erhaltene Werk des Aischylos wurde 458 v. Chr. uraufgeführt.

Thema des **Agamemnon** ist einerseits die ruhmvolle Eroberung von Troja und andererseits der Untergang des Siegers Agamemnon. Der Chor erzählt, wie Agamemnon in der Bucht von Aulis durch widrige

Griechische Dramen – Aufführungspraxis

Tragödien, Komödien und Satyrspiele wurden in Athen bei den Festen zu Ehren des Gottes Dionysos, aufgeführt – im Rahmen eines Wettkampfs *(agón)*. Am wichtigsten waren die sog. Großen Dionysien:

– Drei Tragödiendichter traten an jeweils einem Tag mit einer Trilogie von Tragödien und einem Satyrspiel (einer Art Mischung aus Tragödie und Komödie) – neuen Stücken, die nur für diese eine Aufführung geschrieben worden waren und nacheinander aufgeführt wurden.

– Beim Komödienwettstreit traten 3–5 Komödiendichter mit jeweils einem neuen Stück an.

Am Ende der Komödien- bzw. Tragödienaufführungen wurden jeweils die Sieger gekürt. Außerdem gab es neue Dramen beim Lenäen-Fest zu sehen, wo wiederum Preise verliehen wurden – hier lag der Schwerpunkt jedoch auf der Komödie.

Auf der Bühne wurden alle Rollen, auch die weiblichen, von Männern dargestellt. Zunächst gab es nur einen einzigen Schauspieler, der alle Rollen darstellte, mittels verschiedener Masken; Aischylos brachte einen zweiten Schauspieler auf die Bühne – eine bahnbrechende Neuerung. Ein dritter Schauspieler wurde von Sophokles in die Tragödie eingeführt.

Winde festgehalten wird und Kalchas den Zorn der Artemis durch die Opferung der Iphigenie zu besänftigen rät. Agamemnon opfert die Tochter für den wegen einer Frau begonnenen Krieg. Agamemnon ist nicht nur wegen seiner Mordtat in Gefahr, sondern auch deshalb, weil er so viele Menschen für den Krieg geopfert hat. Denn jede Tat enthalte ihren Lohn oder ihre Strafe. Der Chor begrüßt Agamemnon und fordert ihn auf, wachsam zu sein. Er versteht aber die Warnungen des Chores nicht, weil er sie nicht auf sich selbst bezieht. Klytaimnestra beklagt ihr schweres Los während der Abwesenheit ihres Mannes und preist ihr Glück nach seiner Rückkehr. Agamemnon mahnt die Gattin, nicht zu übertreiben, damit die Götter nicht neidisch würden. Jetzt bringt der Chor seine Furcht vor dem Schlimmsten zum Ausdruck. Klytaimnestra fordert Kassandra auf, die Agamemnon aus Troja mitgebracht hatte, ins Haus zu kommen. Die Gefangene reagiert aber nicht. Erst der Chor bringt sie zum Sprechen, und sie verkündet, welches Unglück im Haus des Agamemnon in Kürze geschehen werde. Sie sagt nicht nur Agamemnons, sondern auch ihre eigene Ermordung voraus. Der Chor sträubt sich dagegen, an das Entsetzliche zu glauben. Kassandra geht todesbereit in den Palast, aus dessen Innern die Schreie des tödlich getroffenen Agamemnon dringen. Klytaimnestra tritt auf und bekennt sich zu der Mordtat. Der Chor droht ihr an, dass sie ihre ruchlose Tat dereinst zu büßen habe. Sie verliert jedes Maß. Die Verhöhnung des toten Feindes dürfte zwar im Athen des 5. Jhs. v. Chr. grundsätzlich nicht anstößig gewesen sein. Wie aber Klytaimnestra ihren Hass auf Agamemnon und Kassandra herausschreit, das haben wohl auch die Athener als außergewöhnlich empfunden, zumal die vor ihr liegenden Körper der Erschlagenen keine im Kampf getöteten Gegner, sondern Opfer einer heimtückischen Mordtat sind. Der Gott Apollon lässt es zu, dass Agamemnon und Kassandra (sogar doppelt!) verhöhnt werden – wie schon im Leben, so jetzt auch im Tod. Indem Aischylos Klytaimnestra die Mordopfer schmähen lässt, will er Apollons Niederträchtigkeit noch stärker hervortreten lassen. Denn was sie sagt, fällt auf diesen zurück:

Wenn Klytaimnestra sagt, Kassandra habe wie ein sterbender Schwan gesungen, so ist dies kein lyrisches Intermezzo, sondern wiederum eine Anspielung auf Apollons tödliche Wirkung, war doch der dem Gott geweihte Schwan mit seherischen Fähigkeiten ausgestattet. Allerdings singt der Schwan, laut Sokrates in Platons *Phaidon* (85a–b), nicht aus Traurigkeit, sondern weil er das Gute in der Unterwelt voraussieht.

Die Verhöhnung der toten Kassandra lässt auf den ersten Blick ein Mordmotiv erkennen, welches das Opfer selbst schon ausgesprochen hatte: Klytaimnestra werde sie ermorden, einfach weil sie nach Argos gebracht worden sei. Mit ihrer Schmährede bestätigt Klytaimnestra Kassandras Behauptung. Aber neben dieser (unbestrittenen) Kränkung war ein anderes Motiv für Klytaimnestra von ungleich größerer Bedeutung: Agamemnons Opferung seiner Tochter Iphigenie in Aulis. Aus Rache für ihr Kind und zu Ehren der göttlichen Mächte Dike, Ate und Erinys schlachtete Klytaimnestra ihren Mann (1432 f.). Kassandra war – wie gesagt – nur die Beilage zum Hauptgericht.

Obwohl also Agamemnons Ehebruch nicht das entscheidende Motiv der Mordtat war, so besteht doch zwischen Iphigenies und Kassandras Schicksal eine deutliche Verbindung: Wie Iphigenie schuldlos war an der Situation der griechischen Flotte in Aulis, so trug Kassandra keine Schuld an der Tötung Iphigenies durch Agamemnon. Beide Frauen sind vielmehr Opfer eines grausamen Götterpaares: Die Tötung Kassandras besänftigt Apollons Groll, der Tod der Iphigenie den von Apollons Schwester Artemis.

Auch wenn es nicht ungewöhnlich war, dass Götter sich so verhielten wie Apollon, der Kassandra an ihre Mörderin ausliefert, konnte und wollte Aischylos dieses Verhalten nicht entschuldigen. Auch wenn er den Gott nicht direkt anklagt, so ist sein Mitgefühl mit Kassandra doch verknüpft mit dem Widerwillen, den er gegen ihn empfindet – nicht zuletzt auch aufgrund dessen, dass Apollon Orest zum Muttermord zwang. Ein Gott, der solches fordert, konnte kein gerechter Gott sein kann.

Das grausame Doppelopfer der beiden Frauen und das Schicksal des Orest hat Apollon und Artemis zwar diskreditiert. Aber Aischylos – so scheint es – hält grundsätzlich daran fest, an die Güte göttlicher Macht zu glauben. Er sieht sie jedoch in dem einen Gott verkörpert, den er zunächst „Zeus" nennt (*Agamemnon* 160–183), der dem Ausspruch „durch Leiden lernen" (177) volle Geltung verleiht und selbst diejenigen, die sich sträuben, zur Vernunft bringt. Diese göttliche Macht bekommt später den Namen „Gerechtigkeit", die den Leidenden auferlegt, sich um Einsicht zu bemühen (249 f.). Mehrfach lässt Aischylos den Chor ausrufen: „Das Gute soll siegen!" Das ist gewissermaßen das Motto, unter das Aischylos das göttliche Wirken in der Zukunft stellt.

Die Tragödie **Choephoren** („Frauen, die das Totenopfer darbringen") beginnt mit dem Gebet des Orest an Hermes. Er fühlt sich als Rächer seines Vaters im Einklang mit dem göttlichen Willen. Der Chor der Choephoren beklagt das Ausmaß der Freveltat: Klytaimnestra hat gegen die Weltordnung verstoßen. Durch den Gattenmord wurde die Familie, durch den Königsmord die Ordnung des Staates zerstört. Das Gesetz der Vergeltung fordert die Bestrafung der Täterin. Klytaimnestra schickt ihre Tochter mit Gaben der Versöhnung an das Grab des Vaters, doch Elektra betet um die Heimkehr ihres Bruders Orest und den Vollzug der Rache. Dann entdeckt sie, dass der Bruder schon am Grab war; es kommt zur Begegnung zwischen den Geschwistern. Orest bekennt sich zu seiner unausweichlichen Rachepflicht. Die Geschwister beklagen das Unglück des Vaters, das Vergeltung fordert. Orest empfindet diese aber nicht mehr nur als Pflicht: Er ist entschlossen, sie aus eigenem Wollen und eigener Verantwortung zu vollziehen. Zu Orests Frage, warum die Mutter Gaben der Versöhnung zum Grab ihres Opfers schicke, verweist die Chorführerin auf den bösen Traum Klytaimnestras, der ihr die Tötung durch den eigenen Sohn angekündigt habe. Der Chor nennt Beispiele menschlicher Gräueltaten und endet in der Hoffnung auf den Sieg des Rechts. Der Chor bittet Zeus und andere Götter um Hilfe für Orest und fordert diesen erneut dazu auf, kein Erbarmen zu zeigen und seine Tat zu vollenden. Schließlich berichtet die Chorführerin vom Vollzug der Tat: Aigisthos ist tot. Anschließend trifft Orest auf Klytaimnestra. Er zögert, erfüllt dann aber seine Rachepflicht. Der Chor frohlockt ob der vollzogenen Vergeltung. Am Schluss tritt Orest das Grauen der Tat in Gestalt der Rachegöttinnen, der Erinyen, vor Augen. Die Chorführerin

Auch den noch hörst du, meiner Schwüre gült'gen Spruch:
Bei ihr, die rächen half mein Kind, bei Dike, bei
Ate, Erinys, denen ich ihn schlachtete:
Nicht tritt an Furcht mir der Gedank' ins Haus hinein,
solang entflammt das Feuer mir an meinem Herd
Aigisthos, mir wie vordem wohlgesinnt und treu:
Denn der ist uns ein Schild, kein schwacher, unsres Muts.
Da liegt, der seinem Weib hier Schmach und Unrecht tat,
der Chrysestöchter Herzensschatz vor Ilion.
Die Kriegsgefangne – hier! Die Zeichendeuterin
und Beischläfrin von dem dort, die Wahrsagerin,
getreuer Bettschatz ihm, die Schiffsverdeckes Bank
mit ihm gedrückt! Doch ungestraft nicht taten sie's:
Denn dem ging's so! Und die, als sie nach Schwanes Art
den letzten noch gesungen, ihren Sterbesang,
liegt – da! sein Herzenslieb, mir aber brachte er
sie her, als leckre Zukost meiner Schwelgerei.[1]

(1431–1447)

---

[1] Übersetzung Oskar Werner, in: *Aischylos. Tragödien und Fragmente.* München 1959.

erklärt ihm, er brauche Entsühnung durch Apollon, der ihm den Auftrag zum Muttermord gab.

Der dritte Teil der *Orestie*, mit dem Titel **Eumeniden** (die „Wohlgesinnten"), spielt zuerst im delphischen Heiligtum des Apollon, dann im Heiligtum der Athene auf der Akropolis in Athen. Orest sitzt am heiligen „Nabel der Welt", und um ihn herum sind die Erinyen, seine Verfolgerinnen, vor Erschöpfung eingeschlafen. Apollon tritt zu Orest hin, verspricht ihm seine Hilfe und entsühnt ihn. Hermes soll ihn aber noch nach Athen geleiten zum Bild der Burggöttin, wo er Richter finde, die ein gerechtes Urteil fällen werden. Klytaimnestras erscheint als Schatten, um die Erinyen zu wecken. Die Szene in Delphi findet ihr Ende in einem Wortwechsel zwischen Apollon und der Führerin des Erinyen-Chores, nachdem der Gott die Erinyen zum Verlassen seines Heiligtums aufgefordert hatte. Die Chorführerin wirft Apollon vor, er trage die volle Schuld an der Tat des Orest. Apollon erklärt aber seinen festen Willen zur Rettung des Muttermörders. Orest, der sich vor dem Tempel der Pallas Athene in Athen befindet, bittet die Göttin um gnädige Aufnahme. Die Erinyen verfolgen ihn immer noch und wollen ihn nicht loslassen. Athene greift ein und erklärt ihre Absicht, ein Gericht einzusetzen, das für immer in Mordfällen Recht sprechen soll. Der Chor gibt zu bedenken, welche Folgen die Entmachtung der Erinyen haben werde, fordert aber auch ein gerechtes Leben ohne Zwang. In einer Gerichtsverhandlung, an der auch Athene teilnimmt, setzt sich Apollon für Orest ein. In den Plädoyers der Chorführerin der Eumeniden und des Gottes wird ein gewaltiger Konflikt sichtbar: Apollon steht für eine patriarchalische Götterwelt, in der die Tötung Agamemnons und das Rachegebot für Orest schwerer wiegen als die Mordtat an der Mutter. Die Erinyen aber vertreten die matriarchalische Welt, in der die Mutter alles gilt. Orest wird mit Stimmengleichheit freigesprochen, nachdem Athene ihm ihren Stimmstein gegeben hat. Schließlich kommt es auch auf der Ebene des Göttlichen zur endgültigen Versöhnung: die rächenden Erinyen haben sich in die „wohlmeinenden" Eumeniden verwandelt und werden in Zukunft nur noch segensreich wirken.

Alle drei Teile der *Orestie* veranschaulichen ausweglose Pflichtenkollisionen: Agamemnon muss den Bruch des Gastrechts durch Paris und den Raub der Helena mit dem Krieg gegen Troja rächen; die von Artemis verursachte Blockade seiner Flotte zwingt ihn, entweder die Göttin durch Opferung seiner Tochter Iphigenie zu versöhnen oder seine Pflichten als Heerführer zu vernachlässigen:

> Schwer ist mein Los, wenn ich nicht gehorche, schwer ist es aber auch, wenn ich mein Kind hinschlachte, den Glanz meines Hauses, und meine Vaterhände mit dem Blut des Mädchens am Opferstein besudele. Was ist ohne Schuld? Wie soll ich mit meinen Schiffen abziehen und meinen Bündnisschwur brechen? Denn es ist rechtmäßig, mit großer Leidenschaft nach dem Opfer, das den Sturm stillt, und dem Blut des Mädchens zu verlangen. Doch es möge uns am Ende alles gut ausgehen!
>
> *(Agamemnon 205–217)*

Ähnlich steht später sein Sohn Orest vor dem Dilemma, entweder die eigene Mutter töten zu müssen oder die Racheverpflichtung gegenüber seinem ermordeten Vater unerfüllt zu lassen und zugleich seinen Herrschaftsanspruch aufzugeben. In beiden Fällen steht der Held vor der Entscheidung, von zwei einander widersprechenden moralischen oder politischen Forderungen nur die eine befolgen zu können und damit notgedrungen eine Pflichtverletzung gegenüber der anderen zu begehen. Aischylos ist der Überzeugung, dass derartige Verfehlungen von der jeweils zuständigen Gottheit geahndet werden. Daraus ergibt sich die Einsicht, dass der Mensch dem Risiko ausgesetzt ist, Entscheidungen treffen zu müssen, die zwangsläufig den Groll einer Gottheit erregen. Erst die menschliche Rechtsordnung, die in den *Eumeniden* von Athene gestiftet wird, wird die Notwendigkeit brutaler Racheaktionen ausschalten können.

Wie wurden seine Werke überliefert?

Der athenische Redner Lykurg soll in den 30er Jahren des 4. Jhs. v. Chr. ein offizielles und verbindliches Staatsexemplar der Tragödien des Aischylos angefertigt haben. Das war auch nötig, weil die Stücke vielfach aufgeführt wurden und dabei naturgemäß manche Veränderung erfuhren. Wahrscheinlich wurde dieses Exemplar durch Ptolemaios Euergetes auf illegale Weise nach Alexandria gebracht. Dort hat es der Vorsteher der berühmten Bibliothek, Aristophanes von Byzanz, unter seine wissenschaftliche Obhut genommen. In den Jahrhunderten der Römerherrschaft gingen zahlreiche Stücke (bis auf die sieben heute noch erhaltenen) weitgehend verloren. Im 9. Jh. diente ein Exemplar mit den sieben Tragödien als Grundlage für eine verzweigte Handschriftentradition. Das zuverlässigste Manuskript wurde um 1000 n. Chr. geschrieben, im 15. Jh. nach Italien gebracht und befindet sich jetzt in der Bibliotheca Laurentiana in Florenz. Dieser *Codex Laurentianus* enthält auch noch die sieben Sophokles-Tragödien und die *Argonautika* des Apollonios von Rhodos. Zur Gewinnung wertvoller Fragmente haben die Papyrusfunde im ägyptischen Oxyrhynchus beigetragen.

Wie lebten die Werke fort?

In der 405 v. Chr. aufgeführten Komödie *Die Frösche* erwähnt Aristophanes die *Sieben gegen Theben* und nennt sie ein „vom Kriegsgott erfülltes" Stück (1021). Ausführlich vergleicht der Komödiendichter die Kunst der beiden Tragiker Aischylos und Euripides. Es findet ein großer Wettstreit statt, in dem die beiden einander ihre dramaturgischen Schwächen und andere Fehler vorhalten; außerdem geht es um die Frage, wessen Dichtung mehr Gewicht beanspruchen könne. Auch die sittlichen Maßstäbe der Dichtung werden ins Spiel gebracht, und in dieser Hinsicht ist Aischylos, der Dichter der altehrwürdigen Tragödie, dem „modernen" Euripides offensichtlich überlegen. Die Entscheidung wird schließlich

durch die Frage herbeigeführt, welcher der beiden Dichter für seine Vaterstadt der bessere Ratgeber in der politischen Situation der Gegenwart
(Peloponnesischer Krieg) ist; der von Dionysos als Sieger benannte
Dichter soll Athen den größeren Nutzen bringen. Die Entscheidung fällt
zugunsten des Aischylos; dahinter steht die Sorge um die Zukunft
Athens in der Zeit größter Bedrohung von innen und von außen, denn
die Niederlage gegen die Spartaner (in der Schlacht von Aigospotamoi
405 v. Chr.) zeichnete sich bereits ab. Die Würdigung der beiden großen
Tragiker Aischylos und Euripides mit den Mitteln der Parodie mündet
ein in eine Entscheidung, die im kommenden 4. Jh. dadurch aufgehoben
wurde, dass nicht Aischylos, sondern Euripides bevorzugt wiederauf-
geführt wurde und als Vorbild für spätere Dichter diente.

Am *Agamemnon*, dem ersten der drei Stücke der *Orestie*, soll die
Wirkung des Aischylos auf die Gegenwart exemplarisch durchgespielt
werden. Die Verbindungslinie zwischen dem *Agamemnon* und ihrer
Erzählung *Kassandra* (1983) hat Christa Wolf selbst gezogen, indem sie
darauf hinwies, dass ihre Orestie-Lektüre eine entscheidende Voraussetzung ihrer Erzählung war. Christa Wolf vertritt die Auffassung, dass
Aischylos in Kassandra eine gescheiterte Auflehnung gegen die Moral
des Vaterrechts veranschauliche, das er vertrete, ohne sich von der früheren mutterrechtlichen Denkweise deutlich zu distanzieren; daraus
erkläre sich auch Kassandras und Klytaimnestras Größe. Aischylos, der
„männliche Dichter", relativiere jedoch die Größe der beiden Frauen,
indem er sie konfrontiere als sich gegenseitig hassend, eifersüchtig,
kleinlich ... Die Figur der Kassandra (so die Autorin) habe Aischylos
aber nicht wirklich interessiert – jedenfalls nicht so sehr wie die Mörder
Aigisthos und Klytaimnestra. Das trifft so sicherlich nicht zu; denn
Kassandra ist für Aischylos keine Episodenfigur, sondern das unschuldige
Opfer des durch und durch bösen und ungerechten Gottes Apollon.
Christa Wolfs Reflexionen über Kassandra im *Agamemnon* des Aischylos
beschreiben auf beeindruckende Weise, wie eine moderne Autorin dem
„Stichwort" Kassandra nachgeht und hilft, Aischylos aus einem unge-
wohnten Blickwinkel zu sehen.

Was bleibt?

Aischylos war davon überzeugt, dass im Gang der Geschichte nicht etwa
der Zufall, sondern am Ende immer Recht und Gerechtigkeit siegen, die
von einer höheren göttlichen Macht – er nennt sie Zeus – eingefordert
und hergestellt wird. Er hat diese Überzeugung durch den Verlauf und den
Ausgang der Perserkriege gewonnen und in seinen Tragödien dargestellt.

Verrat und Vergeltung – Ursprünge der Lyrik?

Archilochos

Name:	**Archilochos von Paros**
Lebensdaten:	**ca. 680–630 v. Chr.**
Literarische Gattung:	**Elegie, Lyrik, Epode, Fabel**
Werke:	**Lyrische Gedichte, Fabeln**

Wer war das?

Archilochos war Sohn eines adligen Vaters und einer Sklavin auf der Kykladeninsel Paros. Als die Parier auf der Felseninsel Thasos im Norden der Ägäis eine Kolonie gründeten, beteiligte sich Archilochos an den blutigen Kämpfen dort und in Thrakien gegen die einheimischen Bewohner. Er fiel um 630 v. Chr. in einem Krieg seiner Heimatinsel gegen die Insel Naxos und wurde wahrscheinlich nicht älter als 50 Jahre. Herodot (1, 12) erwähnt, Archilochos sei ein Zeitgenosse des Lyderkönigs Gyges (gest. 652 v. Chr.) gewesen; diesen habe der Dichter in einem jambischen Trimeter erwähnt (vgl. Frg. 19 W = 22 D). Auch Archilochos' Hinweis auf eine Sonnenfinsternis (122 W = 74 D) kann sich nur auf diejenige vom 6. April 648 v. Chr. beziehen, und wahrscheinlich hat der Dichter dieses für die damalige Zeit so beunruhigende Naturereignis als etwa Dreißigjähriger selbst erlebt.

In seinen *Bunten Geschichten* (10, 13) berichtet Claudius Aelianus, Kritias habe Archilochos vorgeworfen, er habe sich selbst in ein schlechtes Licht gesetzt; wenn er nämlich nichts darüber gesagt hätte, so wüssten wir gar nicht, dass er der Sohn der Sklavin Enipo war, seine Heimatinsel aus Armut und Mittellosigkeit verließ und deshalb nach Thasos ging, nach seiner Ankunft mit den Leuten dort in Streit geriet und gleichermaßen Freunde und Feinde beleidigte. Wir wüssten auch nicht, dass er ein Ehebrecher war, wenn wir es nicht von ihm selbst erführen, noch dass er von haltloser Sinnlichkeit war und seinen Schild fortwarf. Archilochos sei kein guter Zeuge in eigener Sache gewesen, da er einen solchen Ruf hinterlasse (295 W = VS 88 B 44).

Einen Dichter dieses Schlages konnten die spartanischen Freunde des Kritias natürlich nicht in ihrem Land dulden: Als er einmal nach Sparta kam – so berichtet Plutarch (*Moralia* 239 B) –, habe man ihn unverzüglich ausgewiesen, weil bekannt war, dass er in einem Gedicht (5 W = 6 D) erklärt hatte, es sei besser, seine Waffen fortzuwerfen als zu sterben. Der römische Autor Valerius Maximus kann darüber hinaus im 1. Jh. n. Chr.

berichten (*Über die Strenge* 6, 3 Ext. 1), die Spartaner hätten die Bücher des Archilochos aus ihrem Staat entfernen lassen, da sie ihnen zu unanständig und schamlos gewesen seien. Sie hätten vermeiden wollen, dass ihre Kinder durch die Lektüre des Archilochos moralisch verdorben statt intellektuell gefördert würden. Deshalb hätten sie den größten oder nach Homer wenigstens zweitgrößten Dichter der Griechen, „weil er eine ihm verhasste Familie auf übelste Weise beschimpft und beleidigt hatte", bestraft, „indem sie seine Verse aus ihrer Reichweite verbannten".

In der *Anthologia Graeca* finden sich drei Epigramme (7, 69–71), die die gefürchtete Angriffslust des Dichters zum Thema haben:

> Kerberos, der du die Toten mit furchtbarem Bellen begrüßest,
> nun ist an dir diese Furcht vor einem Toten voll Graus.
> Denn Archilochos starb! Gib acht! Aus dem galligen Munde
> spritzt er voll giftiger Lust bissige Jamben hervor.
> Was seine Stimme vermag, das sahest du, als des Lykambes
> Töchter ein einziger Kahn beide zugleich dir gebracht.[1]

---

1 Übersetzung Hermann Beckby, in: *Anthologia Graeca. Griechisch-Deutsch. Bücher I–XVI mit Namen- und Sachverzeichnis und anderen vollständigen Registern*, München 1957.

Das Epigramm spielt auf ein Ereignis an, das den Dichter anscheinend tief verletzt hatte: Lykambes hatte ihm die Ehe mit einer seiner Töchter versprochen und diesen Schwur später gebrochen. Daraus erklärt sich die Aggressivität, mit der Archilochos literarisch über die Familie des Lykambes herfiel und den Vater und dessen Töchter so verunglimpfte, dass sie Selbstmord begingen. Wahrscheinlich brauchten die Toten keine Angst vor Archilochos zu haben, wenn sie ihm zu Lebzeiten nichts antaten, was ihn hätte herausfordern können. Dennoch sollte man auf der Hut sein:

> Sieh hier am Meeresgestade Archilochos' Grab, der als Erster
> seine Gesänge ins Gift tötender Nattern getaucht,
> blutig des Helikons Frieden entweihend. Das fühlte Lykambes, als er die Stricke der drei Töchter voll Jammer beweint.
> Geh drum leise vorbei, o Wandrer, und störe der Wespen
> stechenden Schwarm nicht auf, der auf dem Grabe hier sitzt.

Die 1949 gefundenen Steinplatten aus dem „Archilochos-Tempel" auf der Insel Paros enthalten noch weitere biographische Angaben: In Paros wurde dem Dichter der Prozess gemacht, weil er in einem Lied auf den Gott Dionysos nicht die nötige Ehrfurcht bewiesen habe. Allerdings heißt es, der Dichter sei zu Unrecht angeklagt worden. Das habe man daraus ersehen können, dass Dionysos alle Männer des Landes für das Unrechtsurteil bestraft habe, bis Archilochos rehabilitiert worden sei.

Der Beruf des Söldners, eines „Dieners des mächtigen Herrn Enyalios" (1 W = 1 D), bot vermutlich nicht die besten Voraussetzungen für eine geruhsame Existenz. Die ständigen Gefahren des Landsknechtslebens dürften die Einstellung des Mannes zu seiner Welt entscheidend geprägt haben. Der Kampf wurde zum Element seines Daseins, ob er diesen nun mit der Waffe in der Hand oder mit seinen Versen ausfocht. Die dauernde Bedrohung von Leib und Leben mussten zu einer tiefgreifenden Desillusionierung führen. So war es eigentlich nur konsequent, wenn Archilochos im Kampf ums Überleben eine vielleicht schon übertriebene Wachsamkeit entwickelte – gepaart mit einer fast schon neurotischen Angst vor Bedrohung. Anscheinend fühlte er sich durch alles und jeden angegriffen, so dass er auf jeden vielleicht auch nur vermeintlichen Angriff mit äußerster Schärfe reagierte. Was im Schlachtgetümmel oder auf dem Marsch in Feindesland noch Sinn ergab, war im zivilen Umfeld wohl weit überzogen.

So wird man Dichter: die Berufung des Archilochos

Berühmt ist die Berufungslegende des Dichters, die an Hesiods Musenweihe (s. S. 82) erinnert: Archilochos wurde von seinem Vater aufs Land geschickt, um von dort eine Kuh in die Stadt zu bringen. Er stand sehr früh auf, als der Mond noch schien. Als er mit der Kuh am Strick an einen bestimmten Platz kam, sah er dort einige Frauen, von denen er annahm, sie kehrten von ihrer Arbeit in die Stadt zurück; er scherzte mit ihnen, und sie fragten ihn, ob er die Kuh verkaufen wolle. Er bejahte und sie boten ihm einen angemessenen Preis. Auf einmal waren die Kuh und die Frauen verschwunden; zu seinen Füßen aber lag eine Lyra. Er erschrak darüber sehr. Allmählich begriff er, dass ihm soeben die Musen erschienen waren und ihm die Lyra geschenkt hatten. Er hob das Musikinstrument auf, setzte seinen Weg fort und erzählte seinem Vater, was passiert war ...

Was schrieb er?

Wahrscheinlich hatte der römische Kaiser Julian Apostata (360–363 n. Chr.) Recht mit seiner psychologischen Deutung der Dichtung des Archilochos: „Dem Alkaios und Archilochos von Paros war es von der Gottheit nicht vergönnt, ihrer Muse in Lust und Frohsinn zu frönen. Geplagt wie sie waren, der eine so, der andere so, gebrauchten sie ihre Musengabe dazu, sich das Los zu erleichtern, das ihnen der Himmel auferlegt hatte, und zwar indem sie diejenigen schmähten, die ihnen Unrecht getan hatten" (*Misopogon* 337a–b, Übers. M. Giebel). Diese Erklärung passt zu der ursprünglichen Bedeutung des volkstümlich spottenden Jambus mit seiner magisch-abwehrenden Funktion. Das als böse, als ruchlos, als schädlich Wahrgenommene wird vom Dichter in Verse „gebannt" und auf diese Weise unschädlich gemacht.

Archilochos war offensichtlich unfähig, Vertrauen zu entwickeln. Die Erfahrung von Verlust und Verletzung, Verrat und Verachtung und nicht zuletzt die Erschütterung durch Eid- und Wortbruch müssen ihn nachhaltig getroffen haben. So verwirft er auch die Wertvorstellungen seiner Zeit und den Glauben an helfende Götter. Das Streben nach Ruhm entlarvt er als Selbstbetrug: Keiner genießt mehr Ansehen, wenn er erst einmal tot ist (133 W = 64 D). Man schätzt den Söldner nur, solange er kämpft (15 W = 13 D). Manche Heldentat ist in Wirklichkeit nichts als Mord (101 W = 61 D). Den eitlen Strategen gibt er dem Gelächter preis. Aussehen und innere Vorzüge eines Menschen sind für Archilochos nicht kongruent. Äußerlichkeiten spielen keine Rolle, wenn der Mann nur sicher auf den Füßen steht und ein mutiges Herz besitzt, d. h. wenn er in der Lage ist, sich selbst zu helfen (114 W = 60 D).

Die größte Provokation aber war der „elegische" Bericht über den Verlust des Schildes (5 W = 6 D). Archilochos stellt sich selbst als „Schildwegwerfer" dar, um dem in seinen Augen ebenso verlogenen wie sinnlosen Heroismus der Adelswelt seiner Zeit eine entschiedene Absage zu erteilen. Er wurde dafür schon in der Antike vielfach geschmäht.

Die metrischen Formen seiner Dichtung sind vielfältig. Neben dem daktylischen Versmaß benutzt Archilochos den jambischen Trimeter und den trochäischen Tetrameter. Diese Formen übernimmt er aus der Volkspoesie und entwickelt sie weiter, sodass er auch als ihr Erfinder gilt. Horaz (*Epistel* 2, 3, 79) weist darauf hin, Archilochos habe „die Wut mit seinen Versen bewaffnet". Weil Archilochos den Jambus literaturfähig machte, darf er wohl auch als „Erfinder" des Dialogverses im griechischen Drama gelten. Aus der Vereinigung von Versen verschiedener Länge und Art schuf Archilochos außerdem die Form der Epode. Die Epoden des Horaz, die der Römer selbst als „Jamben" bezeichnet, stehen in der Nachfolge des Archilochos (*Epistel* 1, 19, 23–25).

Die metrische Formenvielfalt der Gedichte des Archilochos scheint den *rhysmós*, das Auf und Ab, seines bewegten Lebens, widerzuspiegeln:

> Herz, mein Herz, von ausweglosem Kummer überschüttet, tauch auf und wehr dich gegen alle, die dir übelwollen, wirf ihnen deine Brust entgegen. Um deine Feinde abzuwehren, musst du ihre Nähe suchen, ohne zu zögern: und wenn du siegst, darfst du deinen Stolz nicht offen zeigen, wenn du besiegt bist, jammere

nicht, zu Hause auf den Boden stürzend. Doch über Erfreuliches
freue dich und über Schlimmes sei betrübt, aber nicht zu sehr.
Erkenne einfach das Auf und Ab, das die Menschen erfasst.

(128 W = 67a D)

Selbstverständlich hat Archilochos auch einen literarischen Hintergrund. Obwohl er in einem schroffen Gegensatz zum Programm der
epischen Dichtung steht – das Mythologische spielt keine besondere
Rolle und die Gedichte haben nicht mehr auf die Helden der Vergangenheit, sondern die Gegenwart des Dichters zum Thema –, ist Archilochos
ohne Homer nicht denkbar. Die Nähe zu Homers Odysseus ist in manchen Fragmenten unübersehbar. Archilochos bringt die Haltung, die das
wirkliche Leben den Menschen abverlangt auf den Punkt:

Heftiges Trauern, Perikles, missbilligt weder einer der Bürger
noch die Stadt, und sie wird trotzdem Festesfreuden genießen.
Denn das waren wirklich Männer, die die Woge des tosenden
Meeres verschlang!
Von Kummer erfüllt sind unsere Herzen.
Aber die Götter haben uns doch für unheilbares Leid,
mein Freund, ein Mittel gegeben: die Kraft, dies zu erdulden.
Mal trifft es diesen, mal jenen. Jetzt kam es über uns.
Die blutige Wunde lässt uns aufstöhnen vor Schmerzen.
Bald aber wird es wieder andere treffen.
Ertragt es doch einfach und lasst das weibische Klagen!

(13 W = 7 D)

Das war auch die Haltung des Vorbilds Odysseus. Auf seinen Irrfahrten musste sich der Held als der „Dulder" erweisen; aber „die duldende
Kraft" des Archilochos rechnet auch mit zukünftigem Leid, gegen das
man sich wappnen muss. Das Vorbild könnte Archilochos aber auch
noch unter einem anderen Aspekt zur Nachahmung angeregt haben. In
der Trugrede des Odysseus vor Eumaios, dem göttlichen Schweinehirten
(Od. 14, 191–359), ist eine literarische Form erkennbar, die für die Dichtkunst des Archilochos grundlegend war: die bewusste Verknüpfung von
Phantasie und Wirklichkeit, von Fiktion und Tatsachenbericht, die hier
der unerkannte Odysseus zum Zweck der Tarnung vornimmt – diese Art
der fingierten Selbstdarstellung übernimmt Archilochos, wenn er von
sich selbst spricht. Das Bild, das Odysseus von sich zeichnet, ist dem Bild
verwandt, das Archilochos von sich entwirft. Wenn Archilochos (7 W)

dazu auffordert, „anstürmen soll jeder gegen die Feinde mit standhaftem Sinn und unbeugsamem Mut im Herzen, ohne zu weichen", dann klingen die Worte des Odysseus nach: „Wenn ich [...] den Feinden Schlimmes plante: nie sah der mannhafte Mut mir dann den Tod voraus, sondern anspringend als weit Erster fasste ich den Feind stets mit der Lanze, der mir mit den Füßen unterlegen war" (14, 217–221). Aber Odysseus erzählt auch von seiner Expedition nach Ägypten und seiner Kapitulation vor dem feindlichen König: „Sofort nahm ich den Helm vom Kopf ... und den Schild von meinen Schultern, warf den Speer aus der Hand und lief, so wie ich war, den Pferden des Königs entgegen und fasste und küsste seine Knie." Dieses ganz und gar unheroische Verhalten stellt Archilochos nach, indem er seinen Schild fortwirft, um sein Leben zu retten:

An dem Schild hat jetzt irgendein Saier seine Freude. Ich ließ ihn an einem Busch zurück; tadellos war er gewiss, und ich tat es nicht gern. Mich selbst aber hab' ich gerettet. Was kümmert mich jener Schild? Geschehen ist geschehen. Später werd' ich mir einen neuen besorgen, der nicht schlechter ist.

(5 W = 6 D)

Wenn der homerische Odysseus das Vorbild des Archilochos ist, dann kann man die Echtheit des folgenden, durch einen Papyrus überlieferten Fragments nicht mehr bestreiten: Der Text beschreibt einen Schiffbrüchigen, der Odysseus sehr ähnlich sieht. Allerdings verwendet unserer Dichter diese Szene, um einen Gegner zu verfluchen, dem es so ergehen soll wie Odysseus nach seinem Schiffbruch vor der Insel der Phäaken (vgl. Od. 5, 424–493). Der Unterschied ist nur, dass Odysseus von der Märchenprinzessin Nausikaa gerettet wird, während Archilochos dem Verfluchten wünscht, dass ihn barbarische Thraker gefangen nehmen und zum Sklaven machen. Wenn Archilochos die Leiden des Odysseus einem Verräter und Eidbrüchigen wünscht und dies in Form eines jambischen Bannfluches äußert, will er sagen: Der Verräter soll verdientermaßen noch Schlimmeres leiden als der unschuldig leidende Odysseus ...

[Er werde] von Wellen gepeitscht!
Und in Salmydessos mögen ihn die Thraker
mit ihren hohen Frisuren nackt ergreifen, so freundlich es geht,
da soll er viel Böses erleiden,
wenn er sein Sklavenbrot isst,
vor Kälte erstarrt, und aus dem Salzschaum
soll viel Tang an ihm kleben,

die Zähne sollen ihm klappern,
wenn er wie ein Hund daliegt ohne Kraft,
ganz dicht bei der Brandung der Wogen [...]
Das möchte ich vor Augen haben,
weil er mir Unrecht tat und den Eid mit Füßen trat
und doch einst mein Freund war.

(Frg. 79a D)

Wenn der homerische Odysseus das lyrische Ich des Archilochos geprägt hat, dann ist die tatsächliche Biographie des Lyrikers aus seinem Werk nicht zu rekonstruieren – ebenso wenig wie der Lebenslauf, den Odysseus vor dem Sauhirten vorträgt, von biographischer Relevanz ist. Archilochos gestaltet nach dem Vorbild des homerischen Odysseus und mit dessen Wahrnehmungsmustern eine fiktive Autobiographie, die ihm Raum und Schutz bietet, seine Sprache als Mittel der Aggression zu erproben. Dass in diese Fiktion auch Wirklichkeit eingewoben ist, liegt nahe. Wo aber die Grenze verläuft, ist nicht auszumachen.

Wie wurden seine Werke überliefert?

In den Textausgaben der alexandrinischen Philologen Aristophanes von Byzanz und Aristarch werden die Gedichte des Archilochos nach metrische Prinzipien zitiert. Das Werk des Archilochos ist heute in mehr als 300 Fragmenten erhalten, die eine ganz unterschiedliche Herkunft haben: Neben dem Komödiendichter Aristophanes, der das berühmte „Schildwegwerfer"-Fragment zitiert (*Frieden* 1289–1299 und 1301), sind den Kommentatoren und Scholiasten prominenter antiker Autoren Fragmente des Archilochos zu verdanken. Darüber hinaus war er für Grammatiker, Metriker und Rhetoren eine Fundgrube für ungewöhnliche lexikalische Erscheinungen. Der Lexikograph Hesych aus Alexandria (5./6. Jh. v. Chr.) nahm zahlreiche Wörter des Archilochos in sein Lexikon auf. Von großer Bedeutung sind auch die Inschriften aus Paros und die Papyrus-Reste aus Oxyrhynchus und andere Papyri. Der erst 1974 veröffentlichte *Papyrus Coloniensis* enthält ein umfangreiches Stück aus einer Epode, und auch in die *Anthologie* des Stobaios (5. Jh. n. Chr.) wurde er aufgenommen. Nicht zuletzt haben ihn die „etymologischen" Werke und Enzyklopädien des Mittelalters benutzt.

Wie lebten die Werke fort?

Schon der Rhetoriklehrer Quintilian (10, 1, 59) bewunderte die „gewaltige Kraft" der Sprache des Pariers. Seine Sätze seien kraftvoll und zugleich knapp und treffend, blutvoll und energiegeladen in höchstem Maße. Wer so zu sprechen vermag, kann zweifellos auch gewaltigen Einfluss nehmen. Dion Chrysostomos (*Reden* 33) versteigt sich im 1. Jh. n. Chr. zu einem hymnischen Lob: Es habe seit Menschengedenken nur zwei Dichter gegeben, die allen anderen überlegen waren – Homer und Archilochos. Homer habe alle Erscheinungen in der Welt gerühmt und gepriesen, Archilochos dagegen vor allem den Tadel, aber auch den Tadel gegen sich selbst, den die Menschen ebenso brauchten wie das Lob. Er habe die Fähigkeit besessen, mit seinen Gedichten andere anzugreifen und niederzumachen und die Verkehrtheiten der Menschen durch seine Rede aufzudecken. Wenn auch ein bedeutender Philosoph wie Heraklit (VS 22 B 42) den Jamben-dichter aus den Preiswettkämpfen herausgeworfen und verprügelt wissen will oder ein Kollege wie → Pindar (*Pythische Oden* 2, 54) den „tadelsüch-tigen Archilochos" ablehnt, der sich „an Schmähreden voll Hass und Groll weidete", blieb der Dichter aus Paros doch hochberühmt. Selbst Platon (*Staat* 365c) spricht vom „allerweisesten" Archilochos, während er auf den Fuchs in den Fabeln des Dichters hinweist, und Aristoteles zitiert Archi-lochos (19 W; 122 W) als einen selbstverständlich bekannten Autor. Die anonyme Schrift *Über das Erhabene* (33, 4) charakterisiert die Verse des Archilochos als „Ausbrüche göttlicher Eingebung". Ein wertvolles Zeugnis für diese Wertschätzung ist selbstverständlich auch das Ehrenmal auf Paros, mit dem Archilochos kultische Verehrung erfuhr: Der Gott Apollon hatte einem gewissen Mnesiepes (3. Jh. v. Chr.) den Auftrag gegeben, einen Tempel zu Ehren des Dichters zu errichten. Erhalten sind Teile einer In-schrift von diesem Ehrenmal. Im 1. Jh. n. Chr. wurde es von einem gewis-sen Sosthenes restauriert und mit weiteren Inschriften ausgestattet (51 D). Wie sehr er nach seinem Tod vom delphischen Apollon geehrt wurde, be-richtet Galen in seinem *Protreptikos* (23): Als der Mann, ein gewisser Korax, der Archilochos in der Schlacht getötet hatte, den Apollon-Tempel betreten wollte, hinderte ihn der Gott daran, indem er sprach: „Einen Die-ner der Musen hast du erschlagen. Verlass meinen Tempel!" War es doch auch Apollon, der dem Vater des Dichters vor dessen Geburt geweissagt hatte, ihm werde ein unsterblicher Sohn geboren (Dion Chrys. 33, 12).

Der hohe poetische Rang, den man Archilochos in der Antike ein-räumte, lässt sich auch aus der Tatsache ablesen, dass er mehrfach mit Homer in einem Atemzug genannt wird. In der *Historia Romana* (1, 5, 1–2) des Velleius Paterculus (um 20 v. Chr.–30 n. Chr.) wird der einmalige Genius Homers gepriesen. Seine Größe zeige sich darin, dass er weder Vorbilder noch Nachahmer habe. Auch finde man keinen anderen Schöpfer einer Dichtungsgattung, der zugleich ihr Vollender gewesen sei – außer Homer und Archilochos. Für die Schrift *Über das*

Erhabene (13, 3) ist Archilochos ein „Homerikos", ein Dichter wie Homer – neben Stesichoros, Herodot und Platon.

Nietzsche und Archilochos

Dass die Verknüpfung von Homer und Archilochos über die Jahrtausende gehalten hat, beweist Friedrich Nietzsche. Aus ungleich größerer zeitlicher Entfernung sieht er Homer und Archilochos als „die Urväter und Fackelträger der griechischen Dichtung ... diese beiden gleich völlig originalen Naturen" und fragt, ob der „wild durchs Dasein getriebene kriegerische Musendiener Archilochus" überhaupt ein Künstler sei:

„Er, der, nach der Erfahrung der Zeiten, immer „ich" sagt und die ganze chromatische Tonleiter seiner Leidenschaften und Begehrungen vor uns absingt. Gerade dieser Archilochus erschreckt uns, neben Homer, durch den Schrei seines Hasses und Hohnes, durch die trunknen Ausbrüche seiner Begierde; ist er, der erste subjektiv genannte Künstler, nicht damit der eigentliche Nichtkünstler? Woher aber dann die Verehrung, die ihm, dem Dichter, gerade auch das delphische Orakel, der Herd der ‚objektiven' Kunst, in sehr merkwürdigen Aussprüchen erwiesen hat? [...]

Wenn Archilochus, der erste Lyriker der Griechen, seine rasende Liebe und zugleich seine Verachtung den Töchtern des Lykambes kundgibt, so ist es nicht seine Leidenschaft, die vor uns in orgiastischem Taumel tanzt: wir sehen Dionysus und die Mänaden, wir sehen den berauschten Schwärmer Archilochus zum Schlafe niedergesunken – wie ihn uns Euripides in den Bakchen beschreibt, den Schlaf auf hoher Alpentrift, in der Mittagssonne –: und jetzt tritt Apollo an ihn heran und berührt ihn mit dem Lorbeer. Die dionysisch-musikalische Verzauberung des Schläfers sprüht jetzt gleichsam Bilderfunken um sich, lyrische Gedichte, die in ihrer höchsten Entfaltung Tragödien und dramatische Dithyramben heißen" (Die Geburt der Tragödie aus dem Geiste der Musik, 1871, 36 f. Schl.).

Wenn man diese ebenso berauschten wie berauschenden Sätze auf die literaturgeschichtliche Wirklichkeit herunterbricht, dann bestätigt Nietzsche doch nur die Tatsache, dass Archilochos die Waffe des volkstümlichen Jambus ebenso erfolgreich wie artifiziell handhabt, so dass er zur Sprachform des dramatischen Dialogs werden kann, und der Lyriker ist trotz aller Subjektivität und Individualität eben doch ein Künstler im Sinne Nietzsches, weil er in der Lage ist, seine Subjektivität in eine objektive Kunstform zu zwingen.

Was bleibt?

„Ertragt es doch einfach und lasst das weibische Klagen." (aus 13 W=7 D)

Inszenierung der Realität

Aristophanes

Name:	**Aristophanes von Athen**
Lebensdaten:	**ca. 450–ca. 385 v. Chr.**
Literarische Gattung:	**Komödie**
Werke:	**Lysistrate, Vögel, Wolken u. a.**

Wer war das?

Über den Werdegang des Aristophanes als eines komischen Dichters sind wir informiert: Anfangs schloss er sich etablierten Dichtern an und ging bei ihnen in die Lehre, arbeitete ihnen zu und verfasste schon einzelne Szenen und Chorlieder für sie; er betätigte sich gewissermaßen als Regieassistent. Dann brachte er mit großem Erfolg eigene Stücke heraus, die er aber zunächst nicht selbst inszenierte. Erst später übernahm er die volle Verantwortung für seine Komödien.

Was schrieb er?

Elf vollständige Komödien des Aristophanes sind erhalten; hinzu kommen über 900 Fragmente aus verlorenen Stücken. Die erhaltenen Komödien lassen sich in die Zeit zwischen 425 und 388 v. Chr. datieren. Bei den meisten dieser Stücke ist bekannt, bei welchen der beiden zu Ehren des Gottes Dionysos gefeierten Frühlingsfesten – den Lenäen und den Großen Dionysien – sie aufgeführt wurden und welchen Platz sie im Wettkampf der Komödiendichter gewannen. Da die Stücke als Weihgaben für den Gott verstanden wurden, durften sie – ursprünglich – nur ein einziges Mal aufgeführt werden. Die Beliebtheit des Aristophanes im antiken Athen beruht vor allem auch auf seiner Fähigkeit, schwierige und abstrakte Fragen in eine bühnenwirksame und allgemeinverständliche Handlung umzusetzen.

Aristophanes' Komödien lassen sich vier Themenkreisen zuordnen. Ein erstes Thema ist die Situation, in der sich Athen während des Peloponnesischen Krieges (s. S. 159) befand. Davon handeln die *Acharner* (425 v. Chr.), der *Friede* (421 v. Chr.) und die *Lysistrate* (411 v. Chr.). Über diesen historischen Rahmen informiert Thukydides, der u. a. die durch den Krieg bedingte Zwangsumsiedlung der Landbevölkerung in die Stadt schildert (2, 16 f.). Diese Notlage wurde noch durch den Ausbruch der Pest erheblich verschärft (2, 52 f.). Das Dorf Acharnai war durch die Kriegseinwirkungen besonders hart getroffen. Auch darüber berichtet Thukydides (2, 19).

Aus dieser Situation erwuchsen die **Acharner**, die bei den Lenäen den ersten Platz errangen: Der attische Bauer Dikaiopolis, „der gerechte Bürger", eine fiktive Figur des Dramas, wartet auf den Beginn der Volksversammlung. Er ist kriegsmüde und sehnt sich nach Frieden. Anscheinend steht er jedoch mit seinem Wunsch allein. Niemand will auf ihn hören. Daher will er einen Privatfrieden mit Sparta schließen und schickt einen Boten aus, der ihm einen dreißigjährigen Frieden in Form eines ebenso alten Weines verschafft. Mit Hilfe dieses Zaubermittels kann sich Dikaiopolis einen privaten Markt einrichten, der ihm alles seit langer Zeit Entbehrte aus dem Ausland verschafft. Doch der Chor kriegsbesessener Acharner wirft Dikaiopolis Verrat des Vaterlandes vor; er soll gesteinigt werden. Während einer rituellen Handlung im Kreise seiner Familie wird er von den Acharnern beschimpft. Er kann sich mit Hilfe einer List retten, wird aber gezwungen, mit dem Kopf auf dem Hackblock seine Handlungsweise zu rechtfertigen. Zuvor aber darf er noch zu Euripides gehen, um sich von dem tragischen Dichter Lumpengewänder auszuleihen, mit denen er wie die euripideischen Helden Mitleid erwecken will. Es gelingt Dikaiopolis tatsächlich, den Chor allmählich zu überzeugen, obwohl ein Teil des Chores den berühmten Feldherrn Lamachos (im Gegensatz zu Dikaiopolis eine historische Figur) um Unterstützung bittet. In der sich anschließenden Parabase des Chores, d. h. in der für die Komödie typischen Form, in der sich der Chorführer direkt an das Publikum wendet, spricht der Dichter von sich selbst, seinem Werk und seinen politischen Absichten. Darauf kann Dikaiopolis seinen Markt abhalten. Das vielfältige Treiben auf diesem Markt stellt sich als eine lose Folge burlesker Szenen dar, die in scharfem Gegensatz zu der historischen Wirklichkeit des Krieges stehen. Bevor Dikaiopolis die Gelegenheit erhält, sich zu verteidigen, packt er sich einen Kohlenkorb als „Geisel" und droht, diesen zu zerhacken, wenn man ihn nicht anhöre. Damit parodiert Aristophanes den *Telephos* des Euripides. In dieser Tragödie hatte der Held den kleinen Orest mit dem Schwert bedroht, um sich Gehör bei den Griechen zu verschaffen. Die Anspielungen gehen aber noch weiter: Dikaiopolis darf sich bei Euripides diejenigen Lumpen holen, in denen der Dichter seinen Telephos hatte auftreten lassen.

Aristophanes wollte den Gegensatz zwischen dem Friedensbedürfnis der geplagten attischen Landbevölkerung, die im Peloponnesischen Krieg schwere Lasten zu tragen hatte, und der Kriegstreiberei in Gestalt eines Kleon oder Lamachos herausstellen. Dieser Gegensatz wird an Dikaiopolis und Lamachos demonstriert. Der Bauer darf die Freuden des Friedens genießen, die in grellem Kontrast zu den Leiden des Kriegshelden Lamachos stehen. Auf der Diskrepanz zwischen der historischen Realität des Krieges und der Fiktionalität des dramatischen Geschehens und der Tatsache, dass die Handlung sowohl von fiktiven als auch von real existierenden Personen getragen wurde, dürfte die besondere Wirkung des Stückes beruht haben.

Im Prolog der *Lysistrate* treffen sich die Protagonistin und andere Frauen verschiedener griechischer Städte und Landschaften, um eine Friedensinitiative zu beraten. Lysistrate und die anderen Frauen beschließen, ihren Männern den Geschlechtsverkehr zu verweigern, bis diese bereit seien, Frieden zu schließen. Die Frauen verbarrikadieren sich auf der Akropolis. Der Chor der alten Männer beabsichtigt, die Frauen auszuräuchern; der Chor der alten Frauen will das Feuer löschen. Es kommt zu einem Rededuell und zu Handgreiflichkeiten zwischen beiden Chören. Ein Ratsherr tritt mit mehreren Helfern auf, um den Zugang zur Burg zu öffnen. Lysistrate tritt ihm mit mehreren Frauen entgegen, um diese Maßnahme zu verhindern. Es kommt zu einem Handgemenge. In einem Rededuell zwischen den Chören der Männer und der Frauen wird zum ersten Mal die Frage gestellt, warum die Frauen die Burg besetzt haben. Im nachfolgenden Dialog zwischen dem Ratsherrn und Lysistrate kommt heraus, dass die Frauen alles tun wollen, um den Krieg zu beenden. Sie wollen sich den Männern nicht länger beugen, sondern dazu beitragen, Hellas zu retten. Die Chöre der Männer und Frauen demonstrieren die Unvereinbarkeit ihrer Standpunkte. Schließlich erscheint ein Herold aus Sparta, der einem athenischen Prytanen erzählt, dass auch die spartanischen Frauen nichts mehr von ihren Männern wissen wollen. Nach einem kurzen Zwiegespräch vereinigen sich die beiden Chöre zu einem Chor. Gesandte aus Sparta treten auf und wollen mit Lysistrate sprechen, die sogleich die Versöhnung zwischen den Krieg führenden Parteien anzubahnen beginnt. Nachdem alle in die Burg gegangen sind, um zu ihren Frauen zu kommen, werden die Versöhnung und der Frieden gefeiert, der von der Liebesgöttin Aphrodite gestiftet wird.

Das Stück wurde in einer für Athen äußerst kritischen Situation während des Krieges aufgeführt. Die Athener hatten im Jahre 413 v. Chr. schwere Niederlagen hinnehmen müssen. Innenpolitisch war die Demokratie außer Kraft gesetzt. Es herrschte eine Notstandsregierung, und im Jahre 411 kamen die „Vierhundert", eine Gruppe von Oligarchen, an die Macht. Das Stück steht zwar mit diesen außen- und innenpolitischen Umständen in Zusammenhang, ist aber aus sich heraus verständlich, weil nicht der Peloponnesische Krieg allein, sondern der Krieg als solcher das Thema ist. Aristophanes führt die schon bei Homer (*Ilias* 6, 490–493) getroffene Feststellung ad absurdum, dass der Krieg reine „Männersache" sei. Nach Auffassung des Autors sind die Männer nicht in der Lage, kriegerische Konflikte zu lösen; sie brauchen dazu die Hilfe der Frauen. Das Stück ist ein Plädoyer für den Frieden mitten im Krieg.

Ein zweites Thema ist die Verspottung prominenter Persönlichkeiten und Institutionen des öffentlichen Lebens. Dazu gehören der bereits erwähnte Tragödiendichter Euripides ebenso wie der Philosoph Sokrates und der Politiker Perikles. Hiermit befassen sich u. a. die *Ritter* (424 v. Chr.), die *Wolken* (423 v. Chr.), die *Wespen* (422 v. Chr.). Als Beispiel seien kurz die **Wolken** skizziert. Die Komödie repräsentiert die geistige Bewegung der Sophistik mit ihren neuen Theorien und Argumenten und ihrer Geringschätzung traditioneller Werte; sie hat ihren Titel vom Chor der Wolken, der Götter der neuen Zeit, d. h. der Gedanken, Ideen, Begriffe und raffinierten Tricks der dialektischen Philosophie und der sophistischen Rhetorik.

Der einfache Bauer Strepsiades steht vor dem finanziellen Ruin. Er kann seiner anspruchsvollen Frau und vor allem seinem verwöhnten Sohn das Leben, das sie zu führen wünschen, nicht mehr bieten. Aber er sieht einen Ausweg: Der junge Pheidippides soll bei Sokrates und Chairephon die Kunst lernen, vor Gericht „die schwächere Sache zur stärkeren zu machen". Pheidippides weigert sich. Folglich entschließt sich Strepsiades, selbst in der „Denkerhöhle" vorzusprechen und bei Sokrates in die Lehre zu gehen. Er wird als Schüler angenommen, ist allerdings kaum in der Lage, die Grundlagen der höheren Bildung zu verstehen. Deshalb muss an seiner Stelle nun doch der Sohn in die Schule gehen. In einem Redewettkampf stellen sich ihm „die gerechte Sache" und „die ungerechte Sache" vor, um sich ihm als Lehrer anzubieten. Pheidippides gibt der „ungerechten Sache" den Vorzug, und jetzt lernt er, wie er seinen Vater von den aufdringlichsten Gläubigern befreien kann. Doch dann kommt es zu einem Streit zwischen Vater und Sohn: Pheidippides verprügelt den eigenen Vater. Dieser muss sich von seinem Sohn sagen lassen, dass diese Behandlung vollkommen gerecht ist, weil sie der Behandlung entspricht, die auch dem Sohn einst von seinem Vater zuteil wurde. Dieses Bildungsziel kann der Vater nicht mehr akzeptieren; er steckt die „Denkerbude" kurzerhand in Brand.

Die Komödie entstand aus dem Kampf des Dichters gegen die neuen sophistisch-rhetorischen Erziehungsideale, die in Athen wachsende Zustimmung fanden. Der in der Komödie karikierte Sokrates wurde im Jahre 399 v. Chr. auch wegen seines Einflusses auf die Jugend zum Tode verurteilt, und Platon weist in der *Apologie* darauf hin, dass das Sokrates-Bild des Aristophanes zu den Auslösern des Prozesses gegen Sokrates gehört habe. Aber es spricht nichts dafür, dass Aristophanes schon im Jahre 423 an diese Konsequenzen gedacht oder sie gar beabsichtigt hätte.

Das dritte Thema ist die Tragödie; mit ihr setzt sich Aristophanes in den *Fröschen* (405 v. Chr.) und in den *Thesmophoriazusen* („Frauen beim Thesmophorienfest", 411 v. Chr.), auseinander. In der ersten Hälfte der **Frösche** schildert der Dichter die Reise des Gottes Dionysos in die Unterwelt; er will als Schirmherr des Theaters seinen Lieblingsdichter Euripides wieder heraufholen. Der Gott hat sich als Herakles verkleidet, um mehr Eindruck zu wecken. Begleitet wird er von seinem Sklaven Xanthias, mit dem er jedes Mal die Gestalt tauscht, wenn ihm als Herakles Gefahr droht (und das heißt mehrfach). Im Hades ist durch die Ankunft des Euripides (der erst 406 v. Chr., also im Jahr zuvor, gestorben war) ein Streit um den Ehrenplatz des besten Tragikers an der Seite des Königs der Unterwelt, des Pluton, entbrannt. Bisher hatte → Aischylos diesen Platz inne, doch nun beansprucht Euripides den Platz für sich (im Gegensatz zu → Sophokles). Dionysos, als Fachmann für Theaterfragen, soll den Streit entscheiden (s. S. 14) Schließlich fällt die Entscheidung zugunsten des Aischylos, der sophistische Euripides unterliegt. Aristophanes lässt den „heiligen" Chor der Mysten, d. h. der in die Eleusinischen Mysterien Eingeweihten, die im Hades weilen, eine ernste Mahnung zur Versöhnung der politischen Kräfte aussprechen. Dahinter steht die Sorge um die Zukunft Athens in der Zeit größter Bedrohung von innen und von außen; denn die Niederlage gegen die Spartaner in der Schlacht von Aigospotamoi im Herbst 405 v. Chr. zeichnete sich bereits ab. Umso eindringlicher musste der Appell des Dichters an die Bereitschaft zur Einigung der Parteien klingen. Die Aufforderung zur innenpolitischen Aussöhnung soll einen solchen Eindruck gemacht haben, dass das Stück gegen alle Gewohnheit ein zweites Mal aufgeführt werden musste.

Einem vierten Thema widmen sich die *Vögel* (414 v. Chr.), die *Ekklesiazusen* („Frauenvolksversammlung", wahrscheinlich 392 v. Chr.) und der *Reichtum* (338 v. Chr.): der Suche nach einer besseren Welt. In den **Vögeln** befinden sich zwei alte Athener, Pisthetairos und Euelpides, auf dem Weg zur Behausung eines Wiedehopfs. Dort wollen sie sich nach einem ruhigen Ort erkundigen, wohin sie emigrieren können. Der Wiedehopf, der verwandelte König Tereus, hat auf seinen Flügen schon viele schöne Plätze gesehen, aber seine Vorschläge werden nicht akzeptiert. Daraufhin überlegt Pisthetairos, ob man denn nicht im Luftreich zwischen der

Menschenwelt und dem Reich der Götter einen weltabgewandten Vogel-staat gründen könne. Der Wiedehopf ruft den Chor der Vögel herbei; es kommt zunächst zu einem kleinen Streit, weil die Vögel die beiden Män-ner für Feinde und den Wiedehopf für einen Verräter halten. Dann aber kann Pisthetairos seine Vorstellungen entfalten. Seine Argumente über-zeugen: So weist er u. a. darauf hin, dass die Vögel ein älteres Recht auf die Weltherrschaft haben als die jetzigen Götter. Wenn Zeus abgesetzt sei, könne man den ursprünglichen Zustand wiederherstellen. Die Vögel wählen Pisthetairos zu ihrem geistigen Führer. Jetzt müssen die beiden Menschen, damit sie mit den Vögeln zusammenleben können, nur noch Flügel bekommen. Das geschieht hinter der Bühne. Die Zuschauer wer-den vom Chor aufgefordert, sich ebenfalls Flügel zuzulegen, um in die Vogelwelt aufgenommen zu werden. Inzwischen hat der neue Staat einen Namen bekommen: „Wolkenkuckucksheim". Die weitere Entwicklung des Vogelstaates schreitet rasch voran: Es kommt dabei u. a. zu Verhand-lungen mit den Göttern. Man einigt sich, dass Pisthetairos Basileia, die personifizierte Weltherrschaft, heiratet. Den Schluss bildet die Hochzeit des Pisthetairos mit der himmlischen Weltherrschaft.

Auch wenn der Entwurf eines „Wolkenkuckucksheim" eine Ant-wort auf die zermürbende Situation des Peloponnesischen Krieges gewesen sein kann, so spricht doch auch manches dafür, dass der Dich-ter hier nur seiner Lust an der freien Phantasie nachgab. Angesichts der äußerst angespannten politischen Lage nach Beginn der umstrittenen „sizilischen Expedition" im Jahr 415 v. Chr. enthielten sich auch die an-deren Komödiendichter direkter politischer Stellungnahmen und An-spielungen, um jede Parteinahme zu vermeiden. Sieht man aber mit ei-nem durch Thukydides geschärften Blick genauer hin, so entdeckt man doch, dass sich athenische Verhaltensweisen und Einstellungen im „Wol-kenkuckucksheim" spiegeln; das gilt z. B. für den Gegensatz zwischen der Mahnung zur „Zurückhaltung" (*apragmosýne*) im Streben nach wei-terer Machtentfaltung, in dem Drang nach „Geschäftigkeit" und in der Neigung, sich überall einzumischen (*polypragmosýne*) – im Rahmen ei-ner imperialistischen Politik.

Wie wurden seine Werke überliefert?

Die heute noch erhaltenen Texte und Scholien gehen auf die alexandri-nischen Philologen zurück. So hat z. B. Aristophanes von Byzanz eine kritische Textausgabe angefertigt. Im 1. Jh. v. Chr. verfasste Didymos einen nur in wenigen Fragmenten erhaltenen großen Kommentar, in den die alexandrinische Erklärungsarbeit eingeflossen war. Aus der Papyrus-überlieferung ist zu schließen, dass der Dichter seit dem 2. Jh. n. Chr. gern gelesen wurde. In byzantinischer Zeit war er sogar Schulautor; das bedeutet, dass es auch zahlreiche Textausgaben gegeben haben musste.

Wie lebten die Werke fort?

Schon Platon setzt Aristophanes im *Symposion* (189a–193e; 223c) ein literarisches Denkmal. Für den römischen Dichter Horaz (*Satiren* 1, 4) ist Aristophanes zusammen mit seinen Dichterkollegen Eupolis und Kratinos das Vorbild der satirischen Dichtung, und der Rhetorikprofessor Quintilian (*Unterweisung in der Redekunst* 10, 1, 66) bezeichnet diese drei als die bedeutendsten Komödiendichter. In der Spätantike wird Aristophanes zur Informationsquelle für die klassische Epoche Athens im 5. Jh. v. Chr. Ferner galt seine Sprache als musterhaft für reines Attisch. Plutarch vergleicht die Eigenarten der Komödiendichter Aristophanes und Menander (853 A) und gibt dem Jüngeren den Vorzug.

Hans Sachs bearbeitet 1531 den *Plutos*. Im 19. Jh. entstehen Übersetzungen ins Deutsche, etwa durch Johann Heinrich Voß (1821), J. G. Droysen (1835–1838) oder Ludwig Seeger (1845–1848). Aristophanes wird jetzt vor allem als politischer Autor gelesen, der die athenische Demokratie repräsentierte und sich mit seinen Stücken an das Volk und nicht an ein elitäres Publikum wandte. Heinrich Heine sah die politische Brisanz der Komödien (Deutschland, ein Wintermärchen, Caput XXVII). Bestimmte Stücke erfreuten sich besonderer Beliebtheit: So legte z. B. Franz Schubert (1823) den Text der *Lysistrate* einem Singspiel zugrunde. Im 20. Jh. sind u. a. die Operette *Lysistrata* von Paul Lincke (1902), Hofmannsthals *Prolog zur Lysistrata des Aristophanes* (1908) und Fritz Kortners Fernsehbearbeitung (1960) zu erwähnen.

Die *Wolken* gehörten schon in der Antike zu den beliebtesten Aristophanes-Stücken, die in byzantinischer Zeit vom 9. Jh. an in der Schule gelesen wurden. In der Renaissance wurden sie von Frischlin ins Lateinische übersetzt. Voltaire, Wieland, Lessing, Goethe und Hegel setzten sich mit dieser Komödie auseinander.

Was bleibt?

Die Themen und Motive des Aristophanes sind nicht erledigt: Krieg und Frieden, die Geschlechterrollen, die gesellschaftliche Funktion der Intellektuellen, die Moral der politischen und ökonomischen Eliten, die systemimmanente Gefährdung der Demokratie, die Korruption in allen Lebensbereichen, das Verhältnis zwischen Reichtum und Moral, die ungerechte Verteilung des materiellen Besitzes …

Möglichkeit und Wirklichkeit
Aristoteles

Name:	**Aristoteles aus Stageiros**
Lebensdaten:	**384–322 v. Chr.**
Literarische Gattung:	**Philosophie, Wissenschaft**
Werke:	***Philosophische Dialoge und wissenschaftliche Abhandlungen***

Wer war das?

Aristoteles aus Stageiros (später: Stageira) auf der Halbinsel Chalkidike war der Sohn des Arztes Nikomachos, der am Hof des makedonischen Königs Amyntas arbeitete. Im Jahr 367 v. Chr. tritt er siebzehnjährig in die platonische Akademie in Athen ein und gehört ihr bis zu Platons Tod (347) an. Über sein Verhältnis zu Platon ist nichts Zuverlässiges bekannt. Danach geht er nach Mytilene auf Lesbos; dort lernt er seinen wichtigsten späteren Schüler Theophrast kennen. 343 beruft ihn Philipp II. von Makedonien zum Lehrer seines Sohnes Alexander an den makedonischen Hof. Über seinen Einfluss auf den künftigen Alexander d. Großen ist nur bekannt, dass er ihm eine *Ilias*-Abschrift anfertigen lässt, die der junge König später auf seine Feldzüge mitnimmt. Nach Philipps Tod kehrt er nach Athen zurück und leitet dort ab 335 eine eigene Schule, das „Lykeion" (Lyzeum), das später auch „Peripatos" („Wandelhalle") genannt wurde. Nach Alexanders Tod im Jahr 323 muss er als „Makedonenfreund" und „Metöke" (zugereister Ausländer), vor den antimakedonischen Strömungen aus Athen flüchten; er zieht sich nach Chalkis auf Euböa zurück, wo er mit 64 Jahren an einer Magenkrankheit stirbt. Diogenes Laertios (5, 11–16) überliefert ein Testament des Aristoteles, in dem er u. a. ausführliche Anordnungen zugunsten seiner Angestellten und Angehörigen trifft – und vor allem natürlich zugunsten seiner Frau Herpyllis, „seiner treuen und fürsorglichen Gefährtin".

Was schrieb er?

Das von Diogenes Laertios überlieferte Schriftenverzeichnis enthält 19 philosophische Dialoge, den *Protreptikos* („Aufforderung zur Philosophie") und 124 philosophisch-wissenschaftliche Abhandlungen. In der Neuausgabe der Werke durch Andronikos von Rhodos waren die wichtigsten Untersuchungen, nicht aber die Dialoge und der *Protreptikos* enthalten. Alexander von Aphrodisias hat diese hellenistische Textausgabe nicht mehr zur Verfügung; er besitzt nur noch die heute im *Corpus Aristotelicum* enthaltenen Schriften.

Das Denken des Aristoteles ist stark von Platon geprägt. Doch im Gegensatz zu diesem konzentriert er sich stärker auf das Erreichbare als auf das Vollkommene. Trotz seiner Beschreibung eines vollkommenen Lebens in der *Nikomachischen Ethik* (10, 6–9) und eines vollkommenen Staates im siebten Buch der *Politik* beanspruchen die Ethik des realisierbaren Durchschnittslebens und die Analyse historischer Verhältnisse mehr Raum. In diesem Sinne legt er auch erheblich mehr Wert auf Anschaulichkeit und Praxisnähe als auf abstrakte Spekulation.

Aristoteles' philosophisches Vorgehen war bestimmt von seiner Reflexion über die Methoden des Erkenntnisgewinns, das durch Klärung der Begrifflichkeit und durch Unterscheidung von drei Stufen des Beweisverfahrens erfolgt:
1. *Evidenz* durch Beobachtung und sinnliche Wahrnehmung
2. *Induktion* (Klärung eines unklaren Tatbestandes durch Parallelisierung mit bereits geklärten Tatbeständen) und
3. *Syllogismus* (logisches Schlussverfahren).

Grundformen des Denkens sind für Aristoteles:
– Definieren
– Aussagen treffen über Seiendes unter Berücksichtigung von zehn Kategorien (Wesen, Quantität, – Qualität, Relation, Ort, Zeit, Substrat-Sein, Substrat-Haben, Wirken, Leiden)
– Feststellen des Gegensatzes
– Unterscheiden von Möglichkeit/Potenz (*dýnamis*) und Wirklichkeit/ Akt (*enérgeia*)
– Unterscheidung von Stoff (*hýle*) und Form (*eîdos*)
– Unterscheidung von Ursache und Wirkung, Mittel und Zweck (*télos*)

Von zentraler Bedeutung ist für Aristoteles die Philosophie der Bewegung (*kínesis*): Zu jedem Bewegten gehört ein Bewegendes; aber am Ende der Kette steht das Bewegende, das selbst nicht bewegt wird (so bewegt z. B. das Denkbare, das selbst unbewegt ist, das Denken). Die Seele, die aus einem vernünftigen und einem unvernünftigen Seelenteil besteht, ist das Prinzip alles Belebten. Körper und Seele stehen in demselben Verhältnis zueinander wie das Bewegte und das Bewegende und wie Stoff und Form, Mittel und Zweck. Die Seele ist die *Entelechie* (= die aktuale Wirklichkeit) eines natürlichen Körpers (*De anima* 412b5 f.).

Aristoteles ist kein „unbewegter", sondern ein vieles bewegender Beweger:
Er denkt – und schreibt für Jahrtausende.

Was ist und was kann sein? *Dýnamis* und *enérgeia*

Auf die Unterschiede zwischen Möglichkeit *(dýnamis)* und Wirklichkeit *(enérgeia)* geht Aristoteles besonders ausführlich im Buch *Theta* der *Metaphysik* ein:

„Da also von der in Bezug auf Bewegung ausgesagten Möglichkeit *(dýnamis)* gesprochen wurde, wollen wir jetzt von der Wirklichkeit *(enérgeia)* sagen, was sie ist und wie beschaffen sie ist. Denn dabei wird deutlich, dass wir nicht nur dies als möglich bezeichnen, was anderes bewegen oder von einem anderen bewegt werden kann, entweder einfach so oder auf eine bestimmte Weise, sondern auch noch in einem anderen Sinne. Darum haben wir in unserer Untersuchung auch darüber nachgedacht. Nun bedeutet Wirklichkeit, dass die Sache existiert, aber [...] nur [...] der Möglichkeit nach, wie bei einer Hermessäule, die im (unbearbeiteten) Holz oder wie in der ganzen Strecke die halbe Strecke steckt, weil sie von dieser abgetrennt werden könnte, und bei einem Wissenden und nicht gerade Denkenden, wenn er fähig ist zu denken, sondern der wirklichen Tätigkeit nach. [...] Wie sich zum Beispiel das Wachende zum Schlafenden, das Sehende zu dem verhält, was seine Sehkraft nicht benutzt, aber besitzt, und das aus dem Stoff Abgesonderte zum Stoff, das Bearbeitete zum Unbearbeiteten. In dieser Unterscheidung soll der eine Teil die Wirklichkeit, der andere die Möglichkeit veranschaulichen" (1048a25–b6).

In der Ethik unterscheidet Aristoteles zwischen *dianoëtischen* und *ethischen* Höchstleistungen (Tugenden), Höchstleistungen des Vernunftbegabten und solchen des Vernunftlosen. Die Verwirklichung der ethischen Höchstleistungen zeigt sich in der richtigen Mitte *(méson)* zwischen dem Zuviel und dem Zuwenig. Das Ziel aller Tugenden ist die „Eudaimonie", die allerdings nicht nur auf den Höchstleistungen beruht, sondern auch „äußere" Güter (z. B. ein ausreichendes Vermögen und Gesundheit) voraussetzt.

Mit Ausnahme der mathematischen Wissenschaften (Arithmetik, Geometrie, Astronomie und Harmonik) sind alle Wissenschaften der damaligen Zeit in seinem Werk vertreten: Logik, Hermeneutik (die Wissenschaft von den sprachlichen Ausdrucksformen), zwei Analytiken (also Verfahrensweisen wissenschaftlichen Argumentierens), Topik (die Kunst des Diskutierens) und die „sophistischen Widerlegungen" (die Kriterien für die Identifikation logischer Fehler). Diese sechs logischen Schriften bilden das sog. „Organon", das man zusammenfassend als eine Wissenschaftstheorie verstehen kann. Ferner sind von Aristoteles Schriften über Physik, Kosmologie, Meteorologie, Psychologie, Zoologie, Metaphysik (Wesen und Prinzipien des Seins), Politik, Ethik, Ökonomik und Rhetorik erhalten.

Die Schriften gruppieren sich um drei große Themen:
1. das „Werkzeug des Denkens" (Organon)
2. die Beschreibung und Erkenntnis der Welt
3. die philosophische Analyse des menschlichen Handelns in der Gemeinschaft

Drei Beispiele seien hier skizziert: Unter Aristoteles' Namen sind drei ethische Schriften überliefert, die sich als unterschiedliche Bearbeitungen desselben Themas erweisen: Die *Eudemische Ethik* zeigt die größte gedankliche Nähe zu Platon, die *Große Ethik* ist am weitesten entfernt von platonischem Denken. Aber die drei Ethiken ergänzen sich gegenseitig, wobei die **Nikomachische Ethik** an den meisten Stellen klarer und ausführlicher ist; vermutlich wurde das Material, das die Lehre am vollständigsten wiedergab, für eine Buchausgabe – vielleicht um 330 v. Chr. – zusammengestellt und von Aristoteles selbst redigiert. Nicht aufgenommene Texte wurden zusammen mit Textpassagen, die auch in der *Nikomachischen Ethik* enthalten sind, unter dem Titel *Eudemische Ethik* publiziert. Für die *Große Ethik* hingegen wurde erst nach seinem Tod aristotelisches mit nicht-aristotelischem Material verbunden.

Für das Verständnis der aristotelischen Ethik ist ihr Verhältnis zur *Politik* von erheblich größerer Bedeutung als die Beziehungen der drei Ethiken zueinander. Das ergibt sich schon aus der Tatsache, dass Aristoteles nicht nur von Anfang an betont, dass die Ethik eine politische Wissenschaft ist (z. B. 1, 1, 1094b11; 1095a2; 1095b5), sondern auch am Schluss der *Nikomachischen Ethik* zur *Politik* überleitet. Er hat offensichtlich kein Interesse daran, Ethik und Politik voneinander zu trennen, sondern vielmehr die Absicht, die Ethik als einen Kernbereich der Politik darzustellen, zumal er den Menschen sowohl in der *Nikomachischen Ethik* (1, 5, 1097b11) als auch in der *Politik* als „ein von Natur aus politisches Wesen" (*Politik* 1, 2, 1253a3) definiert. Dies bringt zum Ausdruck, dass der Mensch seine Natur in der Polis verwirklicht; der isolierte Einzelne gilt dagegen als „ein Wesen ohne Polis" (*Politik* 1, 2, 1253a3). Außerdem bezeichnet Aristoteles die Gegenstände seiner Ethik zwar als „die Dinge, die mit den menschlichen Charaktereigenschaften zu tun haben"; die Ethik als solche definiert er aber als „eine politische Wissenschaft". Auch den Weg, auf dem er sich den Gegenständen nähert, nennt Aristoteles eine „politische Methode" (z. B. 1094b11), und am Schluss der *Nikomachischen Ethik* charakterisiert er die Wissenschaft, die sich mit Ethik und Politik auseinandersetzt, im Sinne der Einheit beider Disziplinen als „die Philosophie, die die menschlichen Dinge umfasst" (10, 10, 1181b15). In diesem Sinne will er seine *Politik* offensichtlich als eine Ergänzung oder Fortsetzung der *Ethik* verstanden wissen. Der Gegenstand der Ethik des Aristoteles ist also alles, was zu einem vernünftigen Wesen im Bereich der Polis gehört. Allerdings nähert er sich diesem Gegenstand in einer für die *Nikomachische Ethik* charakteristischen Weise, indem er die Fragen, die nicht in den Bereich der von ihm dargestellten Ethik gehören, systematisch ausgrenzt. Aus diesem Grund verwirft er z. B. auch die platonische Ideenlehre; denn die Ideen wären, selbst wenn es sie gäbe, für das ethische Handeln bedeutungslos.

Das Verfahren der Elimination und Restriktion zielt auf die möglichst präzise Eingrenzung des Bereiches, der durch menschliches Handeln erreichbar oder beeinflussbar ist. Diese Eingrenzung ist das Resultat einer systematischen Ausgrenzung all dessen, was dem menschlichen Zugriff entzogen ist. Die Darstellung der *ethischen* Tugend in den Büchern 2–5 ist das Ergebnis dieses Verfahrens; denn hier arbeitet Aristoteles die Qualitäten heraus, die der Mensch aufgrund freier Entscheidung (*Prohaíresis*) erwerben und besitzen kann, weil sie sich in „unserem Machtbereich" befinden. Alles, was nicht „in unserem Machtbereich" liegt, bleibt demnach aus der ethischen Betrachtung ausgeschlossen. Auch die Auseinandersetzung mit der *dianoëtischen* Tugend in Buch 6 ist vom Prinzip der Restriktion und Elimination bestimmt: Auch hier wird ausgegliedert, was sich dem menschlichem Zugriff entzieht, bis die *Phrónesis* als das intellektuelle Vermögen übrig bleibt, das den Weg zum richtigen Handeln zeigt.

Besonders anschaulich wird das Verfahren der Elimination des Nicht-Zutreffenden bei der Bestimmung des ethischen Grundbegriffs der „Entscheidung" (3, 4), wo Aristoteles alles ausschließt, was nicht „Entscheidung" ist, so dass am Ende der Begriff eindeutig definiert ist. Entsprechend verfährt er bei der Behandlung der Themen „Lust" in Buch 5, 7 und „Freundschaft" in den Büchern 8 und 9: Hier arbeitet Aristoteles auf diese Weise den Bereich heraus, der dem menschlichen Handeln zugänglich ist, indem er alle Fragestellungen ausgliedert, die vom Menschen nicht zu beeinflussen sind (wie z. B. das Problem einer Freundschaft mit Gott).

Die ausführliche Behandlung der Freundschaft lässt im Übrigen wieder erkennen, wie eng Aristoteles Ethik und Politik verflochten sieht. Denn für ihn ist Freundschaft letztlich die Ursache für Zusammenhalt und Stabilität der Polis.

Die konsequent angewandte Argumentationsform der Restriktion zum Zweck der thematischen Eingrenzung ist die Voraussetzung dafür, dass die menschliche Wirklichkeit angemessen beschrieben wird und die ethische Reflexion Praxisbezug hat. Aus der Beschränkung auf die Darstellung des dem Menschen Zugänglichen und von ihm Beeinflussbaren tritt folgerichtig das erklärte Ziel der Schrift hervor, den Leser der *Nikomachischen Ethik* auf die Bedingungen und Chancen eines praktisch-politischen Handelns hinzuweisen (vgl. 2, 2, 1103b26–30).

Aber obwohl die Darstellung des geglückten „praktischen" Lebens, das der Polis-Bürger im Sinne der ihm gemäßen Tugenden führt, den Hauptteil der *Nikomachischen Ethik* (von Buch 1, 13 bis Buch 10, 6) bildet, verzichtet Aristoteles am Schluss seines Werkes (10, 7–9) auch nicht auf ein Preislied auf das *theoretische* Leben. Hier stellt er der so ausführlich beschriebenen Lebensform des Polis-Bürgers, dem *bíos praktikós*, die Lebensform des Philosophen, den *bíos theoretikós*, gegenüber. Er geht sogar so weit zu behaupten, dass die Lebensform des Polis-Bürgers der Lebensform des Philosophen nachrangig (10, 8, 1178a9) sei. Hiermit verweist Aristoteles auf sich selbst und die Herkunft seiner Gedanken über die praktische Lebensform: Sie sind der theoretischen Lebensform zu verdanken, die er z. B. auch als Autor praktiziert.

Wenn sich Aristoteles trotz der Überlegenheit der philosophisch-theoretischen Lebensform der „zweitrangigen", d. h. praktischen, Lebensform so ausführlich widmet, dann beruht dies vor allem darauf, dass er den gebildeten und vernunftgesteuerten Polis-Bürger als Adressaten anspricht und zugleich alle „Unvernünftigen" ausschließt:

> Jeder beurteilt dasjenige richtig, was er kennt, und ist darin ein guter Richter. Über einen bestimmten Gegenstand kann also der darin Ausgebildete urteilen. [...] Darum ist ein junger Mensch kein geeigneter Hörer für die politische Wissenschaft. Denn er hat keine praktische Lebenserfahrung; die Untersuchung geht aber gerade von dieser aus und auf diese ein. Außerdem neigt er dazu, den Leidenschaften nachzugeben, und wird darum mit Unverständnis und ohne Nutzen zuhören, da ja das Ziel hier nicht die Erkenntnis, sondern das Handeln ist. [...] Wer sich aber mit seinen Wünschen nach der Vernunft richtet und entsprechend handelt, für den dürfte das Wissen über diese Dinge sehr nützlich sein.
>
> *(1, 1, 1095a1–11)*

Mit dieser eindeutigen Ausrichtung auf den vernünftigen und gebildeten Leser bzw. Hörer gibt Aristoteles zu erkennen, dass er mit der

Nikomachischen Ethik kein Helfer und Ratgeber in Fragen der Moral sein will. Im Blick auf seinen Adressaten, den er als bereits ethisch qualifizierten Polis-Bürger konzipiert, versteht Aristoteles den Hauptteil des Werkes als Anstoß zur *Reflexion* eines bereits verwirklichten ethisch-politischen Handelns. Der moralische Diskurs trägt allenfalls dazu bei, die naturgegebenen Tugenden des Polis-Bürgers in bewusste oder von Klugheit begleitete Höchstleistungen zu verwandeln. Es geht nur darum zu verwirklichen, was potenziell bereits vorhanden ist.

> Darum muss derjenige, der etwas mit Erfolg über das Schöne und das Gerechte und überhaupt über das Handeln in der Gesellschaft hören will, entsprechend schöne Voraussetzungen haben.
>
> *(1, 2, 1095b4–7)*

So beschreibt Aristoteles nicht den Weg zum Ziel, d. h. die Bedingungen und Gefährdungen moralischen Handeln und Versagens, sondern das Ziel selbst als die Verwirklichung der positiven Möglichkeiten des Menschen.

Selbstverständlich hatte Aristoteles für seine Darstellung verschiedener Erscheinungsformen von Höchstleistung und Fehlleistung auch Anschauungsmaterial zur Verfügung, wie es z. B. im attischen Drama (Tragödie und Komödie) und in der Gerichtsrhetorik vorlag. Mythologische Gestalten und Situationen zieht er ebenfalls zur Veranschaulichung heran, historische Beispiele allerdings seltener. Die Bösewichter oder moralischen Versager der *Nikomachischen Ethik* sind typische, nicht aber historisch-individuelle Erscheinungsformen des Minderwertigen, die gegen das Prinzip der aristotelischen Ethik verstoßen, indem sie die richtige Mitte zwischen den Extremen und damit die Eudaimonie als das höchste menschliche Gut verfehlen, das doch ein Tätigsein der Seele gemäß der denkbaren Höchstleistung ist (1, 6, 1098a16–17).

Wenn Aristoteles „Höchstleistung/Exzellenz" (*areté*) als die „Mitte" zwischen einem „Zuviel" und einem „Zuwenig", zwischen „Überfluss" und „Mangel" zu bestimmen sucht, dann geht es ihm nicht um eine (mehr oder weniger abstrakte) Definition. Er will seinen Lesern vielmehr vermitteln, dass ein Leben nur gelingen kann, wenn es sich durch Ausgewogenheit und Angemessenheit in ein stabiles Gleichgewicht bringt. Das ist offensichtlich der Sinn des aristotelischen Tugend-Begriffs: Die Metapher von der Mitte zwischen den Extremen veranschaulicht diese immer wieder neu zu gewinnende Stabilität des Gleichgewichts.

Das Lob der theoretischen Lebensform (10, 7–9) bildet nicht den Abschluss des Werkes. Im letzten Kapitel (10, 10) lenkt Aristoteles den Blick des Lesers zurück auf die politische Wirklichkeit. Die überwiegende Mehrheit der Menschen wird sich nicht durch (philosophische) Argumente überzeugen oder beeindrucken lassen, so Aristoteles; er sieht die engen Grenzen, die der politischen Wirksamkeit philosophischer Überzeugungsarbeit gesetzt sind:

> Denn wenn die Worte allein ausreichten, um den Menschen zur Höchstleistung zu befähigen, so würden sie wohl mit Recht nach Theognis gewaltige Belohnungen bekommen, und man müsste sich solche Reden beschaffen. Nun aber haben sie anscheinend zwar die Kraft, die gut Veranlagten unter den jungen Leuten zu ermahnen und zu motivieren und einen vornehmen und wahrhaft das Schöne liebenden Charakter an die Höchstleistung zu binden; der großen Menge aber können sie keine umfassende Tüchtigkeit (*kalokagathía*) vermitteln.
>
> (*10, 10, 1179b4–10*)

Es sind also andere Mittel zur Integration der Polis-Mehrheit notwendig: Den Rahmen für eine entsprechende Lenkung in die richtige Richtung schaffe die Gesetzgebung. Aristoteles stellt also seinen auf Überzeugung zielenden Worten (*lógoi*) die zwingende Kraft der Gesetze (*nómoi*) gegenüber. Denn die „Worte" erreichen eben nur die kleine Minderheit und können die Mehrheit der Menschen nicht zu höchstleistungsgerechtem Verhalten im Sinne einer stabilen Ausgewogenheit veranlassen, weil diese nicht aus Schamgefühl, sondern aus Furcht zu gehorchen pflegen und sich vom Schlechten, d. h. von extremen Verhaltensweisen und Einstellungen, nicht aus Angst vor Schande, sondern nur durch Strafe abhalten lassen (10, 10, 1179b11–13). Aristoteles schiebt in diesem Zusammenhang die Frage nach dem *Weg* zur Höchstleistung einfach beiseite. Er diskutiert zwar verschiedene Möglichkeiten menschlicher Beeinflussung, bricht dann aber ergebnislos mit der Bemerkung ab, offensichtlich müsse „die Persönlichkeit schon *irgendwie vorher* eine Affinität zur Höchstleistung haben, das Schöne lieben und das Hässliche verabscheuen" (10, 10, 1179b29–31).

Mit dem Hinweis auf die Macht der Gesetze gibt Aristoteles zu erkennen, dass auch sein so realitätsbezogenes, lebensgerechtes ethisches Konzept von vornherein zum Scheitern verurteilt ist. Er erklärt dies aus der Machtlosigkeit der Argumente gegenüber dem Widerstand, den der

Durchschnittsmensch gegen die Domestizierung natürlicher Triebe zu leisten pflegt (vgl. 10, 10, 1179b32–35). Dennoch besteht die Leistung einer philosophischen Ethik einfach darin, dem Leser/Hörer argumentativ begreifbar zu machen, warum und wozu er seinen Neigungen nicht folgen sollte. Mit seiner Lehre von der Höchstleistung bietet Aristoteles also eine sozusagen nachträgliche Begründung für eine bereits praktizierte Moral, indem er z. B. erläutert, dass das natürliche Streben nach Macht durch die Theorie der proportionalen Gerechtigkeit gebändigt oder das Streben nach Lust zu einem Streben nach Lust an der Höchstleistung umgewertet und so zu einer notwendigen Voraussetzung eines stabil ausgewogenen Lebens erhoben wird. Mit der Einbeziehung der politischen Dimension zeigt Aristoteles: Ethik ist ohne Politik macht- und gegenstandslos. Sollte die *Nikomachische Ethik* überhaupt eine protreptische Absicht haben, dann lässt sie sich im Schlusskapitel des Werkes finden: Die Adressaten des Textes sollen sich ihrer politischen Pflichten bewusst sein und Regeln und Gesetze schaffen, die der Polis insgesamt nützlich sind, indem sie die Mehrheit ihrer Mitbürger auf den richtigen Weg bringen. Insofern ist die *Nikomachische Ethik* ein Appell an den politisch und moralisch mündigen Bürger, seine Verantwortung für die Polis im Bewusstsein seiner Kompetenz ernst zu nehmen.

Die *Politik* besteht aus Skizzen einer Vorlesung, die wahrscheinlich ein Schüler des Aristoteles zusammengefasst und herausgegeben hat. Berühmt geworden ist die dort fassbare Definition des Menschen als Wesen, das zum Zusammenleben in einer staatlichen Gemeinschaft bestimmt ist (*zôon politikón*). Aristoteles schließt allerdings bestimmte Gruppen aus dieser Definition von vornherein aus: Barbaren (= Nichtgriechen), Sklaven, Frauen und Kinder und einfache Arbeiter (*bánausoi*); nur wenige Menschen sind also „höhere Lebewesen". Keine Rolle spielt aber hierbei der Unterschied zwischen arm und reich: Für die politische Mitbestimmung ist ausschließlich die Freiheit maßgebend, und freie Bürger sind zwar nicht gleich, aber grundsätzlich gleichberechtigt, was die Teilhabe an Macht und Verantwortung betrifft.

Die Darlegungen lassen sich überwiegend dem zentralen Thema „Staatsform" (*politeía*) zuordnen, wie es der Autor selbst am Ende der *Nikomachischen Ethik* (10, 10,1181b14) formuliert und in den Eingangskapiteln der Bücher 2–8 der *Politik* mehrfach wiederholt. Er fragt u. a., welche Staatsformen es gibt und wie sie zu beurteilen sind. Die Darstellung gipfelt in der Frage nach der besten und stabilsten Verfassung. Aristoteles hält es für besonders wichtig zu klären, welche Bedingungen unter den freien Bürgern herrschen müssen, damit eine bestimmte Verfassung möglich ist. Er bezieht daher auch den kulturellen Entwicklungsstand der Bürger und ihrer sozialen Umstände mit ein. Denn für ihn sind die Verfassungen durch bestimmte Bedingungen innerhalb der freien Bevölkerung determiniert; die Eigenschaften, Voraussetzungen und Fähigkeiten der freien Bürger sind für die politische Ordnung maßgebend.

Am Anfang der *Metaphysik* steht die berühmte Feststellung, die auch als Motto über dem Gesamtwerk des Aristoteles stehen könnte und zugleich zum Ausdruck bringt, dass Aristoteles ein Vordenker der modernen Wissensgesellschaft ist, in der das Wissen auf sinnlicher Wahrnehmung beruht:

> Alle Menschen streben von Natur aus nach Wissen. Das ist erkennbar daran, dass wir die Sinneswahrnehmungen besonders achten; denn diese werden auch unabhängig von ihrem Nutzen hoch geschätzt und vor den anderen besonders die Sehkraft. Denn nicht nur, um zu handeln, sondern auch wenn wir nichts zu tun vorhaben, geben wir dem Sehen vor allen anderen Sinneswahrnehmungen gewissermaßen den Vorzug. Der Grund dafür liegt darin, dass uns diese Sinneswahrnehmung am meisten dazu befähigt, Erkenntnis zu gewinnen, und es erschließt zudem viele Unterschiede.
>
> *(Alpha 980a21)*

Das Werk ist in der vorliegenden Form wahrscheinlich Andronikos von Rhodos zu verdanken, der in der ersten Hälfte des 1. Jhs. v. Chr. zwölf Vorlesungsmanuskripte des Aristoteles zu 14 Büchern zusammenfasste und diesem Corpus dann wohl auch den heutigen Titel gab, der nur besagt, dass dieses Werk in seiner Textausgabe „hinter den physikalischen Schriften" stand.

Die Schriften der *Metaphysik* erwecken den Eindruck, dass sich Aristoteles in einem dauernden Ringen mit zeitgenössischen Fragestellungen befand. Daraus folgte nicht zuletzt, dass er nicht in einem System erstarrte. Seine Schriften spiegeln vielmehr eine kontinuierliche Diskussion mit Vorgängern und Zeitgenossen wider.

Was der Gegenstand der *Metaphysik* eigentlich ist und wie sich diese zur Theologie verhält, ist nach wie vor kontrovers. Man nimmt mitunter an, Aristoteles habe seine *Metaphysik* als eine Philosophie des Scheiterns, als Ausdruck der prinzipiellen Aporie menschlichen Denkens, verstanden wissen wollen. Nach der traditionellen, vor allem schon von Thomas von Aquin vertretenen Auffassung ist der Gegenstand der *Metaphysik* das Seiende als solches, insofern ihm die allgemeine Bestimmung „Sein" zukommt. Aber da die *Metaphysik* nicht nur das Seiende als solches, sondern zugleich auch die Ursachen des Seienden erforscht und so zu den ersten Gründen des Seienden hinführt, kann sie zugleich als eine Theologie gelten. Ausgehend von der programmatischen Aussage: „Wir müssen die ersten Ursachen des Seienden, insofern es seiend ist, erfassen" (*Gamma* 1003a31), kann man die *Metaphysik* auch verstehen als eine Wissenschaft, die das Seiende schlechthin zum Gegenstand hat, das von den anderen Wissenschaften als gegeben vorausgesetzt wird.

Wie wurden seine Werke überliefert?

Wahrscheinlich werden die Schriften schon zur Zeit des Schulgründers im Peripatos vervielfältigt. Es gibt keinen Anlass anzunehmen, dass sie zeitweilig vollständig verschollen waren. Früheste griechische Handschriften sind seit dem 10. Jh. erhalten. Zahlreiche Kommentare tragen maßgeblich zur Sicherung des Aristoteles-Textes bei. Der *Staat der Athener,* der wohl zu der ansonsten verlorenen Sammlung von Verfassungen von 158 griechischen Städten gehört, wurde 1890 auf einem Papyrus wiedergefunden.

Wie lebten die Werke fort?

In der seit 335 v. Chr. bestehenden Schule war Theophrast (370–287 v. Chr.) der erste Nachfolger des Schulgründers. Er gilt wie sein Altersgenosse Eudemos von Rhodos als Erbe der aristotelischen Philosophie und besorgte auch Editionen der nachgelassenen Werke. Laut Diogenes Laertios (5, 52) vererbte Theophrast seinem Schüler Neleus von Skepsis seine Bücher. Weil aber Neleus nicht zum Leiter der Schule gewählt wurde, ging er zurück nach Skepsis (in der Nähe von Troja) und nahm die Bücher des Theophrast und des Aristoteles mit. Später verkaufte er sie an Ptolemaios II. Der Geograph Strabon (13, 1, 54) berichtet, sie hätten in einem Keller in Skepsis gelagert und seien erst 90 v. Chr. dem Apellikon von Teos verkauft worden, wonach sie dann die Grundlage der ersten Aristoteles-Ausgabe des Peripatetikers Andronikos von Rhodos bildeten, die im Wesentlichen mit unseren heutigen Ausgaben identisch ist.

In der hellenistischen Epoche übte der Peripatos einen großen Einfluss aus (vor allem auf dem Gebiet der Naturwissenschaft, der Literatur- und Kulturgeschichte und der Staatslehre). Im 1. Jh. v. Chr. sorgte Andronikos von Rhodos nicht nur für die maßgebende Aristoteles-Ausgabe; er schrieb auch mehrere Kommentare zu den Schriften des Aristoteles. Kaiser Mark Aurel richtete in Rom im 2. Jh. n. Chr. einen philosophischen Lehrstuhl für Aristoteles-Studien ein. Um 200 verfasste Alexander von Aphrodisias mehrere Aristoteles-Kommentare; er kommentierte streng aristotelisch-orthodox und antiplatonisch, weil er versuchte, Aristoteles von Platon scharf abzugrenzen.

Im 3.–4. Jh. ging der Peripatos zwar allmählich in der platonischen Akademie auf, aber die Kommentartradition wurde fortgesetzt. Besonders hervorzuheben ist die Einleitung des Neuplatonikers Porphyrios (3. Jh.) in das Organon. Der Römer Boëthius schrieb im 6. Jh. Kommentare u. a. zu den *Kategorien* und zur *Topik*. Von besonderer Bedeutung sind die Kommentare des Simplikios (Mitte des 6. Jhs.); er befasst sich vor allem mit den *Kategorien*, der *Physik* und der Schrift *Über die Seele*.

Auch in der islamisch-arabischen Welt wurde eine intensive Aristoteles-Forschung betrieben. Man kann davon ausgehen, dass die islamischen Aristoteles-Forscher seit dem 10. Jh. alle Texte besaßen. Der bedeutendste Name in diesem Bereich ist Averroës (1126–1198), der als Vermittler des Aristoteles an die christliche Scholastik gilt. Dazu wird Aristoteles im christlichen Mittelalter vor allem auch über die Simplikios-Kommentare rezipiert. Der Dominikaner Thomas von Aquin (1224–1274) verfasste Kommentare zur *Analytik* und zur *Hermeneutik* und versuchte eine Synthese zwischen Aristotelismus und christlicher Theologie. Es entstanden zahlreiche lateinische Übersetzungen zu den meisten Schriften.

Die Logik des Aristoteles, für die sich die islamisch-arabische Gelehrte vor allem zu interessieren begannen, wurde seit dem Mittelalter zum Hauptinhalt des philosophischen Unterrichts auch in der christlichen Welt. Über die Logik hinaus entstanden arabische und lateinische Übersetzungen verschiedener Schriften (*Metaphysik, Kosmologie, Biologie*). Die heute noch mit ihren Seitenangaben maßgebliche gedruckte Textausgabe fertigte Immanuel Bekker (1831–1870) im Auftrag der Preußischen Akademie der Wissenschaften an.

Was bleibt?

Aristoteles hat Formen entwickelt, die das Denken strukturieren und steuern. So ist z. B. das Begriffspaar „Dynamis und Energeia/Potenz und Akt" eine Denkform, die nicht nur eine sinnvolle Beziehung zwischen Nicht-Sein und Sein herstellt, mit der das Nicht-Sein als ein Noch-nicht-Sein verstanden werden kann, sondern auch die unendliche kausale Verkettung als Erklärungsmuster vermieden wird, indem die Frage nach dem *Grund* zugunsten der Frage nach dem *Zweck* (*télos*) zurückgestellt wird. Das gilt ebenso für biologische Prozesse wie für ethische Ziele. Aktuelle Besonderheiten und Veränderungen eines Sachverhalts sind in diesem angelegt, d. h. potentiell vorhanden. Zu fragen ist allerdings, ob die Denkform des Begriffspaares Potenz und Akt für das Werden in der Welt noch Raum lässt für Spontaneität.

Die Macht des Wortes

Demosthenes

Name:	**Demosthenes aus Athen**
Lebensdaten:	**384–322 v. Chr.**
Literarische Gattung:	**Rede**
Werke:	**Prozess-Reden, politische Reden**

Wer war das?

Demosthenes stammte aus einer wohlhabenden athenischen Unternehmer-Familie, verlor aber schon als Kind seinen Vater, einen erfolgreichen Waffenproduzenten. Dennoch genoss er eine gute juristische und rhetorische Ausbildung. Wie Cicero (*Brutus* 121) berichtet, hat Demosthenes → Platon gelesen und vielleicht auch gehört. Seine drei Vormünder veruntreuten sein Vermögen. In mehreren Prozessen versuchte er später sein Eigentum zurückzubekommen; das gelang ihm nur teilweise. In Athen war er als Anwalt und Schreiber von Gerichtsreden für andere (Logograph) tätig.

Wie wird man ein guter Redner?

Demosthenes ist heute der bekannteste athenischer Redner. Dennoch war er als solcher nicht von Natur aus erfolgreich; er musste erheblich an sich arbeiten, um öffentlich auftreten zu können. Plutarch berichtet in seiner Demosthenes-Biographie:

„Gegen seine körperlichen Handicaps praktizierte er folgende Übungen, wie Demetrios von Phaleron erzählt, der sagte, er habe dies von Demosthenes selbst gehört, als er schon alt war: Seine undeutliche Aussprache und sein Lispeln habe er sich abgewöhnt und in Ordnung gebracht, indem er Steine in den Mund nahm und zugleich lange Texte sprach; seine Stimme habe er trainiert, indem er beim schnellen Laufen und beim bergauf Steigen mit jemandem sprach und irgendwelche Reden oder Verse in großer Atemlosigkeit vortrug; zu Hause habe er auch einen großen Spiegel gehabt, vor den er sich hinstellte und seine Redeübungen veranstaltete" (11).

Dazu passt auch eine Anekdote, die Cicero erzählt:

„Als Demosthenes von jemandem gefragt wurde, was in der Redekunst an erster Stelle komme, habe er geantwortet: ‚Der Vortrag.' Und was an zweiter: ‚Der Vortrag' und was an dritter: ‚Der Vortrag.' Denn nichts dringt tiefer in die Sinne ein, bildet, formt und beeinflusst sie und sorgt dafür, dass die Redner so gesehen werden, wie sie selbst gesehen werden wollen" (*Brutus* 142).

Der plötzliche Angriff Philipps II. von Makedonien auf den chalkidischen Bundesstaat von Olynthos, der von Athen nur unzureichend und zu spät unterstützt wurde, war für Demosthenes Anlass zu einem erhöhten anti-makedonischen Engagement. Im Jahre 348 v. Chr. fiel Olynthos, und Demosthenes stand seitdem an der Spitze der anti-makedonischen Partei. Er hatte mit Philipp die Friedensverhandlungen für Athen zu führen. Aufgrund des Friedensvertrags musste Athen Philipp für weitere militärische Maßnahmen in Mittelgriechenland freie Hand lassen. Obwohl sich Demosthenes für die Ratifizierung des Vertrags mit Philipp einsetzte, bekämpfte er die z. B. von Isokrates vertretene Überzeugung, dass Philipp der geeignete Führer für Griechenland in der Auseinandersetzung mit Persien sei: Er sah die athenische Freiheit nicht durch die Perser, sondern vielmehr durch Philipp bedroht. Es kam 338 v. Chr. zu der Entscheidungsschlacht von Chaironeia, in der die griechische Armee gegen Philipp unterlag. Athen hoffte auf Revanche, die jedoch später, unter Philipps Sohn Alexander dem Großen, endgültig ausgeschlossen war. Wegen angeblicher Unterschlagung von Geldern aus dem Schatz des Harpalos, des geflohenen makedonischen Schatzmeisters, wurde Demosthenes verhaftet und verurteilt. Er floh in die freiwillige Verbannung.

Nach Alexanders Tod kehrte Demosthenes rehabilitiert nach Athen zurück, wurde aber nach der Erhebung Athens gegen Makedonien und der Niederlage der griechischen Städte im Lamischen Krieg 322 v. Chr. zusammen mit anderen demokratischen Politikern in Abwesenheit zum Tode verurteilt. Er beging im Oktober desselben Jahres Selbstmord, nachdem ihn die makedonische Geheimpolizei aufgespürt hatte.

Was schrieb er?

Die Überlieferung hat eine große Zahl von Reden aus Privatprozessen (u. a. über Erbschaftsfragen) erhalten, in denen es vor allem um Vermögensstreitigkeiten ging. Dann gibt es Gerichtsreden mit politischem Hintergrund. Am wichtigsten waren die politischen Reden, mit denen sich Demosthenes aktiv in die innere und die äußere Politik der Stadt Athen einmischte. Nach Plutarch verfolgte Demosthenes eine einheitliche Linie:

> Die Politik des Demosthenes war schon klar, als noch Frieden herrschte: Er griff jede Tat des Makedonenkönigs an und hetzte die Athener aus jedem nur denkbaren Grund gegen den Mann auf.

(Plutarch, Demosthenes 16)

Dass er seine ganze politische Leidenschaft gegen Makedonien und Philipp richtete, bewies er z. B. in den drei im Jahr 349/348 v. Chr. gehaltenen *Olynthischen Reden*, in denen er versuchte, seine athenischen Mitbürger zum Widerstand gegen Philipp zu mobilisieren und die vom Makedonenkönig ernsthaft bedrohte Stadt Olynthos zu unterstützen: Es war eine einzigartige Gelegenheit (erste *Olynthische Rede* 2), dem sich tatenlos hinschleppenden Kriegszustand mit Philipp eine aktive Wendung zu geben. Demosthenes setzte alles daran, der athenischen Öffentlichkeit zu verdeutlichen, dass sich jetzt die Gelegenheit zu einem entscheidenden Eingreifen bot. Wenn Athen sich dazu entschließe, die besondere Gunst der Umstände zu nutzen, habe es die vielleicht letzte Chance, den Lauf der Geschichte zu ändern:

> Ihr dürft euch also, Männer von Athen, eine solche Gelegenheit, wie sie uns zugefallen ist, nicht entgehen lassen.

(erste Olynthische Rede 8)

Aber auch wenn Demosthenes den *kairós*, den günstigen Augenblick, aus seiner klarsichtigen machtpolitischen Analyse herleitet, verzichtet er nicht darauf, diesem eine religiöse Begründung zu geben: Der *kairós* ist ein besonderes Geschenk der *týche*, der Schicksalsfügung, der man seine Dankbarkeit beweist, indem man dieses Geschenk annimmt und nutzt. Diese günstige Gelegenheit ist hier offensichtlich „eine unmittelbar erlebte religiöse Realität", die sogar personifiziert und bildlich dargestellt wird. So scheint auch die Redensart „die Gelegenheit beim Schopf fassen" auf die bildliche Darstellung des *kairós* zurückzugehen: Die jugendliche Gestalt hat einen fast kahlen Kopf und nur an der Stirnseite einen Haarschopf. Wer die Gelegenheit also festhalten will, muss sie bei diesem Schopf fassen.

Indem Demosthenes die religiöse Komponente des *kairós* so stark hervorhebt, brandmarkt er dessen Missachtung nicht nur als selbstverschuldetes Unglück, sondern auch als religiösen Frevel. Denn wer aus Trägheit oder Gleichgültigkeit den richtigen Augenblick nicht nutzt, verzichtet darauf, die göttliche Hand zu ergreifen. Die religiöse Überhöhung des *kairós* lässt die politische Pflicht zum Handeln und die Pflichtverletzung durch Unterlassung mit aller Schärfe hervortreten.

Was aber bedeutet es im konkreten Fall, den *kairós* und die Gunst der Stunde zu nutzen? Der Aufforderung, Olynthos zu unterstützen, kann man nicht allein mit gutem Willen entsprechen; man braucht dazu auch die entsprechenden Mittel (erste *Olynthische Rede* 19–20).

Gelegenheiten beim Schopf zu fassen, war zwar das politische Motto des Demosthenes, aber er scheiterte an den realen Machtverhältnissen seiner Zeit.

Krieg kostet Geld. Der Vorschlag zur Finanzierung ist eine Provokation, die die sorgfältige psychologische Strategie des Redners zunichtemachen kann. Demosthenes lässt zunächst vorsichtig anklingen, dass man die *theoriká*, die Theatergelder, die Perikles eingeführt hatte, um das athenische Volk zu seinen Gunsten zu korrumpieren, wie Plutarch behauptet (*Perikles* 9), für die Finanzierung des Krieges verwenden könne. Demosthenes macht kein Hehl daraus, dass die Gewährung der Theatergelder nur der Köder sei, mit dem sich eine kleine plutokratische Minderheit den athenischen Demos gefügig mache. In der dritten *Olynthischen Rede* äußert er seinen Vorschlag unverhüllt, mit den Theatergeldern den Krieg zu finanzieren (10–13), und riskiert damit einen innenpolitischen Konflikt. Denn die Umwandlung der unproduktiven *theoriká* in kriegswichtige *stratiotiká* war nur auf gesetzlichem Weg möglich und kollidierte mit den Interessen der pro-makedonischen Friedenspartei.

Die von den Olynthiern erbetene und von Demosthenes geforderte Unterstützung kam zu spät. Philipp II. nahm Olynthos im September 348 v. Chr. ein und machte es dem Erdboden gleich, ehe die athenischen Truppen an Ort und Stelle waren. Der *kairós* wurde also verspielt – aus Mangel an Entschlossenheit und materieller Opferbereitschaft und aus Gleichgültigkeit und Eigennutz.

Mit seinen vier ***Philippischen Reden*** radikalisierte Demosthenes seinen Kampf gegen Philipp und für die Autonomie der griechischen Städte. In der ersten Philippischen Rede (349 v. Chr.) beschwört Demosthenes die Gefahr, die Philipps ungehemmte Expansion für Athen bedeutet. Er vertritt den Standpunkt, dass Philipps Griff nach Nordgriechenland auf die Fahrlässigkeit und Sorglosigkeit der Athener zurückzuführen sei. Der Redner fordert eine militärische Konzeption, zu der u. a. eine starke Flotte und die Stationierung von Truppen im Krisengebiet gehören.

In der zweiten Philippische Rede (344 v. Chr.) warnt Demosthenes vor dem Verhalten des Makedonenkönigs, den er als Furcht einflößendes Schreckbild darstellt. Aber anders als zur Zeit der ersten Rede gibt es jetzt in Athen auch eine starke pro-makedonische Partei, die den Ausgleich mit Philipp herbeizuführen sucht. Demosthenes tritt offen gegen Philipp auf und versucht, neue Verbündete für Athen zu gewinnen. Er weist Philipps Feindseligkeit gegenüber Athen und den anderen griechischen Staaten nach, indem er demonstriert, was diesen durch Philipp zu widerfahren droht. Gegen die Makedonenfreunde geht er mit Schärfe und Entschiedenheit vor.

Im Mittelpunkt der dritten Rede steht die Frage, ob Athen mit Philipp Krieg führen oder Frieden schließen solle. Demosthenes' Position ist eindeutig: Philipps Verhalten ist eine Herausforderung für alle Griechen. Athen soll nicht mehr auf die makedonenfreundlichen Politiker hören, sondern aufrüsten und eine aktive Bündnispolitik betreiben. Nur Athen sei noch in der Lage, Griechenland vor der Bedrohung durch Philipp zu retten. Demosthenes breitet eine Fülle von Fakten aus, um seine Zuhörer zum Handeln zu bewegen, d. h. den panhellenischen Krieg gegen den Makedonen zu führen.

> Denn wenn auch die Dinge sehr schlecht stehen und schon vieles verloren ist, so kann man trotzdem noch alles wieder in Ordnung bringen, wenn ihr bereit seid zu tun, was notwendig ist. Es klingt vielleicht widersinnig, was ich sagen will, aber es ist die Wahrheit: Was in der Vergangenheit das Schlimmste war, erweist sich im Blick auf die Zukunft als das Beste. Was das ist? Weil ihr weder im Kleinen noch im Großen etwas tut, was die Lage erfordert, stehen die Dinge nicht schlecht; denn wenn ihr alles so getan hättet, wie es erforderlich wäre, dann gäbe es keine Hoffnung mehr, dass sich die Lage besserte. Jetzt aber hat Philipp nur eure Untätigkeit und Sorglosigkeit besiegt, die Stadt aber hat er nicht besiegt; ihr habt nicht einmal eine Niederlage hinnehmen müssen, ihr habt euch ja noch gar nicht bewegt.

(Dritte Philippische Rede 4–5)

In der vierten Rede wird schließlich noch die (vergebliche) Hoffnung auf die Unterstützung durch den persischen Großkönig thematisiert. Demosthenes erreicht zumindest, dass die griechischen Staaten ein Bündnis gegen Philipp schließen; er genießt größte politische Anerkennung und wird vom Volk offiziell mit einem goldenen Ehrenkranz geehrt. Seit 340 herrscht wieder offener Krieg zwischen Athen und Makedonien, der aber mit Philipps Sieg 338 bei Chaironeia und dem Verlust der politischen Selbstständigkeit der griechischen Stadtstaaten endet.

Wie wurden seine Werke überliefert?

Die Reden des Demosthenes wurden schon in alexandrinischer Zeit (unter → Kallimachos) katalogisiert. Seitdem galt er als der größte Redner der Antike, dem es gelang, Überzeugungskraft und formale Gestaltung meisterhaft zu verbinden. Diese Einschätzung spiegelt sich auch in einer entsprechenden Kommentierung wider, die auch durch eine umfangreiche Papyrusüberlieferung erhalten ist. Die spätere handschriftliche Überlieferung ist seit dem frühen 10. Jh. erhalten. Als besonders wertvoll gilt der *Parisinus* 2934, dann aber auch der *Venetus Marcianus* 416 (10./11. Jh.) und der *Monacensis* 485 (11. Jh.).

Wie lebten die Werke fort?

Cicero nahm sich für seine vierzehn *Philippischen Reden* in seinem Kampf gegen Antonius die *Philippika* des Demosthenes zum Vorbild. Der Historiker und Rhetoriklehrer Dionysios von Halikarnassos, der ab 30 n. Chr. in Rom lebte, preist den griechischen Redner in seiner Schrift über den Stil des Demosthenes als „größten Redner aller Zeiten". In seinen Doppelbiographien hat Plutarch Demosthenes und Cicero vergleichend beschrieben; dort finden sich auch viele anekdotische Berichte. In der Schrift *Über das Erhabene* vergleicht der anonyme Autor den athenischen Redner mit Hypereides, stuft jenen allerdings hinsichtlich seiner sprachlichen Brillanz und rhetorischen Kraft höher ein.

Bessarion, der Kardinal und Patriarch von Konstantinopel, gab 1470 die erste Olynthische Rede in lateinischer Sprache heraus, um den Westen zum Kampf gegen die Türken zu mobilisieren. Der Humanist Johannes Reuchlin übersetzte dieselbe Rede 1495 ins Deutsche. Philipp Melanchthon publizierte seit 1524 Übersetzungen von Demosthenes-Reden ins Lateinische. Der Historiker und Staatsmann Barthold Niebuhr (1776–1831) übersetzte 1805 die erste Philippische Rede ins Deutsche, um auf diese Weise den Widerstand gegen Napoleon voranzutreiben; sie war dem russischen Zaren Alexander gewidmet. Der französische Staatsmann Georges Clemenceau veröffentlichte 1926 noch unter dem Eindruck des Ersten Weltkrieges ein Buch über Demosthenes mit einer eindeutig antideutschen Tendenz. Im Zweiten Weltkrieg verglich Adele M. Adam Philipp von Makedonien mit Hitler (Philip alias Hitler, in: Greece & Rome 10, 1941, 105–113).

Was bleibt?

„Demosthenes wollen wir also nachahmen", sagt Cicero im *Brutus* (289). Das bezieht sich vor allem auf den Vortrag (*actio*); „das ist die Hauptsache", sagt Cicero (*Über den Redner* 3, 213) unter Berufung auf Demosthenes. „Denn der Vortrag", fährt er fort, „ist gewissermaßen die Sprache des Körpers" (222). Dieser Hinweis trifft den Kern erfolgreichen Redens – in jeder Situation.

Epikur

Name:	**Epikuros aus Samos**
Lebensdaten:	**341–271/270 v. Chr.**
Literarische Gattung:	**Philosophische Briefe und Abhandlungen**
Werke:	**Briefe an Herodot, Menoikeus und Pythokles,** *Über die Natur, Über das Ziel,* **Hauptlehren**

Wer war das?

Epikur wurde 341 v. Chr. auf der Insel Samos geboren. Er studierte 327–324 v. Chr. beim Philosophen Nausiphanes, der ihm u. a. die Lehren Demokrits (460–371 v. Chr.) vermittelte. Dieser hatte die Ansicht vertreten, dass alles Geschehen in der Welt eine Mechanik von „Atomen" ist – kleinsten unteilbaren Teilen, die sich im leeren Raum in ewiger Bewegung befinden und durch ihre Verbindung und Trennung Materie entstehen und vergehen lassen. Das höchste Gut für den Menschen ist die Glückseligkeit; sie wird als innere Ruhe, die Epikur später mit der Meeresstille verbildlicht, und als Heiterkeit der Seele, „Euthymie", spürbar. Dieses Lebensziel ist durch Mäßigung der Begierden und durch Ausgeglichenheit zu erreichen. Weil Demokrit selbst diesem Ziel nahe zu kommen schien, hieß er schon in der Antike der „lachende Philosoph".

Epikur beginnt unter dem Einfluss des Demokrit und seiner Lehre seine philosophische Lehrtätigkeit in einem großen Schüler- und Freundeskreis in Mytilene auf Lesbos und in Lampsakos am Hellespont. Im Jahr 307/306 v. Chr. zieht er mit seiner Schule nach Athen, wo er ein Haus mit einem großen Garten (*kêpos*) erworben hatte. Die Epikureer werden danach als die „Philosophen des Gartens" bezeichnet. Epikur bleibt 30 Jahre lang bis zu seinem Tod der Leiter dieser Schule. Er starb 271/270 v. Chr. nach längerer schwerer Krankheit in Athen.

Ob Epikur sich selbst konsequent an seinen Leitspruch „Lebe im Verborgenen!" (Frg. 551 Us.) gehalten hat, ist unwahrscheinlich. Aber dass er sich hiermit wenigstens verbal von dem alten athenischen Polisgefühl distanziert, das von jedem Bürger den Dienst an der Gemeinschaft und die Beteiligung am öffentlichen Leben verlangte, ist offensichtlich.

Was schrieb er?

Aus seinen Schriften, die bis auf die genannten Briefe nur fragmentarisch erhalten sind, geht hervor, dass Epikur in der Freundschaft mit Gleichgesinnten einen hohen Wert sah; sie half dabei, das zentrale Ziel der epikureischen Lebensführung zu erreichen: die Überwindung von Angst und Schmerz.

Epikurs Werk bestand angeblich aus 300 Buchrollen, das entspricht etwa 3600–6000 Buchseiten. Erhalten sind die drei Lehrbriefe über verschiedene Naturerscheinungen wie z. B. die Bewegung der Himmelskörper, die Mondphasen, Gewitter und Erdbeben (an Pythokles), über ethische Fragen (an Menoikeus) und über die Theorie von den unteilbaren, aber unsichtbaren kleinsten Teilchen, den „Atomen" (an Herodotos). Epikur will in seinen Schriften nachweisen, dass sich alle Phänomene, die Furcht hervorrufen, auf natürliche Weise erklären lassen. Alle Erkenntnis geht von sinnlicher Wahrnehmung aus, und keine Erklärung natürlicher Phänomene gerät in einen Widerspruch zum Augenschein.

Die epikureische Philosophie will der Freiheit, Unabhängigkeit und Würde eines Menschen dienen, der nicht durch Götterwillkür oder ein unausweichliches Schicksal bestimmt ist; er hat einen freien Willen. Die Philosophie erzeugt nicht nur die Ruhe der Seele; sie ist auch eine Daseinsmöglichkeit der beruhigten Seele. Das übergreifende Ziel der epikureischen Philosophie ist also – auf eine kurze Formel gebracht – die Befreiung des Menschen von der durch Begierden und Leidenschaften verursachten körperlichen und seelischen Not, von der Angst vor Schmerz und Tod und von der abergläubischen Furcht vor strafenden Göttern und Strafen im Jenseits. Die Freiheit von diesen Übeln ist das Glück seelischer Ausgeglichenheit und Freude. Das höchste dem Menschen erreichbare Gut ist also das aus dem Freisein von Schmerz und Furcht sich ergebende Wohlgefühl.

In seinem Brief an Menoikeus unterscheidet Epikur zwei Arten von Lust: die „katastematische", d. h. die „zuständliche" Lust und die Lust „in Bewegung": „Die Seelenruhe und die Freiheit von Schmerz sind „zuständliche" Lustempfindungen; Freude und Fröhlichkeit bestehen dagegen in Bewegung und Tätigkeit" (Diog. Laert. 10, 136). Aber nicht Ausschweifung und Luxus schaffen ein lustvolles Leben, sondern „nüchternes Rechnen des Geistes", das die Gründe allen Wählens und Meidens erforscht und die Wahnvorstellungen vertreibt, derentwegen größte Aufregung die Seelen ergreift:

Für all dies aber ist die praktische Vernunft Ursprung und höchstes Gut. Daher ist diese sogar noch wertvoller als die Philosophie, aus der alle übrigen Tugenden hervorgehen, und sie lehrt, dass es nicht möglich ist, lustvoll zu leben, ohne vernünftig, anständig und gerecht, aber auch nicht vernünftig, anständig und gerecht zu leben, ohne lustvoll zu leben. Denn die Tugenden stehen in natürlicher Verbindung mit dem lustvollen Leben, und das lustvolle Leben ist von den Tugenden nicht zu trennen.

(10, 132)

Die Vernunft ist das Instrument, mit der der Mensch über die Lust verfügen kann, ohne sich von ihr überwältigen zu lassen. Das hatte auch schon der Philosoph Aristipp so gesehen. Sie macht sich aber nicht nur die Lust verfügbar; sie ist auch das Werkzeug zur Orientierung in einer an sich irrationalen, weil grund- und sinnlosen Welt. Was die Vernunft in dieser Hinsicht leistet, ergibt sich aus weiterem Nachdenken über den Begriff der Lust: Wenn die Lust das höchste Gut und die Unlust das größte Übel ist, dann kann Lust mit dem Freisein von Unlust gleichgesetzt werden. Lust ist demnach der Zustand, in dem man weder Begierde noch Schmerz empfindet. Im Brief an Menoikeus (128) heißt es:

Eine feste und ruhige Betrachtung dieser Dinge weiß jedes Wählen und Meiden auf die Gesundheit des Körpers und die Ruhe der Seele zu beziehen, da dies die Vollendung des glücklichen Lebens ist. Deswegen tun wir nämlich alles, damit wir weder Schmerz noch Furcht empfinden.

Wie wurden seine Werke überliefert?

In der Antike wurde Epikur vor allem von Cicero und Seneca, Plutarch und Sextus Empiricus rezipiert. Aber noch viele andere antike Autoren haben ihn nachweislich gelesen. Im 18. Jh. hat man in der Vesuvstadt Herculaneum achthundert (!) Papyrusrollen mit Schriften des Epikureers Philodem (1. Jh. v. Chr.) aus einer verschütteten Bibliothek geborgen. Von zentraler Bedeutung ist das Lehrgedicht des römischen Dichters Lukrez (s. u.), das die wichtigsten Themen der epikureischen Naturphilosophie behandelt. Am Ende des 19. Jhs. wurde in einer Handschrift der

Vatikanischen Bibliothek eine Sammlung von 81 Lehrsätzen, das so genannte *Gnomologium Vaticanum*, entdeckt. Ebenfalls gegen Ende des 19. Jhs. entdeckte man eine Inschrift, die Diogenes von Oinoanda (2. Jh. n. Chr.) hatte anfertigen lassen; sie enthält die Grundgedanken epikureischer Ethik und Naturphilosophie.

Lukrez, Vermittler Epikurs in Rom

Der römische Dichter Lukrez (ca. 97–55 v. Chr.) hat uns nur ein einziges Werk hinterlassen: das Lehrgedichts *Über die Natur der Dinge*. Im Proömium zum 2. Buch (1–61) zeichnet er ein grandioses Bild des Weisen, dessen Glück einzig und allein auf der „Macht der Vernunft" beruhe, weil er mit der vernunftgesteuerten Betrachtung und Erklärung der Natur den Schrecken und das Dunkel der Seele aufhebe. Genau das ist Epikurs philosophisches Programm, das an vielen Stellen des lukrezischen Werks aufleuchtet.

Bei Lukrez spiegelt sich auch das epikureische Verständnis von den Göttern: Wie Epikur bekämpft Lukrez den Aberglauben, die *religio*, die den Menschen in einem Zustand der Unaufgeklärtheit belässt und ihn zu wildesten Phantasien treibt. Dennoch wollen Epikur und Lukrez die Götter nicht eliminieren, sondern nur erreichen, dass man sie richtig sieht; weder Epikur noch Lukrez wollen die Frömmigkeit *(eusébeia/pietas)* beseitigen. Aber sie sind beide der Überzeugung, dass mit dem Ende des unbegründeten Geredes *(fama)* über die Götter auch die mit der *religio* geschürte Angst der Menschen weicht und die „seelische Ungestörtheit", die *ataraxía* eintritt.

Wie lebten die Werke fort?

In der Antike ist es vor allem Cicero, dem wir vieles von dem verdanken, was wir über Epikur wissen. In der Schrift *Über das höchste Gut und über das größte Übel* setzt er sich ausführlich mit Epikur auseinander. Der Dichter Lukrez, ein Zeitgenosse Ciceros, greift mit Entschiedenheit Epikurs Appell an die Vernunft auf.

Auch der Dichter Horaz verarbeitet in seinen Werken epikureische Überzeugungen: Das *Carmen* 1, 11 will den Menschen davon überzeugen, dass es gleichgültig sei, die Zukunft zu kennen; man soll vielmehr den heutigen Tag wie eine reife Frucht „pflücken", weil der Zukunft nicht zu trauen sei. Das Wissen um die Zukunft anzustreben, sei sogar ein Frevel. So soll die Aufforderung des Horaz, den „Tag zu pflücken" (*carpe diem*), nicht zu Leichtsinn und Leichtlebigkeit oder gar zu blinder Genusssucht auffordern, sondern dazu ermutigen, den erfüllten Augenblick zu genießen und sich nicht um die Zukunft zu sorgen. *Carpe diem* darf aber nicht als Trivialisierung des epikureischen Versuchs missverstanden werden, die Endlichkeit des Daseins produktiv zu bewältigen. Horaz fordert vielmehr dazu auf, nicht nach dem Zeitpunkt des Endes zu fragen. Dazu ist das *sapere*, der Gebrauch der Vernunft, unerlässlich (1, 11, 5); in der *Epistel* 1, 2, 40 steht dann auch der berühmte Imperativ *sapere aude*, der Jahrhunderte später – ganz im Sinne Epikurs – zum Leitspruch der Aufklärung erhoben wird.

Epikur ist auch der *magister voluptatis*, der Meister der Lust, wie Seneca ihn nennt (*Epistel* 18, 9). Aber was bedeutet „Lust" bei Epikur? Seneca erzählt, Epikur habe seinen Hunger an bestimmten Tagen auf die einfachste Weise gestillt, um zu sehen, ob ihm am vollen Lebensgenuss etwas fehle bzw. wie viel ihm fehle und ob es sich lohne, sich das Fehlende mit großem Aufwand anzuschaffen. Bei dieser Lebensweise empfinde man Lust, aber nicht jene leichte und flüchtige, sondern eine beständige und sichere.

> Welche Seelengröße ist es, sich aus freier Entscheidung auf das zu beschränken, was nicht einmal die zum Äußersten Verurteilten fürchten müssen; das bedeutet, den Geschossen des Schicksals zuvorzukommen.
>
> *(Seneca, Epistel 18, 11)*

Der „Meister der Lust" gewinnt also Lust aus maximaler Bedürfnislosigkeit, die zugleich größte Freiheit verspricht, die auf dem zu Mündigkeit und Selbstständigkeit führenden Gebrauch der Vernunft beruht und sich durch den Rückzug aus dem öffentlichen Leben in den „Garten" noch vergrößert.

Plutarch setzt sich mit Epikurs Prinzip des „Lebe im Verborgenen!" in einer besonderen Abhandlung auseinander und fragt, ob es richtig sei zu sagen, dass man im Verborgenen leben müsse (1128 A). Plutarch, der der platonischen Akademie nahesteht, zeigt auch in anderen Schriften eine epikureisch-kritische Einstellung, indem er behauptet, man könne nach Epikurs Grundsätzen nicht glücklich werden (1086 C). In der Schrift *Gegen Kolotes zur Verteidigung der anderen Philosophen* (1107 D) polemisiert er gegen einen Epikur-Schüler, der nicht nur seinem Meister während einer Vorlesung zu Füßen fiel, um ihm wie einem Gott zu huldigen, sondern auch eine Abhandlung verfasste, in der er darlegte, dass man nach den Lehren der anderen Philosophen nicht leben könne.

Auf die Frage, wie Epikur eigentlich dazu komme, den Zustand der Schmerzlosigkeit, die Abwesenheit von Schmerz, als Lust zu definieren, gibt Friedrich Nietzsche eine überzeugende Antwort:

> Ja, ich bin stolz darauf, den Charakter Epikurs anders zu empfinden als irgend jemand vielleicht und bei allem, was ich von ihm höre und lese, das Glück des Nachmittags des Altertums zu genießen: Ich sehe sein Auge auf ein weites weißliches Meer blicken, über Uferfelsen hin, auf denen die Sonne liegt, während großes und kleines Getier in ihrem Lichte spielt, sicher und ruhig wie dies Licht und jenes Auge selber. Solch ein Glück hat nur ein fortwährend Leidender empfinden können, das Glück eines Auges, vor dem das Meer des Daseins stille geworden ist und das nun an seiner Oberfläche und an dieser bunten, zarten, schaudernden Meereshaut sich nicht mehr satt sehen kann: es gab nie zuvor eine solche Bescheidenheit der Wollust.
>
> *(Die fröhliche Wissenschaft, 1887, 1. Buch, Nr. 45)*

Es ist bemerkenswert, dass Karl Marx seine Doktor-Dissertation über Epikur geschrieben hat – zum Thema: „Differenz der demokritischen und epikureischen Naturphilosophie". Marx hatte ursprünglich die Absicht, diese Arbeit zu einer großen Gesamtdarstellung der epikureischen, stoischen und skeptischen Philosophie zu erweitern: „Es ist erst jetzt die Zeit gekommen, in der man die Systeme der Epikureer, Stoiker und Skeptiker verstehen wird. Es sind die Philosophen des Selbstbewusstseins." Dabei müsse man sich immer vor Augen halten, dass es Epikur weder um die Lust noch um die Sinnlichkeit ging, sondern ausschließlich um die Freiheit von der Fremdbestimmung des Geistes.

Selbstverständlich hatte man gegen Epikurs Lebensauffassung auch seine Vorbehalte. Man hielt ihm immer wieder vor, seine Ethik sei eine extrem individualistische, die auf dem Prinzip des Egoismus aufgebaut sei; sie sei quietistisch und betont unpolitisch, atheistisch und nur auf den persönlich Vorteil bedacht; nicht das Handeln, sondern das Genießen sei ihr Lebensinhalt. Die bisweilen aggressive Ablehnung Epikurs und des Hedonismus beruht auf der negativen Konnotation oder auf dem Missverständnis des Begriffs „Lust". Man wollte und will nicht verstehen, dass Epikur unter „Lust" einfach nur ein Leben – möglichst weitgehend – ohne körperliche und seelische Schmerzen verstand.

Zur Verunglimpfung Epikurs diente auch der von dem Stoiker Diotimos gefälschte Briefwechsel, der fünfzig unanständige Briefe enthielt. Mit vielen Halbweltdamen soll er in brieflichem und körperlichem Kontakt gestanden haben. In seiner Schrift *Über das Ziel des Lebens* soll er Folgendes geschrieben haben: „Ich weiß wirklich nicht, was ich noch für das Gute halten soll, wenn ich auf die Gaumenfreuden verzichten sollte, auf sexuelle Lust und auf ästhetische Freuden" (Diog. Laert. 10, 3). Der Stoiker Epiktet nennt Epikur einen „Kinädologen", einen Fachmann in Fragen der Unanständigkeit (Diog. Laert. 10, 6), und polemisiert auch sonst noch gegen Epikur (z. B. 2, 23; 3, 7). Diese und ähnliche üble Nachrichten sind die Urtexte einer bis heute wirkenden antiepikureischen Propaganda. Aber auch die Anhänger Epikurs verbreiteten üble Nachrichten über ihre Gegner: „Doch sie alle sind vollkommen verrückt", lautet Diogenes' eigener Kommentar (10, 9), bevor er auf den „echten" Epikur eingeht.

Was bleibt?

Die Negativdefinition der Lust als ein Freisein von Angst und Schmerz impliziert einen ausgesprochen positiven Appell: Nutze die Zeit und genieße die – größtmögliche – Schmerzlosigkeit, koste sie aus – so lange es geht! Das meint auch Horaz mit seinem *„Carpe diem!"*

Euripides

Name:	**Euripides**
Lebensdaten:	**485/84–407/06 v. Chr.**
Literarische Gattung:	**Tragödie und Satyrspiel**
Werke:	***Medea, Alkestis, Iphigenie in Aulis* u. a.**

Wer war das?

Geboren wurde Euripides auf der Insel Salamis. Weil ein Orakel seinem Vater Mnesarchos Siege bei Wettkämpfen (*agónes*) prophezeit hatte, wurde Euripides zunächst in verschiedenen Sportarten ausgebildet (u. a. Boxen) – das Orakel meinte natürlich Siege im Tragödienwettstreit (s. S. 14). Euripides soll Schüler des Vorsokratikers Anaxagoras und der Sophisten Prodikos und Protagoras gewesen sein. Er soll mit Sokrates befreundet gewesen sein und wahrscheinlich auch mit dem Politiker Alkibiades, war selbst aber politisch nicht aktiv. Dennoch schrieb er für die in Syrakus gefallenen Athener ein Grabepigramm, das → Plutarch in der Nikias-Biographie zitiert:

> Diese Helden besiegten die Syrakusaner achtmal,
> als die Fügungen der Götter für beide Parteien noch gleich
> waren.

(Plutarch, Nikias 17)

Noch kurz vor seinem Tod ging er an den Hof des Archelaos, den König von Makedonien. Es ist überliefert, dass → Sophokles nach dem Tod des Euripides Trauerkleidung trug.

Was schrieb er?

Euripides soll an die 90 Tragödien geschaffen haben. In den modernen Textausgaben finden sich rund 20 Tragödien. Fünf Stücke sollen hier exemplarisch erwähnt werden. Aufgeführt wurden die Werke in Athen ab 455 v. Chr., den ersten Sieg errang Euripides mit einer Tragödie im Jahr 441 v. Chr.

Im Jahre 438 v. Chr. wurde *Alkestis*, eine Tragödie mit glücklichem Ausgang, uraufgeführt. Die Handlung basiert auf zwei alten Märchenmotiven:

1. Aufschub des Todes durch den stellvertretenden Tod eines anderen.
2. Rückführung eines Toten aus der Unterwelt nach einem Kampf mit dem Gott des Todes.

Das Drama spielt am Todestag der Alkestis, die für ihren Gatten Admetos sterben will, nachdem sich dessen Eltern geweigert hatten, für ihren Sohn zu sterben. In den von dem Gott Apollon gesprochenen Versen wird die Vorgeschichte erzählt: Apollon war einst von Zeus gezwungen worden, einem Sterblichen zu dienen. Weil er in Admetos einen gütigen Herrn fand, belohnte er ihn damit, dass er ihm die Möglichkeit gab, den Tod aufzuschieben, falls er einen Stellvertreter fände, der für ihn zu sterben bereit wäre. Schon tritt Thanatos, der Tod, persönlich auf, um Alkestis, sein Opfer, zu holen. Apollon kündigt dem Tod jedoch an, dass er Alkestis nicht lange behalten könne, weil Herakles sie wieder befreien werde, der Ademtos ahnungslos besucht und von Admetos zum Bleiben aufgefordert wird. Später erfährt er alles und ist bereit, Alkestis dem Tod wieder wegzunehmen. Admetos beginnt allmählich zu begreifen, was er getan bzw. zugelassen hat. Er erkennt, dass er falsch gehandelt hat. Dann kommt Herakles mit der verschleierten Alkestis zurück und bittet Admetos darum, die verschleierte Frau aufzunehmen. Admetos weigert sich, obwohl er sich von der Unbekannten angezogen fühlt. Im Dialog mit Herakles beschwört Admetos die Treue zu seiner toten Frau. Schließlich gibt er Herakles' Drängen nach und nimmt die Unbekannte in sein Haus auf. Herakles fordert ihn auf, ihre Hand zu fassen und zieht den Schleier fort.

Euripides' Umgang mit dem Sagenstoff lässt auf den ersten Blick eine entscheidende Frage offen. Worin liegt der Sinn des Opfers, das Alkestis auf sich nimmt? Denn alles spricht dafür, dass Admetos dieses Opfers nicht würdig ist. Er ist nicht der große König, für den es sich zu sterben lohnte, weil er unersetzlich für sein Volk wäre. Ein schuldbewusster und reumütiger, von Selbstmitleid überwältigter Admetos trägt nicht dazu bei, das Opfer als notwendig zu erweisen. Offensichtlich kam es Euripides darauf an, eine starke Frau darzustellen, die ihrem Mann in jeder Hinsicht weit überlegen ist. Darüber hinaus gibt Euripides aber keine eingehende Charakterisierung der Hauptpersonen. Anscheinend kam es ihm weniger auf die Darstellung von Personen als von Situationen an, in denen Durchschnittsmenschen – mit Ausnahme der Titelfigur – ganz unheroisch, inkonsequent, emotional und unkontrolliert reagieren.

Medea wurde 431 v. Chr. in Athen zum ersten Mal aufgeführt. Das Stück spielt in Korinth vor dem Haus der Medea. Zu den Handlungsvoraussetzungen gehören: Medeas leidenschaftliche Liebe zu Jason, ihre für Jason begangenen Verbrechen (Hilfe beim Diebstahl des Goldenen Vlieses, Brudermord), Jasons Verrat (Vermählung mit Glauke, der Tochter König Kreons von Korinth) und Medeas Rachegedanken.

Medea wünscht sich selbst, den Kindern und Jason den Tod. Sie bittet den Chor der korinthischen Frauen um Verständnis für ihr Verhalten, das sie mit dem Verlust ihres seelischen Gleichgewichts erklärt. Sie beschreibt in diesem Zusammenhang ausführlich die Situation der Frau im Verhältnis zum Mann in Griechenland:

Ach! Unter den belebten, mit Erkenntnis
Begabten Wesen sind wir Weiber doch
Die unglückseligsten. Wir müssen uns
Zuerst mit großen Schätzen einen Gatten
Erkaufen und uns ihm leibeigen schenken.
Noch ärger ist, ja das Gefährlichste,
Ob bieder oder boshaft jener sei,
Dem wir uns schenken; denn die Ehescheidung
Entehrt uns, auch darf sie das Weib nicht fordern.
Nach neuen Sitten und Gesetzen muss
Sie als Verlobte leben; denn wofern
Kein Sehergeist sie leitet, kennt sie des
Ihr einst bestimmten Gatten Denkart nicht.
Gelingt es ihr, sich wohl darein zu finden,
Lebt ihr Gemahl vergnügt mit ihr und legt
Kein hartes Joch ihr auf, so ist sie glücklich.
Wo nicht: so ist es besser, dass sie sterbe.
Ein Mann, gequält von häuslichem Verdruss,
Eilt aus dem Haus und lindert seinen Unmut
Bey Freunden oder Andern gleiches Alters.
Wir müssen nur nach Einer Seele schaun.
Zwar sagen sie, wir lebten stets gefahrlos
In unserm Haus; sie stritten mit der Lanze.
Doch irren sie; ich wollte lieber dreimal
Den Feind bestehn, als einmal nur gebären.[1]

(230–251)

---

1 Übersetzung: Johann Baptist von Alxinger, 1812.

Schließlich kündigt sie dem Chor ihre Rache an; dieser hat Verständnis für Medeas Gefühle. Kreon, der König von Korinth, teilt Medea seinen Entschluss mit, sie selbst und ihre Kinder zu verbannen, weil sie der Verbindung zwischen Jason und seiner Tochter Glauke im Wege steht und allen Betroffenen gefährlich werden kann. Sie bittet Kreon, noch einen Tag länger in Korinth bleiben zu dürfen. Der König entspricht ihrer Bitte, weil sich Medea mit ihrem Schicksal abgefunden zu haben scheint. Medea erklärt dem Chor, dass sie den ihr von Kreon geschenkten Tag benutzen will, um ihre Rache zu vollenden. Der Chor kommentiert Medeas Entscheidung und hebt ihre positiven Auswirkungen auf das Ansehen der Frauen im Allgemeinen hervor; die Schlechtigkeit der Männer wird dagegengestellt. Die erste große Auseinandersetzung zwischen Jason und Medea bringt den entscheidenden Konflikt der Tragödie, den Gegensatz zwischen Gefühl und Verstand, zutage. Der Chor tritt für die Vermeidung extremen Verhaltens ein. Medea begegnet dem athenischen König Aigeus, der Medea Asyl anbietet und Jasons extrem egoistische und letztlich menschenverachtende Rationalität verurteilt. Die Verlassene beschreibt, wie sie Glauke und Kreon umbringen will, und kündigt die Ermordung ihrer Kinder an. Sie erweist sich hier als Vertreterin einer archaischen Denkweise und entsprechenden Wertvorstellungen (Unversöhnlichkeit gegenüber Feinden, Loyalität gegenüber Freunden, Streben nach Ruhm anstelle von Sicherheits- und Ruhebedürfnis, Verbot von Feigheit und Nachgiebigkeit). Der Chor preist in seinem ans Publikum gerichteten Lied die Weisheit als Weg zum Ruhm und notwendige Bedingung des Glückes. Nur die Harmonie von Geist und Emotion kann Segen bringen. (Diese Harmonie ist übrigens nach Auffassung des Chores in Athen vorbildlich verwirklicht.) Folglich muss der Chor Medeas Mordpläne ablehnen und darauf hinweisen, dass eine Mörderin in Athen keine Aufnahme finden könne. Das erneute Gespräch zwischen Jason und Medea gaukelt diesem einen Sinneswandel Medeas vor, der in Jasons Augen eine vernünftige Lösung des Problems ermöglicht. Der Chor schildert das für alle Beteiligten unausweichliche Unglück und empfindet Mitgefühl für Jason und Medea, die von Gefühl und Verstand hin und her gerissen ist; sie ist sich der Konsequenzen bewusst, wenn sie sich für die eine oder die andere Seite entscheidet. Am Beispiel der Kinder reflektiert der Chor die Unantastbarkeit des Lebens und die Unbegreiflichkeit des Schicksals. Dann schildert ein Bote den inzwischen erfolgten Vollzug der Rache an Kreon und Glauke. Medea versucht, den Mord an ihren Kindern rational zu begründen: Nach dem, was geschehen sei, müssten sie sowieso mit ihrer Ermordung rechnen. Der Chor ruft die Götter an, um den Mord zu verhindern.

Dennoch wird die Tat vollzogen. Beide, Medea und Jason, haben das Unglück verursacht, weil sie maßlos übersteigert, unmenschlich und gottlos gehandelt haben und jegliches Maß überschritten haben. Der Chor hat das Schlusswort, das nochmals auf das Walten der Gottheit und die Unberechenbarkeit des Lebens hinweist.

Euripides thematisiert mehrere Gegensätze, die die Handlung und ihren Verlauf bestimmen:
– den Gegensatz zwischen Frau und Mann
– den Gegensatz zwischen archaisch-heroischem und aufgeklärt-modernem Denken
– den Gegensatz zwischen Barbarentum und Hellenentum
– den Gegensatz zwischen *éros* (Gefühl) und *sophía* (Verstand).

Diese Gegensätze werden von Medea und Jason verkörpert, der sich in seiner vom Verstand bestimmten Argumentation vom Gedankengut der Sophistik bestimmen lässt. Medea ist Opfer extremer Emotionalität; Jason scheitert aufgrund seiner Überzeugung, dass das Glück rational planbar und realisierbar ist.

Im Jahr 428 v. Chr. siegte Euripides mit **Hippolytos**. Die Frau des Königs Theseus, Phaidra, wird von brennender Liebe zu dessen Sohn Hippolytos erfasst und will ihn verführen. Aber der junge Mann dient als begeisterter Jäger nur Artemis, der jungfräulichen Göttin der Jagd. Er will von der Liebe (verkörpert durch die Göttin Aphrodite) nichts wissen und weist das Ansinnen seiner Stiefmutter zurück. Phaidra verleumdet daraufhin Hippolytos bei seinem Vater Theseus. Sie behauptet, Hippolytos habe ihr nachgestellt. Theseus glaubt Phaidra und bittet den Gott Poseidon, Hippolytos zu vernichten. Als sich Hippolytos mit seinem Pferdegespann am Strand des Meeres befindet, scheuen die Pferde vor einem von Poseidon geschickten Stier. Hippolytos wird von seinen Pferden zu Tode geschleift (der Name des Protagonisten bedeutet übrigens: „von Pferden zerrissen"). Phaidra begeht Selbstmord.

Schon im Prolog tritt Aphrodite auf. Sie plant Hippolytos zu töten, weil er der Liebe entsagt hat, nur der Artemis dient und sie, die Göttin der Liebe, missachtet. Der Chor bezeichnet Phaidras Verhalten als Krankheit; aber erst allmählich wird die Ursache für die Krankheit der Phaidra enthüllt, die eigentlich nur einen einzigen Ausweg sieht: den freiwilligen Tod. Theseus erscheint und beklagt das Unglück. Seine tote Gattin aber hat einen Brief hinterlassen, in dem sie Hippolytos der Vergewaltigung bezichtigt. Theseus verwünscht daraufhin seinen Sohn und jagt ihn fort, weil Hippolytos dem Vater nicht die Wahrheit erklären kann. Dann berichtet ein Bote von dem Unfall des Hippolytos: Die

Drohung der Aphrodite hat sich also erfüllt. Theseus glaubt immer noch an die Schuld des Sohnes, Artemis aber macht als *dea ex machina* Theseus wegen seines Verhaltens gegenüber seinem Sohn schwere Vorwürfe; doch auch Theseus' Tat hat Aphrodite verschuldet. Am Schluss wird der sterbende Hippolytos auf die Bühne getragen.

Das Motiv der Tragödie ist uralt: Es findet sich schon in einem altägyptischen „Brüdermärchen", das auf einem Papyrus des 13. Jhs. v. Chr. überliefert ist. Dann begegnet es als Motiv im Alten Testament: Potiphars Weib und Joseph (1. *Mose* 39) entsprechen Phaidra und Hippolytos. Dasselbe gilt für Bellerophontes und die Frau des Proitos bei Homer (*Ilias* 6, 155 ff.). Euripides wollte, im Gegensatz zu diesen, eine Phaidra darstellen, die zwar von Leidenschaft erfasst ist, aber doch ihre Verfehlung, sobald sie ruchbar wird, mit ihrem Selbstmord sühnt. Dennoch lässt ihr der Dichter noch Raum für ihre Rache, d. h. er stellt sie als einen Menschen dar, der trotz edler Gesinnung auch Schwäche zeigt. Allerdings hat ihr Racheakt in Form der falschen Beschuldigung des Stiefsohnes den Zweck, Hippolytos seine Mitschuld an ihrem Unglück bewusst zu machen, weil er die Macht der Aphrodite nicht anerkennen will: Hippolytos soll nicht überheblich werden, wenn er Phaidras Leiden und Tod sieht. Vielleicht lernt er jetzt, bescheiden zu sein. Dass der Dichter für seine Phaidra volle Sympathie hegt, zeigen ihre letzten Worte (725–731):

> Ich werde Kypris, die mich vernichtet, eine Freude machen,
> nachdem ich mich heute noch von meinem Leben trenne.
> Ich werde Opfer meiner bitteren Leidenschaft sein. Aber
> auch für einen anderen werde ich ein Unglück sein, wenn ich
> gestorben bin, damit er begreift, dass er angesichts meines
> Leides nicht überheblich sein darf. Er war die Ursache
> meiner Krankheit; deshalb wird er lernen, vernünftig und
> besonnen zu sein.

Iphigenie in Aulis wurde wahrscheinlich erst nach dem Tod des Dichters 405 v. Chr. uraufgeführt. Auf seinem Zug nach Troja wird das griechische Heer in der Hafenstadt Aulis (Böotien) durch eine von Artemis verhängte Windstille festgehalten. Der Seher Kalchas erklärt, die Göttin sei nur durch die Opferung Iphigenies dazu zu veranlassen, die Windstille aufzuheben. Die beteiligten Personen stehen vor einer furchtbaren Entscheidung: Agamemnon, Iphigenies Vater und zugleich Feldherr der Griechen, sein Bruder Menelaos als Gatte der Helena, Klytaimnestra, Iphigenies Mutter, Achilleus, der (angebliche) Bräutigam, und Iphigenie selbst. Agamemnon hat schon vor Beginn des Dramas einen Boten nach Argos geschickt, um Iphigenie unter dem Vorwand nach Aulis holen zu lassen, sie solle dort ihre Verlobung mit Achilleus feiern. Jetzt aber möchte er diese Weisung wieder rückgängig machen und schickt einen Brief nach Argos. Aber der Brief wird von Menelaos abgefangen, und es kommt zu einem Streit zwischen Menelaos und Agamemnon. Menelaos will schon klein beigeben, da wird gemeldet, Iphigenie treffe gleich mit Klytaimnestra und ihrem Bruder Orest ein. Da wird Menelaos von Mitleid gepackt und will die Opferung des Mädchens verhindern; Agamemnon jedoch hält an seiner ursprünglichen Absicht fest, weil er meint, dass es vom Schicksal so vorbestimmt sei. Die Opferung soll aber zunächst vor Klytaimnestra geheim gehalten werden. Dann erfährt Achilleus von Klytaimnestra, welche Rolle er in Agamemnons Intrigenspiel einnehmen soll, und Klytaimnestra wird von ihrem alten Diener in den wirklichen Plan der Heerführer eingeweiht. Nicht nur Klytaimnestra ist zutiefst erschüttert; auch Achilleus ist schwer gekränkt: Er verspricht Klytaimnestra, Iphigenie zu retten. Schließlich erfährt der Zuschauer, dass Agamemnon seine Tochter für Hellas opfern will. Achilleus will dies mit allen Mitteln verhindern; Iphigenie ist jedoch bereit, für Hellas zu sterben. In der Abschiedsszene wird Iphigenie als Opfer geschmückt und geweiht. Der überlieferte Schluss mit dem Botenbericht über Iphigenies Rettung durch Artemis, die anstelle des Mädchens eine Hirschkuh schlachten lässt und Iphigenie zu den Göttern entrückt, ist sicherlich nicht von Euripides selbst verfasst, sondern später hinzugefügt.

Der Stoff der *Iphigenie in Aulis* enthält einen der erschütterndsten Konflikte des griechischen Mythos: Der Heerführer Agamemnon wird vor die Alternative gestellt, das Unternehmen entweder scheitern zu lassen oder den Göttern seine eigene Tochter als Menschenopfer darzubringen. Euripides wollte seinem Publikum vor allem die Entscheidungssituation in ihrer Unentrinnbarkeit und Grausamkeit bewusst machen. Die Forderung der Göttin nach Opferung der Iphigenie stürzt Agamemnon nicht nur in eine ausweglose Situation, sondern drängt ihn auch in ein Intrigenspiel, das die Unmenschlichkeit des Geschehens ins Maßlose steigert. Die extreme göttliche Forderung führt zu extremen Konsequenzen für menschliches Handeln und Verhalten. Agamemnon versucht seine Taten mit seiner Pflicht zu legitimieren. Iphigenie übernimmt die Begründung des Vaters und verwandelt sie in die pathetische

Bereitschaft zum Selbstopfer. Diese Entscheidung kritisierte → Aristoteles in seiner *Poetik* (15, 1454a31 f.) als „Anomalie". Aber Euripides will besonders eindringlich zeigen, was aus Menschen wird, die durch eine unerträgliche Forderung in die äußerste Enge getrieben und gezwungen werden gegen ihren Willen zu handeln.

Wie lebten die Werke fort?

Aus der Fülle der Rezeptionsdokumente für die *Alkestis* seien hier die folgenden dramatischen Bearbeitungen genannt: Hans Sachs: *Die getrewe Fraw Alcest mit ihrem getrewen Mann Admeto* (1551); Chr. M. Wieland: *Alceste* (1773 – mit Goethes satirischer Reaktion: *Götter, Helden und Wieland*); Hugo von Hofmannsthals freie Nachdichtung (1911); Lernet-Holenia: *Alkestis* (1946); T. S. Eliot: *Cocktail Party* (1947) und Thornton Wilder: *Alcestiad* (1955). Zu erwähnen ist auch R. M. Rilkes Gedicht *Alkestis* (1907).

Die Gestaltung der *Medea*-Sage durch Euripides wurde Vorbild für die weitere Bearbeitung des Stoffes in der Literatur. Im 3. Jh. v. Chr. greift Apollonios Rhodios in seinen *Argonautika* auf Euripides zurück. Römische Dichter haben *Medea*-Tragödien geschrieben (Accius, Ennius, Ovid, Seneca), Ovid behandelt das *Medea*-Thema auch in seinen *Metamorphosen* (7, 1–158; 351–452). In neuerer Zeit sind zahlreiche *Medea*-Bearbeitungen erschienen (z. B. Pierre Corneille, *Médée*, 1635; Luigi Cherubini, 1797; Franz Grillparzer, 1822; Hans Henny Jahnn, 1926; Jean Anouilh, *Médée*, 1946; Robinson Jeffers, 1946; Mattias Braun, 1959). Der *Medea*-Stoff wurde aber nicht nur dramatisch bearbeitet, sondern auch in Form von Romanen, Novellen, poetischen Werken, Opern und Balletten tradiert. Auch die bildende Kunst nahm sich des Stoffes an.

Nach der ersten Fassung des Hippolytos-Dramas, in dem Phaidra den jungen Mann auf offener Bühne zu verführen versucht, schrieb Seneca seine *Phaedra*. In der Neuzeit hat durch Senecas Vermittlung das erste Hippolytos-Drama des Euripides besondere Wirkung. Hier ist die *Phèdre* von Racine (1677) zu erwähnen, der den Charakter des Hippolytos grundlegend verändert, indem er ihn als einen in das Mädchen Aricia verliebten Jüngling darstellt; der Konflikt entsteht aus der Eifersucht der Phaedra. Wichtig ist auch die *Fedra* des Gabriele d'Annunzio (1909), der Phaedra eine abgrundtiefe Verworfenheit unterstellt.

Iphigenie in Aulis hat spätere Dichtergenerationen immer wieder zu eigener Gestaltung herausgefordert. Die römischen Dichter Naevius und Ennius griffen den Stoff auf, und seit der Renaissance sind zahlreiche dramatische Bearbeitungen entstanden: z. B. Racine (1674), Schiller (1790), Gerhart Hauptmann (1943). Auch die bildende Kunst hat das Thema „Opferung der Iphigenie" vielfach aufgegriffen.

Iphigenie bei den Taurern hatte wahrscheinlich v. a. aufgrund ihres glücklichen Endes eine große Wirkung auf die Nachwelt. In der Neuzeit (1779) bilden Goethes *Iphigenie auf Tauris* und Glucks *Iphigénie en Tauride* einen Höhepunkt in der Rezeptionsgeschichte des Werkes.

Was bleibt?

Der Psychologe Stanley Milgram versuchte Anfang der sechziger Jahre zu demonstrieren, wie Menschen sich dazu bringen lassen, Untaten zu begehen, die sie eigentlich gar nicht begehen wollen. Die Versuchspersonen sollten im Rahmen eines Experiments die Lernfortschritte von Lernenden überwachen; für jeden Fehler, den ein Lernender beging, sollten sie ihm einen schmerzhaften Stromschlag versetzen und im Wiederholungsfalle die Intensität des Schmerzes erhöhen. Obwohl die gequälten Lernenden immer lauter vor Schmerzen schrien und die „Überwacher" mit den Stromstößen aufhören wollten, drängte der „Versuchsleiter" zur Fortsetzung des Experimentes. Die meisten „Versuchspersonen" erhöhten die Stromstöße noch und waren sogar bereit, „im Interesse der Wissenschaft" tödliche Stromstöße einzusetzen. Für Menschen, die bereit sind, für „höhere Zwecke" Grausamkeiten und Verbrechen zu begehen, ist der Vater der Iphigenie der Prototyp.

Herodot

Name:	**Herodotos von Halikarnassos**
Lebensdaten:	**484–ca. 430 v. Chr.**
Literarische Gattung:	**Geschichtsschreibung, Ethnographie, Paradoxographie**
Werke:	**Geschichte als „Forschungsbericht"**

Wer war das?

Herodot stammt aus Halikarnassos in Karien (Kleinasien), aus einer bekannten karisch-griechischen Familie. Er beteiligte sich an den innenpolitischen Kämpfen seiner Heimat, war u. a. an einer Verschwörung gegen den Tyrannen Lygdamis beteiligt, wurde verbannt und lebte längere Zeit auf der Insel Samos. Später kehrte er zurück und trug dazu bei, dass der Tyrann gestürzt wurde. Dann ging er nach Athen und hatte dort Verbindungen zu Perikles und → Sophokles, mit dem er eng befreundet gewesen sein soll; der Tragödiendichter soll den Freund sogar in der *Antigone* (s. S. 145) zitiert haben. Der Perser Intaphrenes hatte aus einem nichtigen Anlass den Wächtern des Königs Dareios mit seinem Säbel Ohren und Nasen abgehackt, diese dann auf die Zügel seines Pferdes aufgefädelt und sie den Misshandelten um den Hals gehängt. Dareios ließ daraufhin Intaphrenes und alle seine Kinder und Verwandten verhaften, um sie mit dem Tod zu bestrafen. Die Frau des Intaphrenes erschien immer wieder vor dem Tor des Königspalastes und bat um Gnade. Schließlich ließ Dareios sich erweichen und ihr Folgendes ausrichten:

„Frau, König Dareios erlaubt dir einen, aber nur einen deiner gefangenen Angehörigen zu retten, den du dir unter allen anderen aussuchen kannst."

Die Frau dachte nach und antwortete: „Wenn mir der König das Leben nur eines einzigen überlassen will, dann entscheide ich mich unter allen anderen für meinen Bruder."

Dareios wunderte sich darüber, als er das hörte, und ließ ihr Folgendes ausrichten: „Der König lässt dich fragen, was dich dazu bewogen hat, deinen Mann und deine Kinder zu übergehen und dich dafür zu entscheiden, dass dein Bruder am

Leben bleiben soll, der dir doch nicht so nahe steht wie deine Kinder und den du nicht so liebst wie deinen Mann."

Sie antwortete folgendermaßen: „König, ein anderer Mann könnte mich heiraten, wenn Gott es wollte, und ich könnte andere Kinder haben, wenn ich diese verlieren würde; aber da mein Vater und meine Mutter nicht mehr leben, könnte ich auf keinen Fall einen anderen Bruder bekommen; deshalb habe ich mich so entschieden."

(3, 119, 3–6)

Antigone begründet mit fast denselben Worten, warum sie gegen Kreons Befehl ihren toten Bruder bestattet hat, dies aber niemals getan hätte, wenn es sich um ihre Eltern, ihren Mann oder ihre Kinder gehandelt hätte (904 ff.). Herodot kann Sophokles durchaus zu dieser Szene angeregt haben, auch wenn er im Jahr 442 v. Chr., dem Aufführungsdatum der *Antigone*, nicht mehr in Athen war; denn er war bereits 444/43 in die neu gegründete athenische Kolonie Thurioi in Unteritalien gezogen. Auf ausgedehnten Reisen u. a. in die Gegend um das Schwarze Meer, in das Land der Skythen, nach Ägypten und in den Vorderen Orient, wo er vielfältige Gelegenheiten suchte, die Welt „zu sehen und zu erforschen", hat er Material für sein Erzählwerk gesammelt. Vermutlich hat Herodot in Athen zunächst in öffentlichen Vorträgen über seine Reisen berichtet. Daraus erklärt sich auch die Darstellung seiner Erlebnisse aus athenischer Sicht. Von Athen aus hat er auch zahlreiche Orte im griechischen Mutterland aufgesucht (z. B. die Schlachtfelder der Perserkriege und Sparta).

Was schrieb er?

Herodot eröffnet sein Erzählwerk, die *Historien*, in neun Bänden (nach der Anzahl der Musen) mit folgender Ankündigung:

Hier wird die Forschungsarbeit des Herodot von Halikarnassos dargestellt, damit die Taten der Menschen mit der Zeit nicht verloren gehen und die großen und bewundernswerten Leistungen, die sowohl die Griechen als auch die Barbaren erbracht haben, nicht in Vergessenheit geraten und unter anderem auch nicht, warum sie miteinander Krieg geführt haben.

Das Werk besteht aus zwei deutlich unterschiedenen Teilen: Der erste ist stark ethnographisch-geographisch-länderkundlich orientiert mit ausführlichen „Ausführungen" (*lógoi*) über Lydien, Babylonien, Ägypten, die Skythen und Libyen. Diese „Ausführungen" sind in eine Darstellung der persischen Geschichte von Kyros II. bis Dareios eingefügt. Immer wenn ein Volk mit der persischen Expansion in Berührung kommt, wird der entsprechende *lógos* eingefügt.

Der zweite Teil behandelt den persisch-griechischen Konflikt: Ionischer Aufstand, Feldzüge der Perser gegen Griechenland in den Jahren 492, 490 und 480/479 v. Chr. Es ist eine offene Frage, ob Herodot die geographisch-länderkundlichen *lógoi* zunächst als selbständige Geschichten verfasste und später mit seiner Darstellung der Perserkriege verknüpfte oder ob das Thema der Perserkriege von Anfang an Herodots Arbeit bestimmt hat.

In weitestgehend frei erfundenen wörtlichen und indirekten Reden veranschaulicht Herodot seine Auffassung von den treibenden Kräften der Geschichte. So lässt er z. B. den griechischen Heerführer Themistokles vor der Schlacht bei Salamis im Jahr 480 v. Chr. sagen:

> Wenn man einen vernünftigen Plan fasst, dann geht es fast immer gut aus. Wählt man aber einen unsinnigen, dann entzieht auch die Gottheit dem Denken der Menschen ihre Hilfe.
>
> *(7, 60 g)*

Hier wird die Verwirklichung menschlicher Absichten von der Billigung der Gottheit abhängig gemacht: Diese lenkt das Geschehen und billigt in der Regel vernünftige Pläne; ansonsten aber herrscht sie nach nicht erkennbaren Regeln über die Welt.

Die bedeutendste Quelle Herodots ist die „Erdbeschreibung" des Hekataios aus Milet (um 500 v. Chr.). Er übernahm vieles wörtlich aus diesem Werk (z. B. die Geschichten über den Vogel Phoenix, 2, 73, über das Flusspferd, 2, 71, und über die Jagd auf Krokodile, 2, 70–73). Man kann davon ausgehen, dass Herodot zumindest in Ägypten (wahrscheinlich aber auch in anderen Ländern) auf den Spuren des Hekataios und unter Mitnahme der beiden Buchrollen der *Periegese* des Milesiers gereist ist und dessen Nachrichten mit seinen eigenen Beobachtungen und den Ergebnissen seiner Interviews vor Ort überprüft hat. Herodot hatte nicht das Ziel, historische Fakten lückenlos aufzuklären und chronologisch zu fixieren. Er wollte den Gang der Geschichte ansprechend erzählen und zugleich ihren Sinn zu erklären versuchen. Nicht selten muss er deutlich machen, dass sich die „Wahrheit" des Ermittelten nicht beweisen lässt. Er versuchte auch in den novellistischen Teilen seines

Auf seinen zahlreichen Reisen reift in Herodot die Einsicht, dass die Götter den Menschen, wenn sie vernünftig sind, mit Rat und Tat beistehen.

Werkes, seine Erkenntnisse über die Gesetzmäßigkeit geschichtlicher Abläufe anschaulich zu machen: Das Menschliche wird von göttlichen Kräften bestimmt, die eine ausgleichende Gerechtigkeit zu gewährleisten scheinen, letztlich aber doch unkalkulierbar sind.

Bei aller Offenheit für die Besonderheiten und Errungenschaften der fremden Völker bleibt es Herodots Überzeugung, dass den Athenern (nicht den Griechen insgesamt) in der Auseinandersetzung zwischen Persern und Griechen das historische Verdienst zukommt, die „Retter Griechenlands" zu sein. Denn die meisten Griechen waren nicht bereit, den Kampf der Freiheit gegen die Knechtschaft zu wagen, sondern blieben persisch gesinnt:

> Dazu muss ich ganz offen meine Meinung sagen, so unangenehm sie auch den meisten Menschen sein wird, doch soweit sie mir der Wahrheit zu entsprechen scheint, werde ich sie nicht zurückhalten. Wenn die Athener die herannahende Gefahr gefürchtet [...] und sich Xerxes kampflos ergeben hätten, dann hätte niemand versucht, dem Perserkönig zur See Widerstand zu leisten. Wenn sich also niemand Xerxes entgegengestellt hätte, wäre auf dem Festland Folgendes passiert: [...] Die Lakedämonier wären von ihren Verbündeten im Stich gelassen worden, da eine Stadt nach der anderen von den persischen Seestreitkräften eingenommen worden wäre. Allein gelassen hätten sie zwar große Taten vollbracht, wären dann aber den Heldentod gestorben. Entweder wäre dies tatsächlich geschehen oder sie hätten sich mit Xerxes verständigt, wenn sie vorher gesehen hätten, dass die übrigen Griechen auf die persische Seite gewechselt waren. In beiden Fällen wäre Griechenland von den Persern unterworfen worden. [...] Wenn aber jetzt einer die Athener als die Retter Griechenlands bezeichnet, dürfte er die Wahrheit nicht verfehlen. [...] Da sie sich für das freie Griechenland entschieden, waren sie es, die das ganze übrige Griechenland, soweit es nicht schon den Persern verfallen war, aufrüttelten und den Perserkönig abschüttelten – natürlich mit Hilfe der Götter.
>
> *(7, 139)*

Der Geschichte von Kroisos und Kyros (Herodot 1, 86) kann man ein Archilochos-Frg. als Motto voranstellen: „Wenn du siegst, darfst du deinen Stolz nicht offen zeigen, wenn du besiegt bist, jammere nicht, zu Hause auf den Boden stürzend. Doch über Erfreuliches freue dich und über Schlimmes sei betrübt, aber nicht zu sehr! Erkenne einfach das Auf und Ab, das die Menschen erfasst" (128 W = 67a D). Die Perser erobern Sardes und nehmen Kroisos gefangen. Kyros will den besiegten Gegner auf dem Scheiterhaufen verbrennen. Herodot erzählt, wie Kroisos sich auf dem schon brennenden Scheiterhaufen an sein (von Herodot erfundenes) Gespräch mit dem Athener Solon erinnert. Dieser hatte Kroisos auf die Unberechenbarkeit des menschlichen Schicksals hingewiesen (1, 30–32). Solon habe – so Kroisos – nicht nur ihn allein gemeint, sondern die ganze Menschheit in ihrer Gefährdung und Vergänglichkeit („das Menschliche") und vor allem diejenigen, die meinten, glücklich zu sein:

> Als Kyros von seinen Dolmetschern hörte, was Kroisos gesagt hatte, änderte er seine Absicht und besann sich darauf, dass auch er ein Mensch sei und einen anderen Menschen, der ihm einst an Glück nicht nachstand, lebend dem Feuer übergeben wollte. [...] Außerdem fürchtete er die Vergeltung (der Götter) und sagte sich, dass nichts im menschlichen Dasein sicher sei. Darum befahl er, das Feuer so schnell wie möglich zu löschen.

(1, 86)

Plutarch geht übrigens in seiner Solon-Biographie auf derartige Überlegungen des Kyros nicht ein. Kyros habe den Feuertod des Kroisos nicht aus Menschlichkeit verhindert, sondern weil er „ungleich weiser war als Kroisos" und darum aus den Worten Solons die richtigen Konsequenzen habe ziehen können. Herodot aber hatte zuvor mehrere Motive genannt, die den Perserkönig zu dieser Verbrennungsaktion hätten veranlassen können: (1) Kyros wollte den wertvollsten Teil seiner Kriegsbeute den Göttern opfern, (2) ein Gelübde erfüllen oder (3) erproben, ob die Götter den gottesfürchtigen Kroisos retteten. Trotzdem erklärt er aber – anders als der Dichter Bakchylides in seinem dritten *Epinikion* – den Abbruch der Aktion nicht mit einem Eingreifen des Zeus, sondern mit einer menschlichen Entscheidung: Für Kyros sind alle Menschen der Unberechenbarkeit des Schicksals ausgeliefert. Die „Menschlichkeit", auf die sich Kyros besinnt, hat ihre Ursache im Bewusstsein einer Solidarität, die aus der Einsicht in die Gefährdung des Menschen erwächst. Der ursprüngliche Plan, mit dem Menschenopfer eine religiöse Pflicht zu erfüllen, wird aufgegeben, weil der Sieger im Besiegten plötzlich sich selbst erkennt. Kyros begreift die Botschaft des weisen Solon, der ihn durch den Mund des Lyderkönigs noch rechtzeitig zum Umdenken mahnt. Menschlichkeit aus Selbsterkenntnis: die Nähe zum delphischen Imperativ („Erkenne dich selbst!") ist unverkennbar. Ein Kerngedanke ist die Unberechenbarkeit des Schicksals, die die mitmenschliche Solidarität begründen hilft.

An dieser Szene zeigt sich Herodots Geschichtsauffassung, die sein ganzes Werk durchzieht: Weil sich der König auf der Höhe seiner Erfolge für den „glücklichsten" Menschen hielt, forderte er die Gottheit heraus; denn sie kann es nicht zulassen, dass der Mensch über sein Maß hinauswächst. So sind die folgenden Schicksalsschläge nicht als Strafen für Verfehlungen des Königs anzusehen, sondern als Demonstrationen der göttlichen Macht.

Wie wurden seine Werke überliefert?

Mehrere handschriftliche Fassungen des Textes sind aus dem 10. Jh. erhalten. Außerdem gibt es zahlreiche Papyrus-Fragmente aus dem 2. Jh. n. Chr. Griechische Textfassungen blieben über die byzantinische Zeit hinaus erhalten. Und auch lateinische Übersetzungen (u. a. von Laurentius Valla, s. u.) ließen Herodot nicht in Vergessenheit geraten. Im Verlagshaus des Aldus Minutius wurde 1502 eine griechische Fassung gedruckt.

„Wie ein Sänger": Plutarch über Herodot

In seiner Schrift *Über Herodots Boshaftigkeit* (!) geht Plutarch (1./2. Jh. n. Chr.) hart mit dem Historiker ins Gericht:

„Herodot ist ein hervorragender Schriftsteller, und seine Darstellung ist schön zu lesen; außerdem haben seine Erzählungen Reiz, Sprachgewalt und Anmut, und er erzählt eine Geschichte wie ein Sänger, aber nicht mit nüchternem Verstand, sondern mit musikalisch dahinfließenden und wohlklingenden Worten. Und du kannst sicher sein, seine Ausführungen bezaubern und ziehen jedermann an, aber wir müssen uns hüten vor seinen Verleumdungen und hässlichen Lügen wie vor dem Rosenkäfer, der unter einer glatten und weichen Oberfläche lauert, damit wir nicht, ohne es zu merken, unangemessene und falsche Meinungen über die größten und besten Städte und Männer Griechenlands bekommen" (874 D–E).

Plutarch reagierte wohl vor allem darauf, dass Herodot sich mehrfach nicht gerade schmeichelhaft über Plutarchs Landsleute, die Böoter, äußert. Und man muss zugeben: ein Satz wie „Das ganze Volk der Böoter machte mit den Persern gemeinsame Sache" (*Historien* 8, 34; vgl. auch 7, 138) musste Plutarch natürlich empfindlich treffen.

Wie lebten die Werke fort?

Cicero (*Über die Gesetze* 1, 5) nennt Herodot den „Vater der Geschichte", und in der Tat gingen von Herodot entscheidende Impulse für die

Entwicklung der griechischen Geschichtsschreibung aus. Denn erst Herodot hat nicht nur eine literarische Form gefunden, in der sich Belehrung und Unterhaltung des Zuhörers verbinden ließen, sondern auch das Grundmotiv aller künftigen Geschichtsschreibung formuliert, die Erinnerung an die von den Menschen bewirkten Geschehnisse zu erhalten.

Schon bei dem Meister der griechischen Komödie, Aristophanes, findet man Anspielungen auf Herodot. Thukydides schließt sich zwar ausdrücklich an Herodot an (1, 89 ff.), distanziert sich aber in seinem Methodenkapitel (1, 22) entschieden von ihm, ohne ihn namentlich zu nennen. Herodot geriet in den Ruf, kein seriöser Historiker wie Thukydides zu sein, und wurde bald nur noch in der Ethnographie und in der Paradoxographie (der Kunst, unglaubliche Geschichten zu erzählen) ernst genommen. Aristoteles hat in seinen ethnographischen, geographischen und zoologischen Abhandlungen auf Herodot zurückgegriffen. Die Alexandriner schätzten Herodot. Der Grammatiker Aristarch, geb. 216 v. Chr., auf den die Einteilung des Werkes in neun Bücher zurückgeht, verfasste einen Kommentar, der aber nur als ein Papyrusfragment erhalten ist.

Natürlich hatte Herodot in seinem Landsmann Dionysios von Halikarnassos im 1. Jh. v. Chr. einen großen Bewunderer. In den Rhetorenschulen war er Schulautor, was u. a. auch Quintilian bezeugt, der vor allem den ionischen Dialekt Herodots als besondere ästhetische Komponente hervorhebt. Lukian (2. Jh. n. Chr.) lässt Herodot allerdings als Sträfling auf einer Insel in seinen *Wahren Geschichten* die allergrößten Strafen erleiden, weil er zu denen gehöre, die ihr Leben lang gelogen und sich als Geschichtsschreiber gegen die Wahrheit versündigt hätten.

Plutarchs Einstellung zu Herodot war eher negativ: er habe immer nur die Unwahrheit gesagt und besitze daher nicht die Qualitäten eines Historikers, der der Wahrheit verpflichtet sei (s. o.). Auch in der späteren Antike und in der Byzantinischen Zeit blieb Herodot bekannt. Im Westen griff Petrarca Ciceros Wort vom „Vater der Geschichte" auf. In der ersten Hälfte des 15. Jhs. erhielt der Humanist Laurentius Valla von Papst Nikolaus V. den Auftrag, Herodot ins Lateinische zu übersetzen; das Manuskript wurde allerdings erst 1474 gedruckt. Besonders erwähnenswert ist die verbesserte Neuausgabe dieser lateinischen Übersetzung durch Henricus Stephanus (1566), der Herodot in seiner Einleitung nicht nur gegen Vorwürfe wegen seiner angeblich unwahren Geschichten verteidigt, sondern auch seine Frömmigkeit preist. Herodots Geschichten wurden zeitweilig sogar als Ergänzung der biblischen Geschichten betrachtet.

Heute sieht man in Herodot den wissbegierigen Weltreisenden und Journalisten, der seine Informationen durch Recherche vor Ort, Befragung der jeweils einheimischen Bevölkerung und Benutzung örtlicher Erzählungen gewann und mit eigenen Überlegungen, Urteilen und religiösen Überzeugungen angereichert in schriftlicher Form weitererzählte, aber wohl weniger unter dem Leitgedanken des Kampfes zwischen Asien und Europa.

Ein antiker Journalist vor Ort

An einer ganz unspektakulären Stelle seiner Berichte aus Ägypten schildert Herodot seine journalistische Arbeitsweise:

„Bisher habe ich meine Informationen durch persönliche Anschauung, eigenes Urteil und direkte Interviews gewonnen. Von jetzt an werde ich ägyptische Erzählungen wiedergeben, wie ich sie gehört habe. Doch auch dabei ist meine persönliche Anschauung mit im Spiel" (2, 99). Selbstverständlich war sich Herodot dessen bewusst, dass er mit Nachrichten, die er nicht selbst nachprüfen konnte, ein Element der Unsicherheit in sein Werk brachte. Aber er erklärt ausdrücklich (7, 152): „Ich bin verpflichtet, das Berichtete zu berichten; es zu glauben, bin ich allerdings nicht verpflichtet, und diese Auffassung soll für meine gesamte Darstellung gelten."

Vielleicht hat erst der legendäre polnische Journalist Ryszard Kapuściński Herodot richtig verstanden, indem er ihn zu seinem Mentor und Reisegefährten auswählte, während er im Auftrag der polnischen Nachrichtenagentur fast ein halbes Jahrhundert lang von den Krisenherden der Welt berichtete. In seinem 2005 in deutscher Übersetzung erschienenen Buch *Meine Reisen mit Herodot* beschreibt der Autor sein Verhältnis zu Herodot, den ersten antiken Reporter, den Vater der Reportage, als eine lebenslange Freundschaft. Kapuściński erzählt, wie ihn seit Beginn seiner journalistischen Reisetätigkeit, die Historien begleiteten.

Ob in Indien oder im Kongo, in Teheran oder Peking, immer sieht er sich von Herodots Haltung geprägt: von seiner Skepsis, aber auch von Offenheit und Neugier. Herodots Unbefangenheit in der Begegnung mit fremden Kulturen, seine ständige Bereitschaft zu beobachten, zuzuhören und nachzuforschen, wurden Kapuściński zum Leitbild.

Was bleibt?

Es ist nicht sinnvoll zu fragen, ob Herodots Geschichten „wahr" sind und möglicherweise zu behaupten, sie seien „gelogen". Es kommt vielmehr darauf an, wo in diesen Geschichten die (vielleicht verborgene) Wahrheit steckt.

Vor den Erfolg haben die Götter
den Schweiß gesetzt

Hesiod

Name:	**Hesiodos aus Askra in Böotien**
Lebensdaten:	**um 700 v. Chr.**
Literarische Gattung:	**Lehrgedicht**
Werke:	***Theogonie und Werke und Tage***

Wer war das?

Hesiod hatte ein Erweckungserlebnis, als er auf dem Helikon-Gebirge Schafe hütete. In seiner *Theogonie* erzählt er, dass ihm die Musen, die Töchter des Zeus, erschienen, ihn mit einem Lorbeerzweig berührten und ihm eine goldene Stimme einhauchten,

> Damit ich rühmte, was sein wird und was vorher war.
> Und sie forderten mich auf, zu preisen das Geschlecht der unsterblichen Götter, von ihnen selbst aber zuerst und zuletzt immer zu singen.
>
> *(32–34)*

Vielleicht war er dann auch wie Homer als Rhapsode (wandernder Sänger) tätig. Aber er hat wohl als sesshafter Bauer landwirtschaftlich gearbeitet. Es spricht vieles dafür, dass er anders als Homer ausgesprochen bodenständig lebte und z. B. die Seefahrt ablehnte. In einem Rechtsstreit um sein väterliches Erbe unterlag er seinem Bruder Perses, der die Richter bestach.

Was schrieb er?

Die ***Theogonie*** („Entstehung der Götter") ist ein Lehrgedicht in 1022 Hexametern (s. S. 95) über die griechische Götterwelt. Der Dichter informiert den Leser über die Funktionen der Götter und göttlichen Wesen, indem er diese aus ihrer Entstehung heraus zu erklären versucht. Dabei sind zwei miteinander verbundene Beschreibungsebenen zu unterscheiden: Die Beschreibung des Ist-Zustandes wird mit der seiner

Entstehung verknüpft. Hesiod unterscheidet vier Vorstufen, die der höchsten Stufe, der Herrschaft des Zeus, vorausgehen:

1. die formlose Leere des Chaos,
2. die Existenz von Gaia (Erde) und Eros (Geschlechtstrieb),
3. die Herrschaft des Uranos (Himmel),
4. die Entmachtung des Uranos durch Kronos.

Mit der Geburt des Zeus beginnt die letzte und höchste Entwicklungsstufe. Zeus schafft die Voraussetzungen seiner Herrschaft, er bezwingt Prometheus, besiegt die Titanen und wird von den olympischen Göttern als König eingesetzt. Dann überträgt er den anderen Göttern und göttlichen Mächten ihre Aufgaben.

Es darf als sicher gelten, dass Hesiod mit seiner Erzählung von Uranos, Kronos und Zeus auf uralte Überlieferungen zurückgreift, die u. a. auf hethitisch geschriebenen Tafeln mit mythologischen Inhalten aus der Zeit zwischen 1400 und 1200 v. Chr. greifbar sind. Dahinter stehen noch ältere hurritische Fassungen aus der Zeit um die Mitte des 2. Jts. v. Chr. Auch hier geht es um einen echten Sukzessionsmythos, in dem wie bei Hesiod der Wechsel der Herrschaft auf gewaltsame Weise erfolgt. Der Vergleich mit altorientalischen Sukzessionsmythen zeigt nicht nur Hesiods Traditionsgebundenheit, sondern lässt auch seine eigene Leistung schärfer hervortreten: Hesiod gestaltet eine konsequent auf Zeus hin gerichtete Entwicklung. In Zeus, dem Garanten des Rechts, erfüllt sich eine für alle Zeiten festgelegte Ordnung. Der Sieg des Zeus über Kronos und die Titanen sichert diese Ordnung. Von diesem Preis der Zeusherrschaft führt eine gerade Linie zum Zeusbild des → Aischylos.

Im Gegensatz zu Homer bleibt Hesiod als Autor seiner Werke nicht anonym. Er streut immer wieder Informationen über seine Person in seine Werke ein. Anscheinend benötigt er diese Form der Selbstdarstellung, weil er kein gleichsam vom Adel autorisierter Dichter und Sänger war, sondern als einfacher Bauer von den Musen dazu aufgefordert worden war, Dichter zu werden (22–34). Das ist seine Legitimation.

Werke und Tage ist eine Mahnrede in 828 Hexametern mit Vorschriften für die Arbeiten des Bauern im Wechsel der Jahreszeiten. Das Werk beginnt mit einem Hymnus auf Zeus und richtet sich an einen bestimmten Adressaten: Der Dichter ermahnt seinen Bruder Perses und die „Herrschenden", d. h. die Richter, sich in ihrem Handeln an das Recht (*dike*) zu halten und auf den „bösen Streit" zu verzichten. Den Bruder fordert er auf, redlich zu arbeiten, denn Recht und Arbeit seien Grundlagen der menschlichen Gemeinschaft. Er veranschaulicht und verstärkt seine Ermahnungen u. a. mit der Erzählung von Mythen (Prometheus und

Pandora, die fünf Weltalter von der Goldenen bis zur Eisernen Zeit) und mit der Fabel von Nachtigall und Adler.

Im zweiten Teil gibt Hesiod Regeln für rechtes Arbeiten und Leben, z. B. für die Eheschließung:

> Beachte die Maße. Denn für alles gibt es den richtigen Augenblick. Es gibt auch einen günstigen Zeitpunkt, um eine Frau in dein Haus zu bringen: Du solltest um die dreißig Jahre alt sein; das ist die Zeit zur Vermählung. Die Frau soll schon vier Jahre lang erwachsen sein; im fünften soll sie heiraten. Heirate eine Jungfrau, um ihr edle Sitten beizubringen. Nur eine, die nicht zu weit von dir entfernt wohnt, solltest du heiraten. Sieh dich gut um, damit die Nachbarn keine Schadenfreude haben. Denn ein Mann kann nichts Besseres bekommen als eine gute Frau, aber auch nichts Schlimmeres als eine schlechte, die nur das Essen im Kopf hat und ohne Fackel auch noch den stärksten Mann versengt und vorzeitig altern lässt.
>
> (693–704)

Schlechte Erfahrungen veranlassten den Dichter zum Nachdenken über Werte und Normen. Das Gedicht spiegelt die Sorge eines Mannes wider, der durch schwere Arbeit seinen Lebensunterhalt verdienen muss, dabei aber den Verfall einer Ordnung erlebt. Die Ethik der *Werke und Tage* dient dem Ziel, Wohlstand und Ansehen durch unermüdliche Arbeit zu erringen: „Vor den Erfolg haben die Götter den Schweiß gesetzt" (289 f.). Unrechtmäßiger Besitzerwerb wird strikt abgelehnt. Mit seiner Annahme einer doppelten *éris* („Streit") veranschaulicht Hesiod, dass Streit ambivalent ist; er kann gute wie böse Wirkungen haben:

> Es gab seit eh und je nicht nur eine Art von *éris*, sondern auf Erden gibt es zwei. Wer die eine erkannt hat, dürfte sie loben. Die andere ist zu tadeln. Sie haben einen ganz unterschiedlichen Charakter. Denn die eine fördert den bösen Krieg und den bitteren Zwist, die grausame. Kein Mensch liebt sie, aber unter Zwang ehren sie den auf Ratschluss der Unsterblichen schwer lastenden Streit. […] Die andere treibt zugleich den Trägen zur Arbeit. Denn wenn jemand einen anderen sieht, der reich ist, strengt er sich an, um den Acker zu bearbeiten

und zu pflanzen und sein Haus in Ordnung zu bringen. So tritt der Nachbar mit dem Nachbarn in einen Wettstreit, um seinen Reichtum zu vergrößern. Dieser Streit ist gut für die Menschen.

(11–16; 21–24)

Wie wurden seine Werke überliefert?

Neben der handschriftlichen Überlieferung, die auf das 11. Jh. (*Werke und Tage*) bzw. auf das 13. Jh. (*Theogonie*) zurückgeht, sind noch zahlreiche Fragmente aus der Papyrus-Überlieferung seit dem 1. Jh. v. Chr. erhalten.

Wie lebten die Werke fort?

Schon im 7. Jh. v. Chr. wurde Hesiods *Theogonie* von Dichtern wie Tyrtaios und Alkaios rezipiert. Naturphilosophen des 6. Jhs. wie Heraklit und Xenophanes kennen ihn. Letzterer bemerkt sehr polemisch (VS 21 B 11), alles hätten Homer und Hesiod den Göttern angehängt, was bei den Menschen nur Schimpf und Schande einbringe: Stehlen, Ehebruch und gegenseitiges Betrügen. Dass Hesiod sehr berühmt war, beweist auch die Tatsache, dass ihm zahlreiche andere Dichtungen belehrenden Inhalts zugeschrieben wurden. Die *Werke und Tage* haben mit seinem Lob des Hirten- und Bauernlebens auf die bukolische Dichtung Theokrits und Vergils eingewirkt. Mit seinem Lob der Arbeit haben sie auch Vergils *Georgica* beeinflusst.

   Welche Bedeutung Hesiod in der Antike eingeräumt wurde, veranschaulicht auch der *Wettkampf zwischen Homer und Hesiod*: Hier wird erzählt, wie die beiden Dichter um den höheren Rang streiten; die Zuhörer wollen Homer als Sieger sehen, während die Richter Hesiod den Sieg zusprechen, weil er nicht wie Homer von Krieg und Gewalt, sondern von Arbeit und Frieden singe.

Was bleibt?

In der guten Eris der *Werk und Tage*, dem dynamischen, aber fairen Konkurrenzkampf als Daseinsform, sieht Hesiod eine Möglichkeit, die Ungerechtigkeit in der Welt zu überwinden. Mit der *Theogonie* versucht er, eine unübersichtliche Götterwelt zu ordnen und Zeus als die höchste, die Ordnung schaffende Kraft anzuerkennen. Wenn man beide Werke in Beziehung zueinander setzt, erweist sich Zeus als der Garant der guten, friedlichen und kulturschaffenden *éris*.

Hippokrates

Name:	**Hippokrates von Kos**
Lebensdaten:	**ca. 460–377 v. Chr.**
Literarische Gattung:	**Medizin**
Werke:	**Medizinisch-fachwissenschaftliche Schriften**

Wer war das?

Hippokrates gilt als der „Vater der Heilkunde". Er war Sohn des Arztes Herakleides; seine seit vielen Generationen auf der Insel Kos ansässige Familie führte ihre Herkunft auf den Heilgott Asklepios zurück. Als „Wanderarzt" soll er im östlichen Mittelmeerraum weit gereist und auch in Ägypten gewesen sein. Im Alter soll er die Leitung seiner Ärzteschule auf Kos seinem Schwiegersohn Polybos anvertraut haben. Während einer Reise nach Thessalien ist er in Larissa gestorben.

Was schrieb er?

Hippokrates' Schriften umfassen eine Sammlung von etwa 60 in ionischem Dialekt verfassten Abhandlungen, die das gesamte Gebiet der Heilkunst umfassen und als Lehrschriften für Ärzte gedacht waren. Die Texte stammen hauptsächlich aus dem 5. und 4. Jh. v. Chr. Sie befanden sich vielleicht ursprünglich in einer Bibliothek der koischen Ärzteschule. Bei keiner einzigen der Schriften des *Corpus Hippocraticum* ist zweifelsfrei bewiesen, dass sie von Hippokrates selbst stammen. Manches spricht dafür, dass für das Corpus zwei Dutzend Autoren verantwortlich sind.

Aus der großen Zahl der Schriften seien die ältesten und bedeutendsten erwähnt:

(1) *Über die alte Medizin:* Es wird hier eine Individualmedizin vertreten, die die Wirkung der Diät auf den Körper des individuellen Einzelmenschen untersucht und eine Hypothesenmedizin bekämpft, die von allgemeinen Prinzipien ausgeht und zu naturphilosophischen Spekulationen neigt.

(2) *Über die Winde, Wasser und Gegenden* (oder *Von der Umwelt*): Hier geht es um die Frage, inwieweit die im Titel genannten Gegebenheiten auf den gesunden und den kranken Menschen einwirken.

(3) *Von der heiligen Krankheit*: Der Verfasser weist nach, dass die Epilepsie keine „heilige" Krankheit ist, sondern von bestimmten Umständen (Erblichkeit, Konstitution, Klima) abhängig ist. Wie man mit dieser Krankheit umgeht, beschreibt der Autor u. a. folgendermaßen:

> Man darf nämlich auch bei dieser Krankheit wie bei allen anderen Krankheiten die Beschwerden nicht vergrößern, sondern muss sie beschränken, indem man wie bei jeder Krankheit das anwendet, was sie bekämpft, und nicht das, was sie fördert. Denn durch das Fördernde blüht sie auf und vermehrt sich, durch das Bekämpfende nimmt sie ab und geht sie zurück. Wer es versteht, bei betroffenen Menschen durch eine Diät das Feuchte und das Trockene, das Warme und Kalte zu beeinflussen, dürfte auch diese Krankheit heilen können, wenn er den jeweils richtigen Augenblick für die Anwendung der nützlichen Mittel erkennt, ohne auf Entsühnungen und Magie zurückzugreifen.
>
> *(18)*

(4) Bei den *Epidemien* (wörtlich: „Besuche in fremden Städten") handelt es sich um Krankheitsgeschichten, die die Bedeutung unvoreingenommener Beobachtung (Empirie) am Krankenbett als eine wesentliche Grundlage hippokratischer Medizin veranschaulichen. Gleich am Anfang wird katalogartig beschrieben, worin die Aufgabe des Arztes besteht:

> Das Vorausgegangene beschreiben, das Gegenwärtige erkennen, das Kommende voraussagen. Diese Tätigkeiten üben. Bei den Krankheiten zwei Dinge beachten: nützen oder wenigstens nicht schädigen. Die Kunst besteht aus dem medizinischen Dreieck: Krankheit, Kranker und Arzt. Der Arzt ist der Diener der Heilkunst. Gemeinsam mit dem Arzt leistet der Kranke der Krankheit Widerstand.
>
> *(1, 1)*

(5) *Prognostikón* („Hilfsmittel für die Vorausschau auf den Krankheits-
     verlauf"): Der Verfasser zeigt, dass die Natur nicht willkürlich han-
     delt, sondern nach bestimmten Gesetzmäßigkeiten, sodass Diagnose,
     Prognose und Therapie möglich werden.

(6) Die Abhandlungen *Über Knochenbrüche* und

(7) *Über Einrenkung von Gliedmaßen* geben praktische Anregungen
     für die chirurgisch-orthopädische Arbeit.

(8) In der Schrift *Über Diät* wird die Auffassung vertreten, dass Ernäh-
     rung und Anstrengung im richtigen Verhältnis zueinander stehen
     müssen.

(9) Die Abhandlung *Über die Nahrung* festigt die Erfahrung, dass die
     Natur der wichtigste Helfer des Arztes ist; denn in ihr stecken die
     Kräfte, die das Gesunde erhalten, das Gestörte wiederherstellen
     und stets auf das richtige Maß zielen.

(10) Schließlich sei hier noch eine Zusammenstellung medizinischer
     Lehrmeinungen zu unterschiedlichen Themen genannt: die *Apho-
     rismen*, d. h. die schlagkräftig zugespitzten Denksprüche.

Zu Beginn der Schrift *Über die Winde* spricht der Autor über Mühen
und Leistungen der Heilkunst:

> Es gibt einige Künste, die zwar für diejenigen, die sie beherr-
> schen, mühsam sind, aber für diejenigen, die in ihren Genuss
> kommen, nützlich sind; für die Nichtfachleute sind sie ein
> Gewinn in jeder Hinsicht, für die Ausübenden aber be-
> schwerlich. Zu diesen Künsten gehört auch die Kunst, die die
> Griechen als Heilkunst bezeichnen. Denn der Arzt sieht
> Furchtbares, berührt Unangenehmes und bei fremdem Leid
> erntet er eigenen Kummer; die Kranken aber werden mit
> Hilfe der Kunst von den größten Übeln befreit, von Krankhei-
> ten, Kummer, Schmerzen, Tod. Denn all diesen schlimmen
> Vorgängen leistet die Heilkunst Widerstand.
>
> *(1)*

Die hippokratische Medizin war stark von den vorsokratischen
Naturphilosophen beeinflusst, die durch exakte Beobachtung natürli-
cher Vorgänge die Methodik für die Beobachtung des menschlichen
Körpers lieferten. In diesem Sinne hat sich die hippokratische Medizin

auch nie von ihrem Grundsatz der streng kausalen Erforschung der Natur abbringen lassen. Es ist ihr Ziel, die Unwissenheit (*agnosía*), Unerfahrenheit (*apeiría*) und Hilflosigkeit (*aporía*) gegenüber den Krankheiten zu beseitigen, aber immer in Rücksicht auf die individuelle Persönlichkeit des Patienten in ihrer Ganzheit.

Wie lebten die Werke fort?

Wie angesehen Hippokrates als Arzt war, veranschaulicht eine Stelle am Anfang von → Platons Dialog *Protagoras*. Sokrates fragt den gerade im Haus des Kallias eingetroffenen jungen Hippokrates, einen Namenvetter des großen Arztes:

> „Sag mir, lieber Hippokrates, du versuchst jetzt zu Protagoras zu gelangen und willst ihm ein Honorar für dich bezahlen: Was ist das für ein Mann, zu dem du zu gelangen versuchst, und was willst du bei ihm werden? So als ob du vorhättest, zu deinem Namensvetter Hippokrates von Kos, dem Asklepiaden, zu gehen und ihm ein Honorar für dich zu bezahlen, und es fragte dich jemand: ‚Sag mir, lieber Hippokrates, für welche Qualifikation willst du dem Hippokrates Geld geben?' Was würdest du antworten?"
>
> *„Ich würde sagen: Weil er ein Arzt ist." –*
> *„Und um was zu werden?" – „Um Arzt zu werden."*

Sokrates zählt dann noch weitere Fachleute auf: die berühmten Bildhauer Polyklet und Phidias und am Ende auch noch Homer. Hippokrates steht hier also in einer Reihe mit den hervorragendsten Experten anderer Fachgebiete. Der Sophist Protagoras passt aber nicht ganz in diese Reihe.

Auch → Aristoteles erwähnt Hippokrates als bedeutende medizinische Kapazität, als die er noch Jahrhunderte später galt.

Pflicht des Kranken

Der römische Philosoph Seneca zitiert den ersten hippokratischen Aphorismus:

„Paulinus, ein großer Teil der Menschheit beklagt sich über die Bosheit der Natur, dass wir nur für eine kurze Zeitspanne auf der Welt sind, […]

dass mit Ausnahme nur weniger Menschen die übrigen schon bei der Vorbereitung auf das Leben ihr Leben verlieren. [...] Davon kommt auch jener Ausspruch des größten aller Ärzte: ‚Das Leben ist kurz, langwierig die Kunst‘" (*Über die Kürze des Lebens* 1).

In der Übersetzung des griechischen Originals lautet der Ausspruch:

„Das Leben ist kurz, die Kunst ist lang, der günstige Augenblick schnell vergangen, der Versuch riskant, die Entscheidung schwierig. Es ist aber notwendig, dass nicht nur der Arzt selbst seine Pflicht tut, sondern auch der Kranke, die sonst noch Anwesenden und die äußeren Umstände müssen mitwirken" (*Aphorismen* 1, 1).

Die Definition von Gesundheit und Krankheit basiert, wie bereits angedeutet, auf der sog. Viersäftelehre: Gesundheit beruht auf der ausgewogenen Mischung der vier Säfte des Körpers – Blut (lat. *sanguis*), Schleim (*phlégma*), gelbe (*cholé*) und schwarze Galle (*mélaina cholé*); Krankheit ist die Folge einer gestörten Mischung. Diese Definition begründet seit dem Mittelalter die Lehre von den vier Temperamenten, die bis heute wirksam ist: Man unterscheidet dem Vorherrschen der Säfte entsprechend zwischen Sanguinikern, Phlegmatikern, Cholerikern und Melancholikern.

Bemerkenswert ist, dass die Hippokratischen Schriften eine nahezu ununterbrochene Wirkungsgeschichte haben. Den Arzt Diokles von Karystos nannte man im 4. Jh. v. Chr. einen „zweiten Hippokrates". Der im *Corpus Hippocraticum* überlieferte „Hippokratische Eid" (s. u.), der wahrscheinlich um 400 v. Chr. verfasst wurde und den die Ärzte beim Eintritt in ihre Zunft zu leisten hatten, brachte für Jahrtausende den großen sittlichen Ernst der hippokratischen Medizin zum Ausdruck. Janus Conarius übersetzte 1546 den Eid ins Lateinische: Nach der Anrufung der Schwurgottheiten schwört derjenige, der als Arzt praktizieren will (am Anfang oder am Ende seiner Ausbildung?), dass er die im Folgenden genannten Vorschriften und Vereinbarungen einhalten will. Es handelt sich um einen Pflichtenkatalog mit den Grundsätzen, die das Verhalten des Arztes im täglichen Leben und im Beruf bestimmen sollen. Von großem Gewicht sind die ethischen Pflichten, die den Nutzen und den Schutz des Kranken betreffen. Alle Vorschriften bewegen sich im Rahmen des menschlich Möglichen; bei aller Strenge kann von Rigorismus keine Rede sein. Entscheidende Instanz ist die Urteilsfähigkeit des Arztes. Allerdings darf sich der Arzt keinesfalls dazu hergeben, menschliches Leben zu vernichten (durch Sterbehilfe oder durch Abtreibung). Darauf folgen Vorschriften wie die Achtung vor dem Intimbereich des Kranken, das Verbot des Missbrauchs der ärztlichen Tätigkeit, die Schweigepflicht. Die Schlussformel des Eides enthält den Wunsch nach Anerkennung der ärztlichen Kunst und die Selbstverfluchung bei einem Bruch des Schwures. Auch wenn der Eid heute nicht mehr geleistet wird und in manchen Punkten umstritten ist, hat er seit zweieinhalb Jahrtausenden das Denken und Handeln vieler Generationen von Ärzten geprägt.

Seit dem Hellenismus wurde Hippokrates zum idealen Arzt stilisiert. Die hippokratischen Schriften waren ab Mitte des 3. Jhs. v. Chr. in der Bibliothek in Alexandria vorhanden und noch in der frühen nach-

Der Eid des Hippokrates

„Ich schwöre und rufe Apollon, den Arzt, und Asklepios und Hygieia und Panakeia und alle Götter und Göttinnen zu Zeugen an, dass ich diesen Eid und diesen Vertrag nach meiner Fähigkeit und nach meiner Einsicht erfüllen werde.

Ich werde den, der mich diese Kunst gelehrt hat, gleich meinen Eltern achten, ihn an meinem Unterricht teilnehmen lassen, ihm wenn er in Not gerät, von dem Meinigen abgeben, seine Nachkommen gleich meinen Brüdern halten und sie diese Kunst lehren, wenn sie sie zu lernen verlangen, ohne Entgelt und Vertrag. Und ich werde an Vorschriften, Vorlesungen und aller übrigen Unterweisung meine Söhne und die meines Lehrers und die vertraglich verpflichteten und nach der ärztlichen Sitte vereidigten Schüler teilnehmen lassen, sonst aber niemanden.

Ich werde ärztliche Verordnungen treffen zum Nutzen der Kranken nach meiner Fähigkeit und meinem Urteil, hüten aber werde ich mich davor, sie zum Schaden und in unrechter Weise anzuwenden.

Auch werde ich niemandem ein tödliches Gift geben, auch nicht wenn ich darum gebeten werde, und ich werde auch niemanden dabei beraten; auch werde ich keiner Frau ein Abtreibungsmittel geben.

Rein und fromm werde ich mein Leben und meine Kunst bewahren.

Ich werde nicht schneiden, sogar Steinleidende nicht, sondern werde das den Männern überlassen, die dieses Handwerk ausüben.

In alle Häuser, in die ich komme, werde ich zum Nutzen der Kranken hineingehen, frei von jedem bewussten Unrecht und jeder Übeltat, besonders von jedem geschlechtlichen Missbrauch an Frauen und Männern, Freien und Sklaven.

Was ich bei der Behandlung oder auch außerhalb meiner Praxis im Umgang mit Menschen sehe und höre, das man nicht weiterreden darf, werde ich verschweigen und als Geheimnis bewahren.

> Wenn ich diesen Eid erfülle und nicht breche, so sei mir beschieden, in meinem Leben und in meiner Kunst voranzukommen, indem ich Ansehen bei allen Menschen für alle Zeit gewinne; wenn ich ihn aber übertrete und breche, so geschehe mir das Gegenteil."[1]

---

1 Übersetzung Hans Diller, in: Hippokrates: Ausgewählte Schriften. Übersetzt und herausgegeben von Hans Diller, Stuttgart 1994, S. 8 ff.

christlichen Zeit bekannt. Der berühmte Arzt Galen aus Pergamon hat sie im 2. Jh. n. Chr. für seine eigenen Werke benutzt; durch Galens Autorität blieben die wichtigsten Texte über weit mehr als tausend Jahre lebendig.

Im 5./6. Jh. wurde das Corpus Hippocraticum ins Lateinische übersetzt. Der römische Gelehrte Cassiodor (ca. 490–583) nahm diese Übersetzung in seine Klosterbibliothek auf. Ab dem 14. Jh. gelangte die griechische Fassung des Textes über Konstantinopel in den Westen und wurde an den allmählich entstehenden Universitäten zur Pflichtlektüre jedes Medizinstudenten.

Die Schriften besaßen bis in das 19. Jh. hinein als medizinische Grundlagenwerke uneingeschränkte Autorität. Einige Texte der Sammlung bezeugen eine geistige Haltung, die für die europäische Wissenschaft verpflichtend wurde: unvoreingenommene Beobachtung und Untersuchung der Erscheinungen, kritische Deutung auf der Grundlage dieser natürlichen Phänomene, vergleichende Beobachtungen und Versuche paralleler Vorgänge in der Tierwelt und Nutzung von Erfahrung und Experiment als Grundlage ätiologischer und prognostischer Erkenntnis und ihre Anwendung.

Was bleibt?

Prinzipien der hippokratischen Medizin sind die Rationalität ärztlichen Handelns, die ganzheitliche Behandlung des Patienten, die Berücksichtigung seiner Individualität und die Achtung seiner Persönlichkeit. Das ärztliche Ethos, das im Hippokratischen Eid zu Ausdruck kommt, ist auch angesichts der gewaltigen Fortschritte der modernen Medizin immer noch wirksam.

Anfang der europäischen Dichtung

Homer

Name:	**Homeros von Smyrna**
Lebensdaten:	**8.–7. Jh. v. Chr.**
Literarische Gattung:	**Epos**
Werke:	***Ilias* und *Odyssee***

Wer war das?

Schon in der Antike besaß man keine historisch-biographisch zuverlässigen Nachrichten über den Dichter. Ein „Homer", hinter dem wahrscheinlich mehrere individuelle Dichterpersönlichkeiten verborgen sind, ist nur in seinen Werken fassbar. In späterer Zeit entstanden viele Anekdoten und Legenden über ihn; so wird von einem Wettkampf zwischen Homer und Hesiod erzählt. Einige antike Nachrichten legen die Vermutung nahe, Homer sei ein Dichter aus Smyrna. Dass er blind gewesen sei, ist wohl ein typisches Merkmal der Legende.

Es ist nicht anzunehmen, dass die beiden Epen *Ilias* und *Odyssee* Werke desselben Dichters sind, nicht einmal, dass sie in derselben Generation entstanden. Vielleicht war Homer der Name eines besonders berühmten Rhapsoden, eines „Sängers", der wie andere vor, neben und nach ihm Heldengesänge und Abenteuergeschichten in den Palästen der Herrschenden vortrugen. Diese Sänger, die sich selbst auf einem Saiteninstrument begleiteten, waren in der Regel sehr angesehen und wurden meist fürstlich belohnt. Sie waren jedoch keine festen Angestellten eines Fürsten, sondern wirkten als „fahrende" Sänger, die von einem Ort zum anderen zogen. Die Geschichten wurden auswendig vorgetragen, auch wenn man davon ausgehen muss, dass Teile des Textes auch schon schriftlich festgehalten wurden. Aber erst später führten diese Aufzeichnungen zu einem verbindlichen „Musterexemplar". Ob dies schon im 6. Jh. v. Chr. erfolgte, ist nicht sicher; aber spätestens mit Aristarch von Samothrake, dem bedeutenden alexandrinischen Philologen und Grammatiker (ca. 216–144 v. Chr.), beginnt die wissenschaftliche Sicherung des Textes.

Was schrieb er?

Die *Ilias* ist die (wahrscheinlich, wie erwähnt, von mehreren Dichtern geschaffene) Erzählung vom Kampf einer aus allen griechischen Stämmen bestehenden Streitmacht unter Führung des Agamemnon, des Königs von Mykene, um die Stadt Ilios oder Ilion (Troja) am Hellespont. Das Werk besteht aus ca. 16.000 daktylischen Hexametern (s. u.) in 24 Büchern (bzw. „Gesängen"). Der mündlich überlieferte Erzählstoff wurde wahrscheinlich im letzten Drittel des 8. Jhs. fixiert und niedergeschrieben. Der Titel bezeichnet den Handlungsraum und die Thematik: die Geschichte von Ilion. Diese „Geschichte", die sich übrigens auf einer menschlichen und einer göttlichen Ebene abspielt – die menschenähnlichen Götter nehmen Partei und greifen immer wieder in das Geschehen ein –, ist der Trojanische Krieg: Anlass des Krieges die Entführung der schönen Helena, der Frau des Menelaos, des Königs von Sparta, durch Paris, den Sohn des Königs Priamos von Troja. Die Griechen fordern die Rückgabe der Frau, werden abgewiesen und greifen Troja mit einer gewaltigen Flotte unter dem Oberbefehl des Agamemnon, des Königs von Argos, an. Die Stadt kann nicht sofort erobert werden und wird belagert. Erst im zehnten Jahr der Belagerung wird sie mit Hilfe des von Odysseus ersonnenen „hölzernen Pferdes" von den Griechen eingenommen und zerstört. Aus diesem größeren mythologischen Zusammenhang greift die *Ilias* indes nur einen kleinen Abschnitt heraus: die Geschichte vom „Zorn des Achilleus". Die erzählte Handlung bezieht sich auf 51 Tage im zehnten Kriegsjahr; es wird dargestellt, wodurch dieser „Zorn" ausgelöst worden ist, wie er sich auswirkt und wie Achill auf die für alle, auch für ihn selbst verheerenden Folgen des „Zornes" reagiert.

Mündlich überliefertes Erzählgut, das weit zurückliegende Ereignisse behandelt, bildet die Grundlage des Werkes. Der Erzähler hatte das Ziel, die (nicht von ihm selbst erfundenen) Geschichten neu zu erzählen und auf diesem Wege weiterzugeben. Seine besondere Leistung besteht aber darin, dass er den überlieferten Stoff um das Zentralmotiv, den Zorn des Achilleus, herumgruppiert. Unter diesem Aspekt steht der Dichter auch nicht am Anfang, sondern am Ende einer epischen Tradition.

Die am Beispiel des Achilleus aufgezeigte Möglichkeit zur Aufhebung der Solidarität mag von Homer und seinen adligen Zeitgenossen als grundsätzliche Bedrohung der Adelsherrschaft empfunden worden sein – dies könnte das Interesse an der schriftlichen Fixierung gerade des in der *Ilias* thematisierten Schwerpunkts des Troja-Mythos erklären. Vermutlich wollte der Dichter an der Gestalt des Achilleus und anderer Helden des Epos veranschaulichen, wie groß die Gefahr ist, dass gerade die Mächtigen wie Agamemnon, Achilleus und Hektor aufgrund ihres ungestümen Willens zur Überlegenheit sich selbst und vor allem auch ihre Gruppe zu Fall bringen, und welche Möglichkeiten es gibt, diese Gefahr zu vermeiden. Der Dichter macht aber auch unmissverständlich klar, dass sich die jeweilige Gemeinschaft vor den Folgen der Verblendung und Überheblichkeit ihrer Führer schützen kann, indem sie ihnen die Gefolgschaft verweigert.

Der daktylische Hexameter

Das Versmaß der homerischen Epen, der katalektische daktylische Hexameter, besteht aus sechs Versfüßen; fünf davon sind echte Daktylen (eine Länge und zwei Kürzen), die jeweils durch einen Spondeus (zwei Längen) ersetzt werden können; der letzte „Versfuß" ist stets katalektisch (unvollständig) – er besteht aus einer Länge und einer Kürze oder zwei Längen.

Im daktylischen Hexameter sind neben *Ilias* und *Odyssee* u. a. die Werke Hesiods verfasst, Apollonios Rhodios' *Argonautika* und Theokrits *Eidyllia*.

Im Mittelpunkt der **Odyssee** steht der Held und Seefahrer Odysseus, der auf seinen Irrfahrten von Troja in seine Heimat zahlreiche Abenteuer zu bestehen hat. Überlieferte Abenteuergeschichten und Seefahrermärchen werden zwar in die Erzählung einbezogen, in ihrer Bedeutung aber zurückgedrängt; in den Vordergrund tritt die menschliche Situation des Odysseus, der zwanzig Jahre von zu Hause fernbleiben muss, weil er zehn Jahre lang mit den Belagerern vor Troja lag und weitere zehn Jahre für seine Rückkehr benötigt. Zu Hause hat er seine Frau Penelope und seinen kleinen Sohn Telemachos zurückgelassen. Die Rückkehr des Helden wird durch zahlreiche Umstände erschwert; aber alle Hindernisse werden nach und nach durch die unglaubliche Zähigkeit und Klugheit des Odysseus selbst, seiner Frau, seines inzwischen erwachsenen Sohnes und anderer Getreuer überwunden. Ein Großteil der Darstellung des Geschehens erfolgt in der direkten Rede der beteiligten Personen; auf diese Weise können Handlungsmotive, seelische Vorgänge und Entwicklungen von den Sprechern selbst glaubhaft mitgeteilt werden.

Der Dichter der *Odyssee* wendet sich zwar an dieselbe Zuhörerschaft wie der der *Ilias*, aber er spricht seine Zuhörer nicht so sehr in ihrer Eigenschaft als statusbewusste Krieger an, sondern in der ganzen Breite ihrer menschlichen Existenz. Allerdings wird der Kriegerethik der

Ilias noch keine „bürgerliche" Ethik entgegengesetzt. Der Dichter hält vielmehr fest an traditionellen Wertvorstellungen wie der Hochschätzung von Besitz, Ehre und Macht, nutzt zugleich aber, um diese Werte zu sichern, eine breitere Palette von Mitteln, z. B. auch List und Verstellung und sogar die vorübergehende Selbsterniedrigung, indem er Odysseus zeitweilig in die Rolle eines Bettlers schlüpfen lässt. Die mitunter märchenhaften Szenen spiegeln ein durchaus positives Weltbild wider, in dem die Guten siegen und die Bösen unterliegen oder auch von den Göttern bestraft werden. Für den Dichter ist Odysseus ein Mensch, der sich durch seine Leistungsfähigkeit in allen Lebenslagen auszeichnet und mit Hilfe der Götter schließlich über alle anderen siegt. Der Zuhörer erlebt in Odysseus eine Person, die mit Hilfe ihrer Vernunft unnötige Risiken vermeidet und mit fast übermenschlicher Leidensfähigkeit und Selbstkontrolle alle Schwierigkeiten bewältigt.

Das zentrale Thema des Werkes mit seinen ca. 12.000 Hexametern bilden einerseits die *Heimkehr* und andererseits die märchenhaften *Irrfahrten* des Seefahrers Odysseus; die uralten Sagenmotive und Sagengestalten wie z. B. die Zauberin Kirke, die Menschen in Tiere verwandelt, die todbringenden Sirenen oder der *Kýklops*, der einäugige Riese, der von einem Schwächeren, aber geistig Überlegenen überwunden wird, gehören zu den Bildern, die eine unbeschreiblich große Wirkung auf die abendländische Kulturgeschichte entfaltet haben.

Es bleibt bemerkenswert, dass sich die epische Erzählung in 24 Büchern wie in der *Ilias* auf ein Geschehen von wenigen Tagen konzentriert: Rund 40 Tage hebt der Dichter aus der zehnjährigen Irrfahrt des Helden heraus. Im Mittelpunkt steht die Heimkehr des Odysseus, die in einer ausgesprochen dramatischen Situation erfolgt: In Ithaka ist Penelope dem Drängen der Freier ausgesetzt. Sie kann dem aggressiven Werben kaum mehr Widerstand entgegensetzen. Telemachos ist in Lebensgefahr, weil er der Neuvermählung der Mutter im Wege steht. Odysseus selbst sitzt auf Ogygia, der Insel der Kalypso, fest und ist zur Tatenlosigkeit verurteilt, bis endlich die Götter eingreifen. Athene veranlasst Telemachos, nach dem Verbleib des Vaters zu forschen; Odysseus darf die Insel verlassen. Gegen Poseidons Widerstand gelangt er zur Insel der Phäaken, die ihn sicher nach Ithaka bringen, wo er nach der Vernichtung der Freier seinen Besitz zurückgewinnt und Recht und Ordnung wiederherstellt. Am Ende besiegelt Pallas Athene nach einem heroischen Schlussakt den Frieden durch Versöhnung. Von den längst überstandenen Irrfahrten und Abenteuern des Seefahrers Odysseus erfahren die Phäaken (und der Leser bzw. Hörer des Epos) nur in der Form der Ich-Erzählung. So werden die Rollen des Seefahrers und Heimkehrers mitei-

War er wirklich der Dichter der Ilias oder der Odyssee oder gar beider Werke? Auf jeden Fall verkörpert Homer, der älteste „Berühmte", den Anfang der europäischen Literatur.

nander verknüpft, wobei der stets gegenwärtige Zusammenhang des Troïschen Sagenkreises den äußeren Rahmen bildet. In der Fiktion der Erzählung sind die Taten des Troïschen Helden und des kühnen Seefahrers bereits Vergangenheit; die Heimkehr ist Gegenwart, die Wiederherstellung von Recht und Ordnung und der Abschied von archaisch-heroischen zugunsten rationaler Möglichkeiten der Konfliktbewältigung sind Perspektiven der Zukunft. Vielleicht soll das Zusammenspiel der drei Generationen des Laërtes, des Odysseus und des Telemachos am Schluss des Werkes diesen „Paradigmen-Wechsel" veranschaulichen. Laërtes hat vor Beginn des tödlichen Gemetzels dank höherer Weisheit nicht das letzte Wort:

> Liebe Götter, was ist das heute für ein Tag für mich.
> Wie freue ich mich. Sohn und Enkel wetteifern im Kampf
> um die Tüchtigkeit.

(24, 514 f.)

Denn die Göttin Athene bricht den blutigen Kampf ab:

> Hört auf mit dem schrecklichem Krieg, Ithakesier, geht
> auseinander und lasst das Blutvergießen möglichst schnell!

(24, 531 f.)

An Odysseus gewandt ergreift sie als Letzte das Wort:

> Göttlicher Sohn des Laërtes, der du immer vieles bedenkst,
> Odysseus, mach Schluss und beende den Streit im Kampf
> miteinander, damit nicht Zeus, der weitblickende Kronide,
> zornig auf dich ist!

(24, 542 ff.)

Odysseus fügt sich, und Pallas Athene lässt Freund und Feind am Ende den Frieden beschwören.

Dass das Paradigma des heldenhaften Kämpfers der *Ilias* außerhalb des troischen Milieus keine Problemlösung liefert, veranschaulichen letztlich auch die vielfältigen Gefahren, die Odysseus während seiner Irrfahrten übersteht. Unter diesem Aspekt vermittelt die Märchenhaftigkeit dieser Geschichten eine durchaus „moderne" Botschaft: Gegen Skylla und Charybdis, gegen den Zyklopen Polyphem und auch gegen die Zauberkraft einer Kirke helfen weder Schild noch Schwert; hier sind andere Tugenden gefordert: die Fähigkeit und Bereitschaft zur Anpassung und zum Ertragen von Schmerz, Niederlage und Verlust, zum angemessenen, klug bedachten Reagieren, zur Selbstbeherrschung und Zurückhaltung, zur Selbstüberwindung und Selbsterniedrigung, zur Angst, aber auch zur Aggression, zur Täuschung und Verhüllung und nicht zuletzt die Fähigkeit und Bereitschaft, Ratschläge Klügerer (hier vor allem der Göttin Athene) anzunehmen.

Wie wurden seine Werke überliefert?

Aristarch von Samothrake hat um 200 v. Chr. den Homertext nicht nur fixiert (u. a. auch durch die Tilgung „unechter" Verse), sondern auch sprachlich und inhaltlich kommentiert. Man muss davon ausgehen, dass dieser auch schon im Zuge seiner allmählichen Entstehung schrittweise niedergeschrieben, wenn auch immer wieder verändert wurde; Rhapsoden trugen zu seiner Verbreitung bei; vermutlich fertigten diese immer wieder neue Kopien des Textes an, indem sie große Teile auswendig vorgetragen, verändert und hinzugefügt haben. Neben eigenständigen Homerkommentaren spielten auch zahllose Randbemerkungen (Scholien), die in die Handschriften eingefügt wurden, eine wichtige Rolle bei der Überlieferung des Textes. Die wichtigsten Scholien sind in einem *Ilias*-Codex aus dem 10. Jh. erhalten. Hinzu kommen die indirekte Überlieferung in Form zahlreicher Zitate aus vor-alexandrinischer Zeit und die reichhaltige Papyrus-Überlieferung. Es entstanden neben erklärenden Werken auch Lexika.

Eustathios, seit 1175 Bischof von Thessaloniki, verfasste zu beiden homerischen Epen Kommentare, die wahrscheinlich auch auf dem *Viermännerkommentar* der Alexandriner beruhen. Der handschriftliche Überlieferungsreichtum, der die dunklen Jahrhunderte (6.–9. Jh.) passierte, lässt sich wohl kaum auf einen einzigen Codex zurückführen.

Wie lebten die Werke fort?

Die Wirkung der *Ilias* ist unbeschreibbar groß. Sie hat alle anderen Heldenepen überstrahlt und verdrängt. Seit dem 6. Jh. v. Chr. war das Werk Schulbuch. Es hat die Entwicklung der griechischen Sprache und Literatur und damit das griechische Selbstverständnis entscheidend geprägt. Schon früh begann man damit, z. B. die „Mängel" der homerischen Mythen- und Götterwelt durch eine allegorische Deutung (Allegorese) aufzuheben. Die Philosophie entwickelte sich in dauernder Auseinandersetzung mit Homer; explizite philosophische Erkenntnisse fand man implizit in den homerischen Epen wieder: So liefert Homer z. B. Spiegelbilder von Tugend und Gerechtigkeit in der Philosophie des Anaxagoras, und Antisthenes und die Kyniker sehen in Odysseus (und auch in Herakles) das Urbild des Weisen. Nicht nur die Philosophie, sondern auch die gesamte griechische Poesie ist von Homer geprägt. Er ist „der Dichter" schlechthin, an dem sich alle anderen messen.

Im *Epischen Zyklus* sind Fragmente weiterer epischer Dichtungen enthalten, die sich u. a. auch mit der Fortsetzung der Erzählungen von *Ilias* und *Odyssee* befassen. Der *Chrestomathie* des Proklos (in der *Bibliothek* des Photios, die in der Byzantinischen Renaissance des 9. Jhs. n. Chr. entstand) ist zu entnehmen, dass der *Epische Zyklus* alles umfasst habe, was zwischen der Vereinigung von Himmel und Erde und dem Tod des Odysseus geschah. Andere antike Nachrichten ziehen engere Grenzen: Die Stoffe des *Zyklus* bezögen sich auf die Ereignisse vor und nach der *Ilias*. Hier geht es u. a. um die Zerstörung Trojas, die Eroberung der Stadt mit Hilfe des hölzernen Pferdes, das Schicksal des Laokoon oder die Flucht des Aeneas. Erzählt wird auch vom weiteren Schicksal des Odysseus nach seiner Heimkehr, von seiner Versöhnung mit Poseidon und seinem Tod durch Telegonos, seinen Sohn mit Kirke (Telegonos sucht seinen Vater, gelangt nach Ithaka, plündert das Land und tötet Odysseus, ohne ihn zu kennen).

Unter Homers Namen wurden noch viele andere Werke veröffentlich, wie z. B. die *Homerischen (Götter-)Hymnen*, die zwischen dem 8. und 6. Jh. v. Chr. entstanden. Die gewaltige Wirkung der homerischen Epen forderte nicht nur Fortsetzungsgeschichten, sondern Widerspruch heraus: Die Philosophen Xenophanes und Heraklit kritisieren die Anthropomorphie der homerischen Götterwelt, die man vielleicht aber auch als Theomorphie der damaligen Menschenwelt verstehen kann. → Thukydides bemerkt die historische Unzuverlässigkeit. → Platon hält die Homerlektüre für ein ungeeignetes Mittel der Jugendbildung im idealen Staat. Die alexandrinischen Philologen begründen die wissenschaftliche Auseinandersetzung mit dem Dichter. → Aristoteles und Horaz loben Homer als großen epischen Dichter, Vergil legt seiner *Aeneis* die homerischen Epen zugrunde (die Bücher 1–6 beziehen sich auf die *Odyssee*, die Bücher 7–12 auf die *Ilias*). In einer lateinischen Kurzfassung wurde die homerische *Ilias* im Mittelalter gelesen. Die Übersetzungen von J. H. Voß (1781/1793) machten Homer in Deutschland populär.

Horkheimers und Adornos Interpretation der mythischen Stationen, die Odysseus auf dem Weg zu sich selbst durchläuft (s. u.), zeigt unmissverständlich, dass der homerische Held eine emblematische Figur der europäischen Identität ist und sich als Stifter kultureller Muster von Monteverdis Oper *Il ritorno d'Ulisse in patria* (1641) bis zum *Ulysses*-Roman (1921) von James Joyce und Derek Walcotts poetischem Werk (z. B. in den *Sea-Grapes* von 1976, einer meditativen Odyssee in der Karibik, oder in dem epischen Gedicht *Omeros* von 1990) erwiesen hat – von den Werken der bildenden Kunst ganz abgesehen (unübertroffen Max Beckmanns *Odysseus und Kalypso* aus dem Jahr 1943). Die Bedeutung der Odysseus-Chiffre für uns heute wird nicht zuletzt dadurch betont, dass das Münchner Haus der Kunst die Irrfahrten des Odysseus ausgerechnet zur Jahrtausendwende thematisiert hat.

Homer, Adorno und Horkheimer

Wie „modern" Odysseus und wie „europäisch" die Rolle ist, die Homer ihm zugedacht hat, zeigen Max Horkheimer und Theodor W. Adorno exemplarisch in ihrer „Dialektik der Aufklärung" (1969):

„In den Stoffschichten Homers haben die Mythen sich niedergeschlagen; der Bericht von ihnen aber, die Einheit, die den diffusen Sagen abgezwungen ward, ist zugleich die Beschreibung der Fluchtbahn des Subjekts vor den mythischen Mächten. Das gilt im tieferen Sinne bereits von der Ilias. [...] Es gilt um so viel drastischer für die Odyssee, wie diese der Form des Abenteuerromans näher steht. Im Gegensatz des einen überlebenden Ich zum vielfältigen Schicksal prägt sich derjenige der Aufklärung zum Mythos aus. Die Irrfahrt von Troia nach Ithaka ist der Weg des leibhaft gegenüber der Naturgewalt unendlich schwachen und im Selbstbewusstsein erst sich bildenden Selbst durch die Mythen. [...] Seine Ohnmacht, der kein Ort des Meeres unbekannt mehr bleibt, zielt zugleich auf die Entmächtigung der Mächte."

Was bleibt?

Was hindert uns daran, die homerische Bilderwelt auch heute wieder *allegorisch* zu deuten? Die Allegorese war schon in der Antike ein bedeutendes Mittel der Rezeption, weil sie einen alten Kulturschatz mit neuen Formen des Denkens in Einklang bringen konnte. Warum sollte das allegorisch interpretierte Werk nicht auch heute zu einem Sinnträger eines zeitgenössischen Weltbildes werden?

Zart zirpt die Zikade

Kallimachos

Name:	**Kallimachos aus Kyrene**
Lebensdaten:	**ca. 320 – nach 245 v. Chr.**
Literarische Gattungen:	**Hymnus, Epigramm, Elegie, Epyllion, Gedichte zu verschiedenen Themen, Bibliothekskatalog**
Werke:	**Götterhymnen, _Aitia_, _Hekale_, jambische und lyrische Gedichte u. a.**

Wer war das?

Kallimachos war der Sohn eines Battos, der den Namen des Gründers von Kyrene im 7. Jh. v. Chr. trug, einer griechischen Kolonie in Nordafrika. Ein Großvater des Kallimachos hatte sich als Stratege verdient gemacht (wie der Enkel in _Epigramm_ 21 mitteilt). Als junger Mann ging Kallimachos nach Alexandria und arbeitete dort als Elementarlehrer. Wie er es schaffte, König Ptolemaios II. aufzufallen und den Auftrag zu erhalten, die Bestände der berühmten Bibliothek in Alexandria zu ordnen und einen Katalog zu erstellen (die _Pinakes_, s. u.), ist nicht bekannt.

Was schrieb er?

Die **Pinakes** („Verzeichnisse") sollten dem Zweck dienen, die Bestände der Bibliothek zugänglich zu machen. Sie entstanden ca. 260 v. Chr. Das ursprünglich aus 120 Bänden bestehende Listenwerk wurde auch zitiert als „Verzeichnisse derer, die auf allen Gebieten der Bildung hervorgetreten sind, und dessen, was sie geschrieben haben". Der Katalog (nur wenige Fragmente sind erhalten: Frg. 429–453 Pfeiffer) war nach den Hauptgebieten bzw. Gattungen der Literatur (Epik, Lyrik, Drama, Rede usw.) geordnet. Innerhalb dieser Hauptgebiete wurden die Autoren alphabetisch aufgeführt. Die Werke jedes einzelnen Autors waren wahrscheinlich wiederum alphabetisch angeordnet. Da die Werktitel oft nicht eindeutig waren (was bis heute ein Problem darstellt), setzte Kallimachos neben den oder die Titel auch die Anfangsworte des jeweiligen Werkes. Obendrein verfasste er zu jedem Autor eine kurze Biographie. In vielen Fällen musste er auch zu problematischen Fragen Stellung nehmen (z. B.

zur Echtheit der Schriften), sodass der Katalog auch ein Stück literaturgeschichtlicher und philologischer Forschung war und lange Zeit blieb.

Die nur fragmentarisch erhaltenen *Aitia* beschreiben im Versmaß des elegischen Distichon „Ursachen" kultisch-religiöser Einrichtungen, aber auch anderer Merkwürdigkeiten, Erfindungen und Entdeckungen; so schildern sie z. B. eine Mäuseplage und die Erfindung der Mausefalle. Bemerkenswert ist die Kontrastierung des Heroischen (z. B. in der Gestalt des Herakles im Kampf mit dem Nemäischen Löwen und dem armen Bauern und seinem Versuch, die Mäuseplage zu bewältigen):

> „Lästige Nachbarn, was kommt ihr da wieder, an unserem Besitz zu nagen? Gar nichts könnt ihr ja mehr davontragen! Den Gästen zum Jammer bildete euch ein Gott!" So sprach [der arme Bauer Molorchos], die Arbeit aber […] ließ er fallen; denn den Mäusen sann er verborgene List; in doppelte Fallen legte er Verderben bringende Köder […] wie Falken […] niederstoßend leckten sie oft aus der Lampe den fetten Saft […] die Arbeit eines armen Mannes aber [etwa: zunichtemachend …] unter dem harten Stein drängte hervor auf das Bett [etwa: die Mäuseschar …], zu tanzen auf seiner Stirn, und vertrieben den Schlaf von den Lidern. Folgendes aber taten ihm die Raubtiere an in einer kurzen, einzigen Nacht […] Kleider ihm, Ziegenpelzmantel und, Bösewichter, die Tasche fraßen sie durch! Denen verfertigte er zwiefachen Mord, Fallholz und Schlagbolzen […]"[1]
>
> *(177 Pf. = 60 Asp.)*

---

[1] Übersetzung: Markus Asper, in: *Kallimachos. Werke, griechisch und deutsch*, Darmstadt 2004.

Kallimachos hat die von ihm erzählten Geschichten im Traum erfahren: Wie Hesiod die Musen in seiner *Theogonie* sah, so träumt Kallimachos von ihnen, und sie geben ihm Auskunft. Der Prolog ist eine Auseinandersetzung mit den literarischen Gegnern des Dichters, die er mit dem Namen der Telchinen, der koboldartigen Gesellen des Gottes Hephaistos, bezeichnet, die ihm vorwerfen, dass er unfähig sei, ein großes Heldenepos mit durchgehender Handlung zu schreiben. Aber Kallimachos bekennt sich entschieden zu der „kleinen Form": „Verlangt nicht, dass ich ein laut tönendes Lied produziere; zu donnern ist nicht meine, sondern Zeus' Sache" (1, 19–20 Pf.). Auf Weisung des Gottes Apollon bemüht sich der Dichter um zartere Töne und um Themen, die abseits des Üblichen liegen:

> Denn mit denen singen wir, die das zarte Zirpen einer Zikade, nicht aber das Geschrei der Esel lieb gewonnen haben. Wie das Tier mit den langen Ohren soll ein anderer tönen. Wäre ich doch das winzige geflügelte Wesen. Ach, dass ich doch das Alter wieder völlig abstreifen könnte, um zu singen und mich von den Tropfen des Taus aus der Luft zu ernähren.

(1, 29–36 Pf.)

Unter den in sich abgeschlossenen Erzählungen gehört die Liebesgeschichte von Akontios und Kydippe (3, 67–75 Pf. = 79–87 Asp.) zu den am besten erhaltenen Teilen des Werkes. Die „Locke der Berenike" (4, 110 Pf. = 122–127 Asp.) ist eine Huldigung in elegischen Distichen an Berenike, die junge Gemahlin Ptolemaios' III. Euergetes, die wie der Dichter aus Kyrene stammte. Bevor der König in den Krieg gegen die Seleukiden zog, versprach Berenike dem Gatten, bei seiner glücklichen Heimkehr eine Locke von ihrem Haar im Pantheon von Alexandria den Göttern zu weihen. Die Locke soll dann plötzlich verschwunden sein, und der Hofastronom Konon nannte ein bisher namenloses Sternbild „Locke der Berenike". Die Locke erzählt selbst, wie sie zunächst von Zephyros in das Heiligtum der Arsinoë-Aphrodite entführt wurde, bevor sie an den Sternenhimmel geheftet wurde.

Die Beschreibung von „Ursachen" in verschiedenen Lebensbereichen entsprach dem Interesse des Forschers und Künstlers Kallimachos. Eine systematische Gliederung oder Kategorisierung der „Ursachen" ist jedoch nicht erkennbar. Wenn es zutrifft, dass die *Aitia* weitgehend unverbunden nebeneinanderstehen, dann kommt es dem Dichter offensichtlich nicht auf das Werk als Ganzes, sondern auf jedes einzelne *aítion* als selbständige, in sich geschlossene Schöpfung an.

Die sechs *Hymnen* (auf Zeus, Apollon, Artemis, die Insel Delos, das Bad der Pallas und Demeter) stammen aus unterschiedlichen Schaffensperioden des Dichters. Es seien hier nur drei Beispiele aus dem umfangreichen und gut überlieferten Werk aufgeführt:

Der *Zeus-Hymnos* (96 Verse) sollte keinem kultischen Zweck dienen, sondern war für den Vortrag bei einem Symposion gedacht. Der für
den Text konstitutive Widerspruch zwischen dem religiösen Thema und
der aufgeklärten Haltung des Dichters wird bereits am Anfang deutlich:
Es gibt zwei Versionen von Zeus' Geburt, die der Dichter den Gott selbst
vortragen lässt. Ist er auf dem Dikte-Gebirge in Kreta oder im Lykaion-
Gebirge in Arkadien geboren? Kallimachos entscheidet sich für die zweite
Möglichkeit und verweilt bei der Geburt des Gottes durch Rheia. Dann
schildert der Dichter, dass der kleine Zeus nach Kreta gebracht wurde,
und erreicht so eine Harmonisierung der beiden Geburtsversionen. Das
Kind wächst in lieblicher Umgebung auf. Entgegen anderer Überlieferung gelangt Zeus ohne Gewalt an die Herrschaft. Vom Sturz des Kronos
und der Titanen ist bei Kallimachos keine Rede – Poseidon und Hades
überlassen Zeus freiwillig den Himmel. Für den „sanften" und verdienten
Aufstieg des Gottes gibt es durchaus eine Erklärung: Hinter dem Bild des
Zeus steht der König Ptolemaios II. Philadelphos, der irdische Zeus, von
dem der Dichter, zu diesem Zeitpunkt noch in beengten Verhältnissen
lebend, Förderung und Unterstützung erwartete.

Der *Apollon-Hymnos* (113 Verse) schildert am Anfang die bevor-
stehende Erscheinung des Gottes. Die Natur ist in Aufruhr, es herrscht
allgemeine Aufregung. Darauf folgen Lobpreisungen des Gottes; seine
Funktionen werden aufgezählt, sein göttliches Wesen beschrieben.
Überraschend ist, dass er auch als Städtegründer gepriesen wird; aber
er war eben auch für die Gründung von Kallimachos' Heimatstadt
Kyrene verantwortlich. In diesem Zusammenhang wird erzählt, Apollon habe geschworen, Kyrene „unseren Königen" zu geben (damit un-
terstützte Kallimachos den Anspruch des Königs Ptolemaios III. Euergetes auf die Zugehörigkeit Kyrenes zu Ägypten). Am Schluss des
Hymnos setzt der Dichter den Gott zum Anwalt in eigener Sache ein,
um sein poetisches Programm der kleinen Formen zu verteidigen: In
den Versen 108–112 stellt Apollon das schmutzige Wasser des großen
Flusses den klaren Tropfen der reinen Quelle gegenüber, die die Bienen
zu Demeter bringen.

Im *Artemis-Hymnos* (268 Verse) wird zunächst die Jugend der
Gottheit geschildert, die in ihrem Verhalten einem menschlichen Kind
vergleichbar ist. Ihre Wünsche an den Vater entsprechen dann aber doch
ihrem göttlichen Selbstbewusstsein. Sie stimmen mit ihren im Mythos
überlieferten Aufgaben überein. Ausführlich schildert der Dichter Artemis' Besuch bei den Zyklopen, die der Göttin der Jagd ihre Waffen
schmieden sollen. Im Folgenden wird beschrieben, wie Artemis ihren
Bogen erprobt: Sie konnte ebenso Zerstörerin wie Lebensspenderin sein.

In einer späteren Szene wird ihr Empfang im Olymp beschrieben, wie sie, mit Jagdbeute beladen, zurückkommt und von dem ewig hungrigen Herakles erwartet wird. Ein besonderes Merkmal des Artemishymnos ist die Vermenschlichung der Götter, wobei bestimmte Züge wie Anmut und Kindlichkeit, aber auch Absonderlichkeiten besonders hervortreten.

Die *Hymnen* sind keine Zeugnisse des persönlichen Glaubens an Götter, die als Lenker irdischer Geschicke wirken. Es ist aber nicht auszuschließen, dass die Götter bestimmte Grundbefindlichkeiten des menschlichen Daseins symbolisieren. Unter diesem Aspekt entwickeln die *Hymnen* weniger eine Götterlehre denn vielmehr ein Bild vom Menschen.

Das literarische Prinzip des ***Jamben***-Buches ist Abwechslung und Buntheit: Neben Invektive und Zeitkritik finden sich erotische, literarkritische und antiquarisch-ätiologische Inhalte. Motive der Diatribe werden ironisch-spielerisch verwendet. Auch in formaler Hinsicht herrscht Vielgestaltigkeit: So werden verschiedene Gattungen (Fabel, Epigramm u. a.) und Metren in die *Jamben* einbezogen.

In Nr. 1 (191 Pf.) lässt Kallimachos den Ahnherrn der jambischen Dichtung, Hipponax, selbst sprechen. Angeredet sind Zeitgenossen des Kallimachos, mit denen sich Hipponax auseinandersetzen soll. Der alte Dichter ruft die „Philologen" herbei und beobachtet das Herannahen der Gerufenen, die anscheinend verschiedene Dichtungsarten repräsentieren. Hipponax erzählt dabei die Geschichte vom Becher des Bathykles (ein Wandermotiv). Dieser sollte dem weisesten unter den Sieben Weisen ausgehändigt werden; doch keiner nahm ihn an. Die Geschichte sollte die versammelten „Philologen" anscheinend dazu auffordern, nicht neidisch zu sein. Nr. 2 (192) ist eine Fabel, die erzählt, dass die Tiere einst eine Sprache hatten. Zeus nahm sie ihnen weg, um sie den Menschen zu geben, so dass bestimmte Menschen (z. B. die Poeten) jetzt die Sprache bestimmter Tiere haben. Unter den übrigen *Iamboi* ist noch Nr. 4 erwähnenswert. Hier erzählt Kallimachos von einem Streit: Ein Lorbeer verhöhnt einen Ölbaum und preist sich selbst. Der Ölbaum reagiert mit betonter Bescheidenheit und lässt zwei Vögel über die Bäume sprechen und dem Ölbaum den Vorzug geben. Es ist anzunehmen, dass sich hinter dem Ölbaum Kallimachos selbst verbirgt. Nr. 6 (196) ist ein Geleitgedicht an einen Freund, der nach Olympia reist, um die berühmte Zeus-Statue des Phidias zu sehen. Der Dichter beschreibt die Statue nicht als herausragendes Kunstwerk; er erwähnt nur ihre äußeren Daten wie Größe, Breite und Kosten. In Nr. 13 (203) geht es wieder um die Dichtung. Kallimachos wendet sich gegen diejenigen, die ihn wegen der Vielgestaltigkeit seiner Gedichte tadeln.

Die Themen der **Epigramme** (kurze Gedichte meist in elegischem Versmaß) sind ebenso vielfältig: Grab- und Weihepigramme stehen neben erotischen Epigrammen. Die Grab- und Weihepigramme ehren verstorbene Freunde, wie z. B. Herakleitos aus Halikarnassos, der ebenfalls Dichter war (2 Pf. = 34 Asp.) und betonen die Unsterblichkeit der Dichtung, die auch der Hades nicht antasten kann. Achtung und Mitempfinden sprechen aus dem Gedicht auf einen Selbstmörder, der allein durch die Lektüre von Platons *Phaidon* zu seiner Tat veranlasst worden ist:

> „Leb wohl, Sonne", sagte Kleombrotos aus Ambrakia und sprang von einer hohen Mauer in den Hades, ohne ein Übel gesehen zu haben, das ihn zum Sterben hätte veranlassen können. Doch hatte er allein nur Platons Schrift *Über die Seele* gelesen.
>
> *(23 Pf. = 53 Asp.)*

Andere Gedichte dieser Sammlung geben Auskunft über das Selbst- und Weltverständnis des Dichters, wie z. B. 13 Pf. (= 31 Asp.), das die Sagen über die Unterwelt ironisiert. 28 Pf. (= 2 Asp.) beschreibt die poetische Konzeption des Dichters: Er distanziert sich von der nachhomerischen Epik und will keine ausgetretenen Wege gehen. So ist es nur folgerichtig, wenn der Sprecher sich auch von einem Geliebten distanziert, der noch dazu einem anderen gehört. Da es sich hier um ein erotisches Epigramm handelt, sind die dichtungstheoretischen Aussagen des Anfangs nur der Einstieg in das eigentliche Thema. Doch das Raffinierte des Textes besteht darin, dass hier Grundsätzliches über Dichtung und (hellenistisches) Lebensgefühl (Individualismus, Distanzierung von allem Öffentlichen und Vulgären) mit einem konkreten Fall verknüpft ist. Das Prinzip der Abkehr vom Gewöhnlichen, Öffentlichen oder leicht Zugänglichen liegt auch 31 Pf. (= 1 Asp.) zugrunde: Auch in der Liebe wird abgelehnt, was einfach so am Weg liegt.

Wie wurden seine Werke überliefert?

Die sechs *Hymnen* wurden durch handschriftliche Tradition zusammen mit den Werken anderer Autoren überliefert. Etwa 60 *Epigramme* blieben zum großen Teil in der *Anthologia Palatina*, einer um 900 n. Chr. zusammengestellten Gedichtsammlung, und in der *Anthologia Planudea* aus dem 13. Jh. erhalten. Daneben sind zahlreiche Papyrus-Fragmente anderer Werke aus Oxyrhynchus vorhanden. Ferner gibt es noch Paraphrasen und Scholien. Sehr wertvoll sind die auf Papyrus erhaltenen

Teile von Inhaltsangaben (*Diegéseis*) und Kommentaren zu Werken des Kallimachos, die auf diese Weise rekonstruierbar sind.

Wie lebten die Werke fort?

Aristophanes aus Byzanz (ca. 257–180 v. Chr.), Schüler des Kallimachos, Leiter der Bibliothek von Alexandria seit 195 v. Chr. und hervorragender Philologe, veröffentlichte eine Schrift („Zu den *Pinakes* des Kallimachos"), in der er den Katalog ergänzte und berichtigte. Die *Pinakes* waren auch eine wichtige Quelle der *Suda*, des großen enzyklopädischen Sprach- und Reallexikons aus dem 10. Jh. n. Chr.

Kallimachos wurde schon früh kommentiert. Offensichtlich war er recht bald ein gern gelesener Dichter. Vor allem für die römische Dichtkunst war er der große Anreger – z. B. für Ennius und Lucilius, dann aber auch für Lukrez und Catull, Vergil, Horaz und Ovid. Die „Locke der Berenike" aus den *Aitia* hat Catull in seinem *Carmen* 66 frei übersetzt bzw. nachgedichtet. Ovid ist Kallimachos vielfach nachgefolgt. So sind etwa seine *Fasti*, der Festkalender, dem Vorbild der *Aitia* verpflichtet. Und auch für Passagen seiner *Metamorphosen* hat er Vorbilder bei Kallimachos gefunden: in der *Hekale* und der Erzählung von Akontios und Kydippe für seine Philemon/Baucis-Episode (8, 626–724), und bei der Gestaltung des Narcissus/Echo-Mythos (3, 339–401, bes. 379–392) in einem *Epigramm*, in dem sich Kallimachos von der nachhomerischen mythischen Dichtung distanziert (im griechischen Original ein Spiel mit dem Echo):

> Ich ärgere mich über die Werke des [homerischen] Sagen-Zyklus und freue mich nicht über den Weg, der die Menge hierhin und dorthin bringt; ich hasse auch meinen Geliebten, weil er von vielen besucht wird, und trinke auch nicht aus dem öffentlichen Brunnen; ich lehne alles ab, was allen zugänglich ist. Ja, Lysanias, du Schöner, anziehend bist du, ja, anziehend. Aber bevor ich es deutlich ausspreche, ruft ein Echo mir zu: „Anziehend ist ein anderer für ihn."
>
> *(28 Pf. = 2 Asp.)*

Was bleibt?

Kallimachos verleiht dem Kleinen, Niedrigen, Unbedeutenden eine eigene Größe. Es ist die schöpferische Tat des Dichters, nicht die Dinge selbst zu erschaffen, sondern ihnen Beachtung und Würde zu verleihen, indem er ihnen eine poetische Form gibt. Er macht das Menschliche und Alltägliche neben, in, über, vor und hinter dem Großen sichtbar.

Wie liebenswert ist der Mensch,
wenn er Mensch ist!

Menander

Name:	**Menandros aus Athen**
Lebensdaten:	**342/341 v. Chr. – 293/292 v. Chr.**
Literarische Gattung:	**Komödie**
Werke:	***Dyskolos, Perikeiromene, Aspis, Samia, Epitrepontes*** **u. a.**

Wer war das?

Menander wurde als Sohn eines Diopethes im attischen Demos Kephisia geboren und starb mit etwa 50 Jahren bei einem Badeunfall in Piräus. Sein prominentester Lehrer war Theophrast, der Schüler des Aristoteles. Mit dem athenischen Politiker und Staatsmann Demetrios von Phaleron war er befreundet. Menander soll gemeinsam mit Epikur seinen Militärdienst geleistet haben. Bei Alkiphron (2–4) ist ein (wahrscheinlich erfundener) Briefwechsel Menanders und seiner Geliebten Glykera überliefert (2. Jh. n. Chr.). Das Paar erörtert eine Einladung des Ptolemaios nach Ägypten, Menander bleibt aber lieber in Athen.

Was schrieb er?

Menander schrieb über 100 Komödien, die der sog. „Neuen Komödie" zugerechnet werden (s. u.). Er hatte aber nur mit acht Stücken einen anerkannten Erfolg; der römische Dichter Martial schrieb (5, 10, 9), nur „wenige Theater klatschten einem preisgekrönten Menander" Beifall. Die Zeiten waren unruhig – die Politik war geprägt von den Auseinandersetzungen Athens mit den Nachfolgern Alexanders des Großen und den Versuchen, die athenische Autonomie wiederzugewinnen. Insofern ist die weitgehende Entpolitisierung der Komödien Menanders bemerkenswert.

Der *Dyskolos* („Griesgram") ist eine fast vollständig erhaltene Charakterkomödie; sie entstand 317/316 v. Chr. Der Dichter will zeigen, wie der „Menschenfeind" Knemon, ein vereinsamter alter Mann, wieder in die menschliche Gemeinschaft aufgenommen wird, aus der er sich selbst ausgeschlossen hat. Die Handlung ist einfach und geradlinig: Sostratos,

Die griechische Komödie im Wandel der Zeit

Als „Alte Komödie" bezeichnet man die griechische Komödie zur Zeit des Aristophanes – hier wird mit bissigem Spott (im weitesten Sinne) Gesellschaftskritik geübt, und immer wieder dienen Zeitgenossen des Dichters als Zielscheibe (s. S. 30). Von einer „Mittleren Komödie" (etwa Mitte des 4. Jhs. v. Chr.) sind nur die Namen einiger Dichter erhalten, Text hat leider nicht überlebt.

Die „Neue Komödie", diejenige zur Zeit des Menander, befasst sich mit dem privaten Leben des Menschen und der Darstellung seines Wesens, in dem die Möglichkeit zum Guten angelegt ist und das trotz aller Bedrohung durch den Zufall *(týche)* und die Unberechenbarkeit des Schicksals verwirklicht werden kann. Die treibenden Kräfte des Lebens sind die Liebe mit allen denkbaren Irrungen und Wirrungen und das stark ausgeprägte Streben nach materiellem Besitz. Die handelnden und leidenden Personen sind weniger als Individuen gestaltet, sie vertreten vielmehr typische, stereotype Gestalten (z. B. die geizige Alte, die gewinnsüchtige Hetäre, den verliebten Jüngling, den listigen Sklaven), so dass auch die Handlung von typischen Verhaltensweisen bestimmt ist – die allerdings auch Variationen zulassen.

Im Gegensatz zu Aristophanes lässt Menander erstaunlich wenig von den politischen Ereignissen seiner Zeit durchblicken. Die „Neue Komödie" ist keine „politische" Komödie mehr. Es geht ihr um das Private, das Alltägliche mit seinen typischen Situationen (Vater-Sohn-Probleme, Mitgiftjagd, Verführungsgeschichten, Liebesbeziehungen, die zum Happy-End führen). Menander setzt Motive der euripideischen Tragödie (Liebe, Eifersucht, Verführung) ins Private, Komische um und entwickelt aus der euripideischen Tragödie die Charakterkomödie, wobei er die Psychologie des Tragödiendichters benutzt und weiterentwickelt.

der Sohn des reichen Gutsbesitzers Kallipides, verliebt sich in Myrrhine. Er versucht mit Hilfe seines Dieners Pyrrhias, mit Knemon, dem Vater des Mädchens, Kontakt aufzunehmen. Knemon verscheucht den jungen Mann und bewirft ihn mit Erdklumpen. Sostratos gewinnt Myrrhines Stiefbruder Gorgias zum Verbündeten, dieser will vermitteln. Sostratos soll sich als Bauer verkleiden, um so das Vertrauen Knemons zu gewinnen. Der Versuch scheitert; aber jetzt überstürzen sich die Ereignisse: Als Knemons Haushälterin aus dem Hausbrunnen Wasser schöpfen will, fällt der Eimer in den Brunnen. Man versucht, ihn herauszuholen. Dabei rutscht Knemon in den Brunnen; Sostratos und Gorgias retten ihn. Unter dem Eindruck dieser mutigen Tat willigt Knemon in die Verbindung von Sostratos und Myrrhine ein. Das glückliche Ende ist die Hochzeit in der „Grotte des Pan" – eine Doppelhochzeit, denn Gorgias bekommt Sostratos' Schwester zur Frau.

Das Stück veranschaulicht die Möglichkeit, dass Menschen sich ändern können. Ein verbissener Menschenverächter wandelt sich aufgrund der guten Tat eines anderen zum Menschenfreund:

> Unglück allein, so scheint's, vermag uns Menschen zu erziehen. [...] Ich habe gewiss einen Fehler gemacht, indem ich glaubte, allein und ohne alle anderen und unabhängig sein zu können und niemanden zu brauchen. Jetzt aber, nachdem ich gesehen habe, wie schnell und unerwartet das Lebensende da ist, habe ich eingesehen, dass meine damalige Einstellung nicht gut war. Denn es muss eine Frau da sein und jemand, der einem jeder Zeit helfen wird. Aber, beim Hephaistos, ich lag so sehr am Boden, wenn ich mir die Lebensweisen der verschiedenen Leute ansah und ihre hemmungslose Gier auf immer mehr Gewinn; da meinte ich, keiner von allen diesen könne einem anderen Wohlwollen entgegenbringen. Das ist es also, was mir im Wege stand.
>
> *(699; 713–722)*

Zudem demonstriert Menander die völlige Unberechenbarkeit des Lebens: „Viel kann an einem einzigen Tag geschehen" (187 f.). Es gibt jedoch auch Grund zu der Hoffnung, dass am Ende alles gut werden kann.

Perikeiromene („Die Geschorene") beginnt mit einer verwickelten Situation: Eine arme Frau hat ausgesetzte Zwillinge gefunden. Moschion, den Knaben, hat sie der reichen Myrrhine überlassen, die ein Kind wollte; das Mädchen hat sie selbst aufgezogen. Als Glykera, das Mädchen, herangewachsen war, hat die Alte sie dem Soldaten Polemon als Konkubine gegeben. Vor ihrem Tode hat sie Glykera über alles aufgeklärt, auch darüber, dass Moschion im Hause der Myrrhine (die nebenan wohnt) ihr Bruder ist. Glykera wahrt das Geheimnis, um den Bruder, der das Leben eines verwöhnten jungen Mannes aus reichem Hause genießt, nicht zu belasten. Als aber Moschion sie einmal küsst, kommt Polemon hinzu und schneidet ihr in wilder Eifersucht die Haare ab. Glykera sucht Zuflucht im Haus der Myrrhine, der sie nun das Geheimnis eröffnet; Polemon hat sich indes beleidigt aufs Land zurückgezogen. Es kommt zu allerlei Verwicklungen. Bei der Lösung spielt Pataikos, ein Nachbar von Polemon und Myrrhine, eine entscheidende Rolle: Es stellt sich heraus, dass er der Vater der ausgesetzten Zwillinge ist. Nun kann er Glykera, die ihrem jähzornigen Polemon verziehen hat, mit diesem richtig verheiraten.

Die Komödie *Epitrepontes* (wörtlich: „diejenigen, die (einem Dritten) eine Entscheidung überlassen"; auch zitiert als „Schiedsgericht") entstand in den letzten Lebensjahren des Dichters und gehört zu den besser erhaltenen Stücken der Neuen Komödie (etwa zwei Drittel sind überliefert). Charisios, ein junger Athener, kehrt von einer Reise zurück, die er bald nach seiner Heirat mit Pamphile angetreten hat. Er muss aber bei seiner Rückkehr von seinem Sklaven Onesimos erfahren, dass Pamphile inzwischen heimlich ein Kind zur Welt gebracht und anschließend ausgesetzt hat. Tief getroffen, weil er sich betrogen glaubt, verlässt er seine junge Frau und zieht zu seinem Freund Chairestratos. Dort versucht er vergeblich, seinen Schmerz zu betäuben; er mietet sich die Harfenspielerin Habrotonon, um sich mit ihr zu trösten. Das erfährt sein Schwiegervater Smikrines, der nicht nur das Glück seiner Tochter, sondern viel mehr noch seine schöne Mitgift gefährdet sieht. Aber ehe er einschreiten kann, wird er durch einen seltsamen Vorfall aufgehalten: Zwei Sklaven, Daos und Syriskos, streiten sich um ein im Wald ausgesetztes Kind. Daos hat das Findelkind Syriskos übergeben, will aber die Gegenstände, die dem Kind als Erkennungszeichen beigegeben waren, behalten. Der zufällig vorbeikommende Smikrines soll den Streit als Schiedsrichter beenden; er entscheidet, dass die Erkennungszeichen bei dem Kind bleiben sollen. Als Syriskos sich die Gegenstände ansieht, kommt zufällig Onesimos hinzu und erkennt einen Ring seines Herrn Charisios darunter. Diesen hat ihm ein Mädchen vom Finger gezogen, das er völlig betrunken während eines nächtlichen Festes einige Monate zuvor vergewaltigt hatte. Zeugin der Vergewaltigung war die Harfenspielerin Habrotonon; sie erkennt Pamphile als Opfer der bösen Tat wieder: Offensichtlich ist Charisios der Vater des bei der Vergewaltigung gezeugten Kindes. Bevor es zum Happy End kommt, gibt Habrotonon gegenüber Charisios und Smikrines vor, die Mutter des Findelkindes zu sein, wodurch erhebliche Verwirrung entsteht. Smikrines sieht sich veranlasst, seine Tochter vor dem entlarvten Unhold zu schützen, der Charisios – wie er selbst einsieht – nun einmal ist. Dann aber treffen Habrotonon und Pamphile zusammen, und die Sache klärt sich auf.

Die Fülle unwahrscheinlicher Zufälle, die die Handlung bestimmen, vermag die Glaubwürdigkeit der Ereignisse nicht zu erschüttern.

Der Grund dafür liegt in der Individualität der Personen, von denen jede aller Typisierung zum Trotz ihre charakteristischen Eigenschaften zeigt, in ihrem sich daraus ergebenden Verhalten gegenüber den anderen Personen bzw. in den Situationen, in die sie die Fügungen des Schicksals hineingestellt hat. Was Menander in den *Epitrepontes* darstellt, ist das Menschliche in seiner ganzen Perspektivenvielfalt.

Wie wurden seine Werke überliefert?

Zunächst wurde Menander durch Zitate von Einzelversen bei anderen Autoren, etwa bei Grammatikern, Lexikographen und Verfassern von Anthologien, überliefert. Seit dem 1. Jh. n. Chr. ist auch eine Sammlung von Gnomen (Sentenzen) aus seinen Komödien in Umlauf. Wie andere Gnomen-Sammlungen wurden auch diese im Elementar- und Rhetorikunterricht benutzt, dienten der moralischen Unterweisung, halfen in verschiedenen Lebenslagen, wurden von den Philosophen als Zitate und Belege für ihre eigene Lehre verwendet. Erst zu Beginn des 20. Jh. wurden u. a. zwei Drittel der *Epitrepontes*, dazu Teile des *Heros*, der *Perikeiromene* und der *Samia* auf einem Papyrus des 5. Jh. n. Chr. wiederentdeckt. Aus einem Papyrus des dritten nachchristlichen Jhs. in der Bibliotheca Bodmeriana in Genf-Cologny konnte der vollständige *Dyskolos* gewonnen werden. Einige Jahre später wurden dann noch große Teile der *Samia* und der *Aspis*, ferner Teile des *Sikyonios* und des *Misumenos* aus demselben Papyrus veröffentlicht.

Wie lebten die Werke fort?

Aristophanes von Byzanz weist Menander im 3. Jh. v. Chr. in der Rangfolge der griechischen Dichter nach Homer den zweiten Platz zu. Menanders Komödien lebten weiter in den römischen Komödien des Plautus und des Terenz, denen zu verdanken ist, dass er bis in die Neuzeit bekannt blieb, obwohl seine Werke in der Spätantike verloren gingen und erst durch die Papyrusfunde im 20. Jh. in größerem Umfang im Original wiederentdeckt wurden. Vor allem die sechs erhaltenen Stücke des Terenz sind Menanders Komödien nachgearbeitet und beweisen in ihrem Kunstverständnis und ihrer dichterischen Absicht eine enge Verwandtschaft; sie tragen sogar griechische Titel. Terenz beschreibt in den Prologen seiner Komödien seine Arbeitsweise; so weist er in der Vorrede zur *Andria* darauf hin, dass ein Stück dieser Komödie der *Perinthia* des Menander entstamme; und auch Plautus hat Texte von Menander übernommen, z. B. in der *Aulularia* und im *Poenulus*. Somit ist Menander (über die Vermittlung durch die römische Komödie) zum Archegeten der modernen europäischen Komödie geworden.

Quintilian erwähnt, Menander habe sich den Tragödiendichter Euripides zum Vorbild genommen, und er genüge allen rhetorischen Anforderungen:

> So überzeugend hat er ein vollständiges Bild des Lebens zum Ausdruck gebracht, so groß ist bei ihm der Reichtum der Erfindung und die Fähigkeit des Ausdrucks, so sehr ist er allen Situationen, Personen und Affekten gewachsen.

(10, 69–72)

Plutarch vergleicht Menander mit Aristophanes und rühmt seine Kunst, die er vielleicht noch hätte weiterentwickeln können, wenn er länger gelebt hätte (853 F).

Was bleibt?

Charakteristisch für Menander sind die scharfe, doch liebevolle Beobachtung menschlicher Torheit, die nie verletzende Ironie, mit der er die Menschen betrachtet, und die Vorstellung von der Gemeinschaft aller Menschen, die im Peripatos (s. S. 37) wurzelt und auf Poseidonios („Sympathie des Kosmos") vorausweist: Der Dichter kennt die Leidenschaften, aber er verurteilt sie nicht, er ist ein „Phil-anthropos", kein „Ap-anthropos" wie der „Menschenfeind" (*Dyskolos* 5), der sich erst allmählich verändert. Menanders Leitmotiv ist die Suche nach einer „menschlichen" Lösung: das Adverb *anthrōpínōs* („auf menschliche Weise") ist sein Programm.

Traum eines Schattens

Pindar

Name:	**Pindaros aus Kynoskephalai**
Lebensdaten:	**ca. 518–446 v. Chr.**
Literarische Gattung:	**Chorlyrik (aus mehreren Strophen bestehende Lieder, die von einem Chor in der Öffentlichkeit vorgetragen wurden)**
Werke:	**Hymnen, Dithyramben, Siegeslieder u. a.**

Wer war das?

Pindar entstammte einer angesehenen Familie aus Kynoskephalai bei Theben in Böotien. Er erfuhr kurz vor 500 v. Chr. seine dichterische und musikalische Ausbildung in Athen, wo das geistig-kulturelle Leben sich gerade zu entwickeln begann. Aus einem Oxyrhynchus-Papyrus (2438) ist zu erfahren, dass Pindar 496 v. Chr. in Athen bei einem Dichterwettstreit mit einem Dithyrambus siegte. Später kehrte Pindar in seine Heimatstadt Theben zurück und wurde allmählich in ganz Griechenland und in den Kolonien mit seinen Dichtungen bekannt. Bei den großen Panhellenischen Wettkämpfen (s. u.) kam Pindar mit den aristokratischen Familien, die sich an den Wettkämpfen beteiligten, in Verbindung – und mit den großen sizilischen Tyrannen wie Gelon, Theron und Hieron, die bei den Spielen ihre Rennpferde und Gespanne laufen ließen; Pindar lebte längere Zeit an ihren Höfen auf Sizilien.

Eine enge Beziehung hatte der Dichter offensichtlich auch zu der Insel Ägina. So wünscht er am Ende der achten *Pythischen Ode* seiner geliebten Insel den Segen der Götter. Mehrere von Pindar gerühmte Sieger stammten aus Ägina – z. B. Alkimedon, Sieger im Ringkampf (achte *Olympische Ode*); Aristodemos, ebenfalls Sieger im Ringkampf (achte *Pythische Ode*); Aristokleides, Sieger im Faust- und Ringkampf (dritte *Nemeïsche Ode*). Die antiken Zeugnisse enthalten viele legendäre Nachrichten über Pindar; so wird u. a. erzählt, dass – als göttliches Vorzeichen seiner späteren Kunst – eine Biene im Mund des schlafenden Pindar, als er noch ein Kind war, ihren Honig sammelte. Sein stolzes Standesbewusstsein lässt ihn in der dritten *Nemeïschen Ode* sagen (40–43), man habe großes Gewicht durch angeborenes Ehrgefühl; wer nur Angelerntes besitze, bekomme nie festen Boden unter die Füße und leiste ziellos zahllose Taten.

Was schrieb er?

Vollständig erhalten ist Pindars Sammlung von 44 Siegesliedern (*Epinikien*) in vier Büchern: Lieder auf Sieger bei Sportwettkämpfen. Erhalten sind außerdem Fragmente aus Götterliedern (*Hymnen*), Liedern zu Ehren des Gottes Apollon (*Päane*), Liedern vor allem zu Ehren des Gottes Dionysos (*Dithyramben*), Prozessionsliedern, Mädchenliedern, Lobliedern (*Enkomien*) und Trauerliedern.

Die Panhellenischen Spiele

Diese „ganz-griechischen" Wettkämpfe wurden zu Ehren verschiedener Götter abgehalten.

Sie begannen als reine Sportwettveranstaltung, doch später wurden auch Konkurrenten in musischen Disziplinen ausgezeichnet.

Die Spiele fanden in folgenden Städten statt:

- Olympia: „Olympische Spiele" zu Ehren des Zeus (alle vier Jahre)
- Delphi: „Pythische Spiele" zu Ehren des Apollon (alle vier Jahre)
- auf dem Isthmus von Korinth: „Isthmische Spiele" zu Ehren Poseidons (alle zwei Jahre)
- Nemea: „Nemeïsche Spiele" zu Ehren des Zeus (alle zwei Jahre)

Die bedeutendsten waren die Olympischen Spiele; gewann ein Athlet nacheinander alle vier Spiele, so wurde er „Periodonike" genannt. Im Gegensatz zu anderen Wettkampfveranstaltungen in Griechenland gewann man bei allen Panhellenischen Spielen jedoch keine wertvollen Trophäen, sondern lediglich einen symbolischen Preis (in Olympia z. B. einen Olivenzweig, in Delphi einen Lorbeerkranz).

Das älteste der erhaltenen *Epinikien*, die man gewöhnlich als „Oden" zitiert, ist die zehnte *Pythische Ode*, die der Dichter anlässlich des bei den Pythischen Spielen des Jahres 498 v. Chr. in Delphi von Hippokleas aus Pelinna errungenen Sieges im Doppellauf der Knaben verfasste.

Die *Epinikien* wurden für die Sieger in den sportlichen Wettkämpfen der Panhellenischen Spiele (s. o.) gedichtet; sie werden auch als *Olympische, Pythische, Isthmische* bzw. *Nemeïsche Oden* bezeichnet. Mit seinem Lied wollte der Dichter den Sieger und seine Leistung unsterblich machen. Für jedes in einem dorisierenden Kunstdialekt geschriebene Lied erfand der Dichter eine neue metrische Form und Melodie. Die *Oden* hatten einen strengen Aufbau, sie bestanden aus Strophe, Gegenstrophe und Epodos.

In diesen Liedern werden stets drei Komponenten miteinander verknüpft: erstens das Preisen des Siegers (mit allem, was zu ihm gehört), zweitens die Einordnung des Siegers in eine uralte verbindliche Wertordnung, die dieser mit seiner Leistung bestätigt (in Form überlieferter Spruchweisheit), und drittens die Unterwerfung des Siegers und seines Sieges unter eine höhere Weltordnung (indem die Vorgänge des gefeierten Ereignisses mit dem Mythos verknüpft werden). Pindar erzählt den Mythos jedoch nicht vollständig, sondern blendet ihn nur teilweise in seine Darstellung ein und bringt den gefeierten Sieger in ein überindividuelles Bezugssystem.

Dem Umfang nach bilden Pindars Oden zwei Gruppen: Kürzere Lieder, die aus 20–50 Versen bestehen und in der Regel noch am Ort des Sieges selbst gesungen wurden, und Lieder im Umfang von 90–120 Versen, die im Heimatort des Siegers zur Feier seiner Rückkehr gesungen wurden. So gehört z. B. die erste *Olympische Ode* zu den größeren Liedern (117 Verse). Sie wurde für Hieron von Syrakus und seinen Sieg mit dem Rennpferd bei den Olympischen Spielen des Jahres 476 v. Chr. verfasst. Hieron hat mit dem Rennpferd Pherenikos gesiegt, und Pindar wünscht ihm, dass er möglichst bald einen noch wertvolleren Sieg erringen möge (was im Jahre 468 v. Chr. auch tatsächlich geschah). Pindar verknüpft diesen Wunsch mit dem mythischen Sieg des Pelops über Oinomaos im Wagenrennen, durch den Pelops zum Herrn über die Peloponnes wird, des Landes, in dem auch Olympia liegt. Der Dichter übergeht die negative Seite des Pelops-Mythos, wie z. B. die Bestechung des gegnerischen Wagenlenkers vor dem Rennen. Pelops erscheint als Liebling des Poseidon, des Herrn über die Pferde, der ihm später die Pferde schenkte, mit denen er Oinomaos im Rennen besiegte. Hierons Sieg beweist, dass der Gott auch über ihm waltet, so wie einst Poseidon über Pelops. Pindar hat aus dem, was vor ihm noch Gelegenheitsdichtung war, eine autonome Kunstform gemacht. Seine Lieder ordnen sich den Ereignissen, für die sie geschaffen wurden, nie unter. Sie bleiben autonom, indem ihr Schöpfer von einer unabhängigen Weltanschauung ausgeht, in die der Anlass des Liedes eingeordnet wird. Nicht der Liedbesteller nimmt den Dichter in seinen Dienst, sondern dieser macht vielmehr die Gelegenheiten für die Entfaltung seiner Dichtkunst dienstbar.

Pindars Lieder sind ausgesprochen schwierig und wurden vom zeitgenössischen Publikum vermutlich nicht beim ersten Hören verstanden, obwohl sie keine abwechslungsreichen oder anspruchsvollen Inhalte behandeln. Es geht nur um einige wenige mythologische Stoffe, die die preisenden Lieder auf ein gewisses Niveau heben sollen.

Einen Schlüssel für das Verständnis der pindarischen Dichtung liefert vielleicht der Ausruf am Ende der achten *Pythischen Ode* für Aristomenes von Aigina, den Sieger im Ringkampf. Diese Ode war Pindars letztes Werk und ist in das Jahr 446 v. Chr. zu datieren:

> Nur für kurze Zeit wird die Freude der Menschen wachsen; ebenso bald bricht sie zusammen, erschüttert durch den Verlust der Vernunft. Tageswesen! Was ist denn jemand? Was ist jemand nicht? Traum eines Schattens ist der Mensch. Aber wenn gottgeschenkter Glanz kommt, dann liegt augenblicklich ein strahlendes Licht über den Männern und eine freundliche Zeit.
>
> *(92–97)*

Hier bringt Pindar ein Grundthema seiner poetischen Kunst zum Ausdruck: Die Schwäche und Vergänglichkeit des Menschen und die Wechselhaftigkeit seines Schicksals, aber auch die unbändige Freude darüber, dass die Hinfälligkeit überwunden werden kann: in der Hochleistung des verdienten Sieges. Einen Augenblick lang ist dann die Gefährdung der menschlichen Existenz durch göttliches Wirken aufgehoben – allerdings ohne Hoffnung auf Dauer. Schon in der vierten *Pythischen Ode*, die für Arkesilaos aus Kyrene, einen Sieger im Wagenrennen, im Jahr 462 v. Chr. verfasst wurde, beklagt der Dichter, dass Menschen grundsätzlich nur für kurze Zeit die Chance haben, aus ihrem Dasein etwas zu machen; dann ist der Mensch dazu aufgerufen, den *kairós*, den günstigen Moment, zu nutzen. Der römische Dichter Horaz, Pindars großer Verehrer, hat diese Mahnung mit seinem Imperativ *carpe diem* („Nutze den Tag!") aufgegriffen (s. S. 60). Pindar stellt die Möglichkeit eines beherzten Ausbruchs aus dem Fluss der Zeit in Aussicht. Diese Deutung der menschlichen Existenz steht durchaus im Einklang mit der kultischen Funktion der pindarischen Dichtung; denn die Siegeslieder sollen in erster Linie Götter und Heroen ehren, die den Wettkämpfern den Sieg und den Glanz verleihen, den Pindars Oden dauerhaft werden lassen, indem sie seine zeitliche Gebundenheit überstrahlen; das erwarten selbstverständlich auch die Sieger, wenn sie sich ewigen Ruhm durch ihren Dichter erkaufen, der ebenso an diesem teilhat, weil er das Göttliche im Sieger geschaut und gefeiert hat. Aber es geht in den Siegesliedern nicht um das Rühmen einer individuellen Leistung; denn selbst wenn der Sieger „göttergleich" ist, bedeutet dies doch nur, dass ein Gott in ihn eingetaucht ist, nicht dass er ihm die Kraft zum Siegen verlieh, wie es die homerischen Helden empfanden. Doch immer verknüpft Pindar den Glanz des Erfolges mit der Mahnung, die menschliche Begrenztheit zu sehen (z. B. in der dritten *Pythischen Ode*, für Hieron von Syrakus):

> Es ist nötig, von den Göttern zu erbitten, was sich gehört, wenn man mit seinem sterblichen Verstand erkannt hat, was unentrinnbar und was uns bestimmt ist.
>
> *(58–60)*

Dazu passt dann auch die sich anschließende Mahnung:

> Ach, liebes Herz, strebe nicht nach ewigem Leben, sondern verwirkliche das Machbare.
>
> *(61–62)*

Und in der zwölften *Pythischen Ode*, für Midas von Akragas, heißt es:

> Wenn es überhaupt ein Glück gibt für Menschen, zeigt es sich nicht ohne Mühsal. Aber vollenden wird es heute vielleicht ein Gott – doch seinem Schicksal kann man nicht entgehen –, aber diese glückliche Stunde wird kommen und wird manchem, auch wenn sie ihn überraschend traf, das eine geben, das andere aber noch nicht.
>
> *(28–32)*

Wie wurden seine Werke überliefert?

Aristophanes aus Byzanz (s. S. 108) schuf eine sehr bedeutende Pindar-Edition. Darin waren die *Epinikien* in vier Bücher eingeteilt, den vier Schauplätzen der nationalen Spiele entsprechend. Insgesamt umfasste die Sammlung 17 Bücher und war die Grundlage für die Erhaltung größerer Teile des pindarischen Werkes. Allerdings hatte Pindar insgesamt keine besonders starke Wirkung auf die europäische Dichtung: Seine Themen, wie z. B. die aus dem Geist der dorischen Adelsschicht erwachsenen Preislieder auf Sportsieger, lagen den späteren Dichtern allzu fern.

Wie lebten die Werke fort?

Abgesehen von der Pindarausgabe des Aristophanes von Byzanz wurden in alexandrinischer Zeit mehrere Biographien verfasst, die z. T. zusammen mit den Handschriften überliefert sind. Die *Suda*, das byzantinische Lexikon (ca. 1000 n. Chr.), enthält einen Artikel über den böotischen Dichter. Im hohen Mittelalter verfasste der gelehrte Mönch Thomas Magister (ca. 1270–1325), ein Schüler des Planudes, einen biographischen Bericht. Hier findet sich auch die Nachricht, Alexander der Große habe bei seiner Zerstörung Thebens nur Pindars Haus und Nachkommen verschont – aus Achtung vor dem Dichter. Pindars Poesie wurzelt so sehr in der Zeit ihrer Entstehung, dass sie immer wieder missverstanden wurde, so z. B. schon von Horaz (*Carmen* 4, 2), auf den sich später auch Goethe beruft. Hölderlin jedoch ist von Pindar beeinflusst – bis in die Sprache hinein.

Was bleibt?

Die mehrfach wiederholte Erinnerung an die Begrenztheit des Menschen steht nicht im Gegensatz zur Erhöhung und Verherrlichung des Sieges in einem Wettkampf. Im Gegenteil: Jeder Sieg korreliert mit einer Niederlage; der Sieger ist nur in Verbindung mit dem Verlierer denkbar. Unter diesem Gesichtspunkt reflektieren Pindars *Epinikien* die Ambivalenz, aber auch die Fülle menschlichen Lebens. Es handelt sich demnach um Lieder, die nicht nur den Sieger preisen, sondern auch die Möglichkeit des Versagens bewusst machen, wenn der richtige Augenblick verpasst wird.

Eros und Erkenntnis

Platon

Name:	**Platon von Athen**
Lebensdaten:	**427–347 v. Chr.**
Literarische Gattung:	**Philosophischer Dialog, Brief**
Werke:	**Sokratische Dialoge, Briefe**

Wer war das?

Platon erwähnt sich nur an zwei Stellen in seinem Werk selbst: In der *Apologie* (34a und 38b) teilt er mit, dass er beim Prozess gegen Sokrates, im *Phaidon* (59b), dass er in Sokrates' Todesstunde zugegen war. In seinem siebten *Brief* gibt er als alter Mann einen Überblick über seine politische und philosophische Biographie. Es darf als sicher gelten, dass er etwa zehn Jahre lang zum Kreis des Sokrates gehörte. Mehrfach wird erwähnt, dass er aus einer einflussreichen adligen Familie stammte. Sein Vater Ariston führte seine Vorfahren auf den sagenhaften Kodros zurück. Auch seine Mutter Periktione gehörte zu einer maßgebenden athenischen Familie. Er hatte mehrere Geschwister; ein Neffe, Speusippos, war nach Platon der erste Leiter der um 387 v. Chr. gegründeten Akademie. Platon lässt in seinen Dialogen verschiedene Familienmitglieder als Gesprächsteilnehmer auftreten. Es ist denkbar, dass er die Akademie gründete, um nicht nur eine Institution des Wissenschaftsbetriebs und eine akademische Polis zu schaffen, sondern auch in der Gemeinschaft der dort Lebenden und Lehrenden die Fragen zu thematisieren, die er selbst in seinen veröffentlichten Dialogen behandelte. Es vorstellbar, dass Gespräche und Diskussionen, wie sie in den Dialogen beschrieben werden, auch wirklich in der Akademie stattfanden. Nach der Niederlage Athens im Peloponnesischen Krieg 404 v. Chr. gehörten mit Kritias und Charmides zwei Verwandte zu dem Regime der Dreißig Tyrannen.

Eine wahrscheinlich geplante politische Laufbahn gab Platon nach der Verurteilung und Hinrichtung des Sokrates durch die Demokraten auf. Die Demokratie schien ihm ebenso wenig wie die Oligarchie in der Lage zu sein, Gerechtigkeit zu verwirklichen. Cicero schreibt:

Ich glaube, Tubero, du hast gehört, dass Platon nach dem Tod des Sokrates zuerst nach Ägypten, um zu lernen, und später nach Italien und Sizilien gereist sei, um die Entdeckungen des Pythagoras kennenzulernen, und oft mit Archytas von Tarent, dem engagierten Politiker und gelehrten Anhänger des Pythagoras, und mit dem Historiker Timaios von Lokroi zusammen war und auf die Schriften des Pythgoreers Philolaos stieß; und als zu dieser Zeit und in dieser Gegend der Name des Pythagoras große Bedeutung hatte, habe er sich sowohl mit den Pythagoreern selbst als auch mit deren Studien beschäftigt. Daher verknüpfte er, weil er Sokrates wie kein anderer geliebt hatte und auf ihn alles hatte zurückführen wollen, die Anmut des Sokrates und den Scharfsinn seines Gesprächs mit der Dunkelheit des Pythagoras und dem üblichen Ernst der meisten Wissenschaften.

(Über den Staat 1, 16)

Mit einer zweiten Reise – so berichtet Platon selbst in seinem siebten *Brief* – wollte er neben seine philosophische Reflexion die politische Tat treten lassen (328c); doch es kam nicht dazu.

Was schrieb er?

In seinen Dialogen lässt Platon seinen Lehrer Sokrates das Gespräch führen. Aber der platonische Sokrates will kein bestimmtes Wissen oder Können vermitteln, sondern den Blick seiner Gesprächspartner auf die Ausweglosigkeit des Nichtwissens, die Aporie, lenken. Auch wenn die Dialoge keine Sonderform der Komödie darstellen, so ist doch spürbar, dass sie in ihrem Wechselspiel von Frage und Antwort entscheidend von ihr beeinflusst sind. Es kommt Platon auf die dialektische Bewegung, nicht auf das Ergebnis an, was auch für die Dialoge gilt, in denen es um die Definition bestimmter Wertbegriffe geht.

Man kann annehmen, dass die Verurteilung und Hinrichtung des Sokrates für Platon ausschlaggebend waren, sich von nun an ganz der Frage nach dem Wesen der Gerechtigkeit zu widmen. Alle anderen in den Dialogen erörterten Themen haben hier ihren Bezugspunkt. Aber Gerechtigkeit ist nur möglich, wenn ein Umdenken (*metánoia*) gelingt, das zu einem philosophischen Wissen als Voraussetzung politischen Handelns in der Institution des Staates führt, wie Platon im **Staat** schreibt:

Wenn nicht, sagte ich, entweder die Philosophen in den
Staaten Könige werden oder die jetzt so genannten Könige
und Machthaber wirklich und hinreichend philosophisch
denken und Macht und Philosophie zusammenfallen, d. h.
politische Macht und philosophisches Denken, und die
meisten Naturen der Menschen, die jetzt isoliert voneinander
auf beides losgehen, unter Anwendung von Zwang davon
ausgeschlossen werden, dann gibt es kein Ende des Übels in
den Staaten, lieber Glaukon, und ich glaube auch nicht für das
Menschengeschlecht, und diese hier von uns beschriebene
Staatsverfassung kann nicht vorher verwirklicht werden und
das Sonnenlicht erblicken.

(473b–e)

Solange Herrschaft und Philosophie getrennt voneinander blieben,
sei alles, was gesagt werde, „paradox", d. h. es widerspreche den Erwar-
tungen der Menschen. Zu einem gerechten Staat gehören aber nicht nur
philosophisch gebildete Herrscher; auch die übrigen Menschen müssen
die Funktionen ausführen, die ihren Begabungen und Fähigkeiten entsprechen. Nur dann könne Gerechtigkeit herrschen. Ein gerechter Staat
ist aber nur denkbar, wenn jeder Einzelne gerecht ist bzw. wenn in jedem
einzelnen Menschen Gerechtigkeit herrscht. Es ist Platons methodische
Entscheidung, die Gerechtigkeit des Einzelnen am Modell eines gerechten Staates zu veranschaulichen:

Wir meinten, wenn wir die Gerechtigkeit vorher an etwas
Größerem […] anzuschauen versuchten, könnten wir sie
leichter auch an einem einzelnen Menschen erkennen. Und es
erschien uns der Staat dieses Größere zu sein, und deshalb
haben wir einen möglichst guten Staat entworfen, weil wir
genau wissen, dass sie in diesem vorhanden ist. Was uns hier
sichtbar wurde, wollen wir auf den Einzelmenschen übertragen.

(434d–e)

Platon geht also von einer Analogie zwischen dem Staat und dem
Einzelmenschen aus; was für jenen gilt, trifft auch auf diesen zu. In der
Seele des einzelnen Menschen gebe es dieselben Zustände und Eigen-
schaften wie in einem Staat, und was sich dort als gerecht erweise, er-

weise sich auch beim Einzelmenschen als gerecht. Dieser bestehe – wie der Staat – aus drei Kräften: Mit der einen überlegt die Seele und denkt nach (*logistikón*), mit der zweiten begehrt sie (*epithymetikón*) und die dritte ist diejenige, die antreibt und Impulse gibt (*thymoeidés*). Gerechtigkeit wird im Einzelmenschen genauso verwirklicht wie im Staat, wenn jede der drei Kräfte das tut, wozu sie da ist. Dazu aber muss eine entsprechende Bildung und Erziehung die Voraussetzungen schaffen; das Wissen von der Gerechtigkeit ist der wesentliche Lerninhalt.

Aber dann heißt es, es gebe noch etwas Größeres als die Gerechtigkeit, die „Idee des Guten":

Du hast doch schon oft gehört, dass die „Idee des Guten" das höchste Wissen ist, wodurch das Gerechte und was sonst noch Gebrauch davon macht, erst brauchbar und nützlich wird.

(*505a*)

Ohne „das Gute" ist alles andere wertlos; das gilt für die Gerechtigkeit ebenso wie für die Tapferkeit, Weisheit und Besonnenheit. „Das Gute" war mit Beginn des Gesprächs gegenwärtig, aber es wurde nicht gefragt, was es eigentlich ist. Zur Annäherung an die Antwort bedient Sokrates sich des „Sonnengleichnisses": Wie die Sonne im Bereich des Sichtbaren mit ihrer Helligkeit das Licht bringt, das das Sehen des Gesehenen ermöglicht, so ist es „das Gute", das im Bereich des Denkbaren das Denken des Gedachten ermöglicht. Im „Liniengleichnis" wird im Anschluss eine Unterteilung des Sichtbaren und des Denkbaren in jeweils zwei Bereiche vorgenommen (509c). Den einen Teil des Sichtbaren stellen die Bilder dar, die sich als Schatten oder Spiegelbilder zeigen, den anderen Teil die Gegenstände, von denen die Bilder stammen; die Bilder stellen den Bereich des Vorstellbaren, die Gegenstände den Bereich des Erkennbaren dar. Auch das Denkbare ist zweigeteilt: einerseits gibt es z. B. die geometrischen Figuren oder mathematischen Größen und Modelle, die zwar durch Veranschaulichung sinnlich wahrnehmbar sind, aber darüber hinaus abstrakte mathematische Gesetzmäßigkeiten erschließen helfen; andererseits gibt es die Welt der Ideen: diese sind nur dem Denken zugänglich, nicht ableitbar und voraussetzungslos, d. h. sie stellen den ersten und letzten Grund allen Seins dar.

Um den Unterschied zwischen Unbildung und Bildung bzw. den Aufstieg des Menschen aus der Sinnenwelt zur Ideenwelt zu veranschaulichen und zu zeigen, wie der Mensch verwirklicht, was seiner

NOVA IOANNIS SERRANI

INTERPRETATIO, PERPETVIS EIVSDEM
notis illuſtrata, quibus methodus & ſeries
diſputationis commonſtratur.

EVTHYPHRONIS   TA' TOY' EYΘY'ΦPO-
dialogi perſonæ,   νος Δjαλόγου πϵ̓ϳσωπα,

EVTHYPHRO, SOCRATES.   EYΘY'ΦPΩN, ΣΩKPA'THΣ.

Occaſio dialogi. Socrates Euthyphro ni cauſam à ſe quæ-renti eccur præter morè in forum venif-ſet, ait ſe impietatis à Melito accuſari.Ita opportunè ſternitur via ad diſputationem de RELIGIONE. Prudenter etiam Eu-thyphronis perſonā quæſiuit Plato, ſum-mam quandam Re-ligionis cognitionem vendicatio, & quaſi il-lam artè accitis;erat enim ariolus, ſic-uti ex ſequentibus & Cratylo apparet)vt in illuſtri perſona, & Religionis docendæ munus gererè, vanas ſuorum hominum de Religione opiniones commodius refutaret.

QVID NAM ᵃ hoc no-ui eſt, Socrates, te,relictis Lycei ſpatiis, in hac Re-gis porticu nunc verſari? non enim tibi aliqua eſt lis apud Regem, vt mi-hi. SOCR. Non eam quidem Athenien-ſes, Euthyphro, litem, ſed accuſationem vocant. EVTH. Quidais? aliquis, vt vi-detur, te accuſat.non enim illud quidem ſta-tuerim,te alium accuſare. SO.Neminè ſanè accuſo. EV. Téne ergo alius? SO. Alius. EV. Quiſnam ille eſt? SO. Ne ipſe quidē il-lum bene noui, Euthyphro, iuuenis enim quidam & incognitus mihi videtur. cum autem(vt arbitror)Melitum vocant.eſt ve-rò gente Pitthenſis. fiquem in animo ha-bes Melitum Pitthenſem, hirtis capillis, non ita promiſſa barba: at naſo prædun-co. EV. Non ſubit, Socrates. Verùm èc-

b Aduerſariorum ſuo rum contra ſe accuſa tionem commemorat Socrates,ſuoſque mo-re,nullo aut perſona-rum aut rerum odio, rem ſimpliciter & modeſtè proponens, ſuorum aduerſariorū improbitas & ſcelus perſpicuatur : qui ni-mirum pietatis & pu blicæ vtilitatis præte xtu,in hoc vno elabo rarent,vt prauas ſuas cupiditates exeque-rentur. Ita primum caput eſt is Θeu de Religione, Homi-nes obtcidunt religio-nis nomen ad ſua ſce-lera, vt bonos oppri-mant quiéadmoduū perſpicuum eſt in perſona Socratis in-ſuſtè violati.

quam aduerſus te accuſationem ille inſti-tuit? SOC. ᵇ Ecquam rogas? haud ignobi-lem illam , mea quidem ſententia, neq; ho-minis ignaui. iuuenè enim tantā rē perſpe-xiſſe,haud certè parui & humilis ingenii eſt. Nam affirmat ſe noſſe & qua ratione iu-uentus corrumpatur, & quiſnam illi ſint qui eam corrumpant. Sapiens quippe vi-detur, meáque inſcitia animaduerſa, quaſi ſuos æquales corrumperem, prodit me accuſaturus apud ipſam ciuitatem ; tan-quam apud matrem : atque adeo , opinor , Reipublicæ adminiſtrandæ rationem ab eo quod conſentaneum eſt arceſſit primor-dio. Conſentaneum enim eſt primam de ipſis iuuenibus curam ſuſcipere, vt quam-optimi euadant : quemadmodum decet agricolam nouellarum plantarum prim-mam curam gerere,tum verò de cæteris cu-randis rationes inire. Et certè ; Meliti hoc

Γ Ι ΝΕ ΩΤΕΡΟΝ ὦΣώ-

κρατες γέγονεν,ὅτι ου`ὼ ἀι ᕢ
Λυκείω καταλιπὼν δjατρι-
βἀς, ἐνθάδε νῦν δjατρείβεις,
πϵ̀ῤ τἱω τ8 βασιλέως ϛοὰν;8
γάρ που κϳ ϲοὶ δίκη τις ἐ̓ϛα τυγχάνϵι πϵὸς
βασιλέα,ὥσπ ϵμοί. ΣΩ.Οὔτοι δὴ Ἀθηναῖοί γε
ὦ Ἐυθύφρον , δίκην αὐτ κ αλοῦσιν, ἀλλὰ γραφίω. ΕΥ'.Τί φῄς;γραφι ̓ϲέ τις,ὡς ἔοικε,ϲε γέγρα-
πται.8 γάρ που ἐκεῖνό γε καταγνώσομαι,ὡς ϲὺ γε
ἕτϵρϲν. ΣΩ.Οὐ δῆτα. ΕΥ'. Ἀλλά σε ἄλλος; ΣΩ.
Πάνυ γε. ΕΥ. Τίς ὅυτος; ΣΩ. Οὐδ' αὐτὸς πάνυ
τι γιγνώσκω, ὦ Ἐυθύφρον,ῇ̀ ἀνδρα.νέος γάρ τις
μοι φαίνεται κϳ ἀγνώς . ὀνομάζοϲι μϲήυτοι αὐτὸν,
(ὡς ἐγῷμαι) Μέλιτον.ἔϛι δὲ δῆμον Πιτθϵὺς·εἴ
τινα νῷ ἔχϵις Πιτθέα Μέλιτον , οῖς τετ̓αμότϵ-
χα, κϳ ὑ πάνυ εὐ-ύγϵνον,ἐπίγρυπον δὲ· ΕΥ'. Οὐκ
ἐννοῶ ὦ Σώκρατες. ἀλλὰ δὴ τίνα γραφίω σε
γέγραπται; ΣΩ. Ἡντινα;Οὐκ ἀ-γεννῆ,ἔμοιγε δο-
κεῖ. ὁ γὰρ, νέον ὄντα, τοσοῦτον πϵᾶγμα ἐγνωκέ-
ναι,8 φαῦλόν ἐϛιν. ἐκεῖνος γὰρ,ὥς φηϲιν,οῖδε τίνα
ᵗϲόπον οἱ νέοι διαφθείρονται,κϳ τίνες οἱ διαφθεί-
ρϲντϵς αὐτϲύς. κϳ κινδυνεύϲι ϲοφός τις εῖ)·κϳ τῆ
ἐμίω ἀμαθίαν κατιδὼν,ὡς διαφθείρϲντος τοὺς
ἡλικιώἴας αὐτ,ἔρχεται κατηγορήϲων μου,ὥσπ
πϵὸς μητϵ̓ϲα,πϵὸς τίω πόλιν.κϳ φαίνεταί μοι
τῶν πολιτικῶν μόνος ἄρχεϲαι ὀρᾶῶς. ὀρᾶῶς γὰρ
ἐϛι τῶν νέων πϵῶτον ἐπιμεληᾶῆναι,ὅπως ἔσονται
ὅτι ἄριϲτοι,ὥσπ γεωργὸν ἀγαᾶὸν τῶν νέων φυτῶν
εἰκὸς πϵῶτον ἐπιμελnᾶῆναι, μ῀ δὲ τοῦτο κϳ
τῶν ἄλλων.κϳ δὴ κϳ Μέλιτος ἴσως πϵῶτον μὲν

höchsten Möglichkeit entspricht, lässt Platon Sokrates am Anfang des siebten Buches des *Staates* das berühmt gewordene „Höhlengleichnis" erzählen (514a ff.). Auch hier setzt Platon die Unterscheidung von sichtbarer und denkbarer Welt voraus. Die sichtbare besteht aus zwei Teilen: einerseits aus den Schatten, Spiegelbildern und Imitationen der sichtbaren Dinge, die dem unsicheren Vermuten zugänglich sind, und aus den sichtbaren Dingen selbst, die geglaubt, aber nicht geprüft werden; andererseits aus den Inhalten der Mathematik, mit der sich der wissenschaftliche Verstand befasst, und der Ideenwelt, zu der nur die reine philosophische Vernunft Zugang hat. Die meisten Menschen sind mit den Imitationen und Schattenbildern zufrieden; sie fragen nicht danach, wie die Schatten entstehen.

Im „Höhlengleichnis" sind diese Menschen in der Höhle mit dem Rücken zum Eingang festgebunden; sie sehen nur die Wand der Höhle. Hinter ihnen befindet sich eine Mauer, an der verschiedene Gestalten vorbeigehen. Hinter diesen wiederum brennt ein Feuer, so dass sie Schatten auf die Höhlenwand werfen. Diese Schatten halten die festgebundenen und bewegungsunfähigen Menschen für das einzig Wirkliche. (Die Höhle ist übrigens durchaus mit einem modernen Kino vergleichbar; auch hier werden mit Hilfe einer Lichtquelle in einem dunklen Raum erfundene Figuren an eine Wand projiziert, die dem Zuschauer eine scheinbare Wirklichkeit zeigen.) Wenn nun einer der platonischen Höhlenbewohner befreit und gezwungen würde, sich umzudrehen, wäre er zunächst von dem Licht des Feuers geblendet. Er könnte auch die Gestalten, deren Schatten er bisher gesehen hatte, kaum erkennen. Wenn er schließlich die Mauer überstiege und am Feuer vorbei ins Freie gelangen würde, wäre er noch mehr geblendet und könnte kaum etwas erkennen. Am Ende hätte er den Wunsch in die Höhle zurückzukehren. Aber schließlich wird er doch die Sonne selbst und nicht nur ihr Spiegelbild sehen. Ginge er wirklich wieder nach unten, könnte er sich nur schwer an die Dunkelheit gewöhnen, und die Menschen in der Höhle würden ihn nur auslachen, wenn er sie über den wahren Sachverhalt aufklären wollte. Unter den vielfältigen Bezügen des Gleichnisses sei hier nur der Begriff der „Periagogik" hervorgehoben: Diese „Kunst des Umdrehens" besagt, dass der Mensch nur in die richtige Richtung zu drehen ist, wenn er den Weg aus der Höhle finden und zur Erkenntnis des Wahren aufsteigen soll.

Die chronologische Reihenfolge und Zuordnung der Dialoge zu den verschiedenen Lebensphasen ihres Verfassers bleibt umstritten. Der reizvollen Frage, ob Sokrates bestimmte Dialoge Platons noch hätte lesen können, wenn sie vor 399 v. Chr. geschrieben wären, sollte man sich wenigstens stellen; es entspricht aber allgemeiner Auffassung, dass Platon seine frühen Dialoge in dem Jahrzehnt nach dem Tod des Sokrates verfasste. In dieser Zeit sollen die *aporetischen* Dialoge entstanden sein. Hier kreist Sokrates im Gespräch um haltbare Definitionen zentraler Wertbegriffe: Im *Größeren Hippias* geht es z. B. um das Wesen des Schönen, im *Laches* um die Tapferkeit, im *Charmides* um die Besonnenheit, im *Euthyphron* um die Frömmigkeit, und der *Lysis* behandelt die Freundschaft und andere menschliche Beziehungen. Im *Protagoras* erörtert Sokrates das Bildungsprogramm der Sophisten, die politische Erfolgsrezepte in Aussicht stellen. Das Gespräch dreht sich um die Frage, ob entsprechende Qualifikationen (*areté*) überhaupt vermittelbar sind.

Das Thema des **Gorgias** ist die Suche nach dem Bild des wahren Staatsmannes und die Kritik an der sophistischen Rhetorik, die der Sophist Gorgias, der berühmte Rhetoriklehrer, vertritt. Sokrates greift vor allem die Auffassung an, dass die Rhetorik eine Überredungskunst sei, die auf dem Gebiet des Gerechten und des Ungerechten Glauben, aber nicht Wissen erzeuge. Sokrates bringt Gorgias allerdings dazu, seine Begriffsbestimmung zu korrigieren: Natürlich sei die Rhetorik die Kunst der Überredung; ihre Voraussetzung aber sei Wissen und nicht bloßes Meinen.

Mit dem Auftritt des Polos, der den von Sokrates in die Enge getriebenen Gorgias unterstützen will, geht es u. a. um die provozierende Behauptung des Sokrates, ein Mordopfer sei zwar bedauernswert, aber nicht so sehr wie sein Mörder; denn Unrecht tun sei das größte aller Übel. Polos wendet dagegen ein, Unrecht leiden sei doch noch viel schlimmer. Als Sokrates dies verneint, entwickelt sich folgender Schlagabtausch:

> Polos: „Du möchtest also wohl lieber Unrecht leiden als Unrecht tun?"Sokrates: „Ich möchte zwar keines von beidem, aber wenn ich gezwungen wäre, Unrecht entweder zu tun oder zu leiden, würde ich es vorziehen, Unrecht zu leiden und nicht zu tun."
>
> *(469b–c)*

Durch den Auftritt des Kallikles wird das Gespräch auf die Frage nach dem Verhältnis von Macht und Recht gelenkt: Unrecht zu tun sei zwar „hässlich", aber nur aufgrund einer Vereinbarung, nicht von Natur aus. Gesetze und Vereinbarungen aber seien unnatürlich und nur für die Schwachen gemacht. Vielmehr beweise die Natur, „dass es gerecht ist, wenn dem Besseren mehr zusteht als dem Minderwertigen und dem Stärkeren mehr als dem Schwächeren" (*Gorgias* 483 d). Es sei gewissermaßen schon durch Geschichte und Politik empirisch bewiesen, dass der Stärkere über den Schwächeren herrsche und dass er sich mehr herausnehmen dürfe; Gleichheit stehe also im Gegensatz zum Recht der Natur.

Im **Menon** bringt Sokrates im Zusammenhang mit der Frage, wie man zu Wissen komme, die „Wiedererinnerung" (*anámnesis*) ins Spiel: Lernen sei Erinnerung von Gewusstem (80d ff.). Die Seele sei unsterblich, weil sie im Prozess der Seelenwanderung ein immer wieder neues Leben habe. Auf ihrer Wanderung habe sie alles erfahren; es gebe nichts, was sie nicht wisse, es sei nur in Vergessenheit geraten. Um diese These zu veranschaulichen, macht Sokrates ein Experiment mit einem Sklavenjungen: Durch geschicktes Fragen bringt er ihn dazu, ein ihm nicht verfügbares geometrisches Wissen zu beweisen; dies soll veranschaulichen, dass er das Wissen darüber schon besessen, dann aber vergessen habe und sich nur daran erinnern müsse. Da sich der Junge vorher nicht mit Geometrie befasst habe, müsse er dieses Wissen *vor* seinem jetzigen Leben erworben haben.

Es ist fraglich, ob man überhaupt von einer in sich geschlossenen platonischen Ideenlehre sprechen kann. Fest steht nur, dass das Denken von „Ideen" ein ganz wesentliches Element der platonischen Philosophie ist. Das veranschaulicht auch der Dialog **Phaidon**, der sich nicht nur mit der orphisch-pythagoreischen Seelenwanderungslehre, mit dem Wesen der Seele, ihrer Unsterblichkeit und ihrer „Präexistenz" vor ihrem Eintritt in den menschlichen Körper befasst, sondern auch das schwierige Verhältnis zwischen Idee und Einzelding erörtert. Das Phänomen der „Wiedererinnerung" legt diese Annahme nahe: der Mensch hat von vornherein ein Wissen von den „Begriffen" und „Gestalten"; dieses Wissen ermöglicht es ihm, in der Vielheit der Erscheinungen Unterschiede wahrzunehmen; der Mensch kann z. B. gleiche Einzeldinge wahrnehmen, weil seine Seele in ihrer Präexistenz die „Idee" der „Gleichheit" zu kennen bzw. zu denken gelernt hat. Dann stellt Sokrates fest, dass man die Wahrheit über die Dinge tatsächlich nur durch Denken und nicht durch sinnliche Erfahrung erfassen kann. Damit hänge zusammen, dass alle Dinge mit einer bestimmten „Eigenschaft" diese nur aufgrund ihrer „Teilhabe" (*méthexis*) an der „Idee" dieser Eigenschaft haben. Etwas sei als „schön" zu identifizieren, weil man es als „teilhabend" an der „Idee" des Schönen denke (95a–102a).

> Wenn mir jemand sagt, etwas sei darum schön, weil es ein schönes Äußeres habe, dann nehme ich das so hin und halte mich ganz einfach daran, dass nichts anderes etwas so schön macht wie die Anwesenheit des Schönen oder die Teilhabe an dem Schönen an sich.

(100c–d)

Demnach beruht die Schönheit z. B. eines Menschen darauf, dass das Schöne in ihm anwesend ist. Beim Anblick des Schönen will man nicht wissen, welche physikalischen oder physiologischen Voraussetzungen dazu vorhanden sein müssen. Man will vielmehr erkennen, worin die Schönheit besteht, die an einem Schönen mächtig zwingend und erhebend in Erscheinung tritt, und das ist eben die Idee des Schönen, das Unvergängliche, das Gültige, das Eigentliche im Gegensatz zum sinnlich Wahrnehmbaren – es geht um das Wesen, das sich nicht aus dem Sichtbaren ableiten und beschreiben lässt.

Im *Symposion* („Gastmahl") geht es um die Macht des Eros. Phaidros beginnt mit einem Preislied auf Eros, der zu tugendhaften Taten antreibe; Pausanias unterscheidet zwischen himmlischem und dem irdischem Eros; Eryximachos sieht zwei Formen des Eros in der gesamten Natur wirken; Aristophanes erzählt vom ursprünglichen Menschengeschlecht und der Entstehung der Liebe: Eros sei das Verlangen nach Rückkehr zur ursprünglichen Ganzheit und Einheit der Menschen, die von den Göttern auseinandergeschnitten und getrennt worden seien und sich aus diesem Grund in Sehnsucht zueinander verzehrten. Agathon preist Schönheit und Tugend des Eros und dessen guten Taten. Dann ist die Reihe an Sokrates; nach einem kurzen Vorspiel beginnt er mit einem Bericht über sein Gespräch mit Diotima, einer Frau aus Mantineia: Eros sei weder schön noch hässlich. Er sei ein großer Dämon, ein Mittleres zwischen Gott und Mensch, seine Eltern seien „Reichtum" und „Armut". Daraus erklärten sich auch seine Eigenschaften: Er sei weder arm noch reich; zwischen Weisheit und Unwissenheit halte er die Mitte. Er umfasse Liebe zur Weisheit und zum Schönen. Er sei „Philosoph", d. h. ein Weisheitssucher, der in der Mitte zwischen einem Weisen und einem Toren stehe. Eros sei das Verlangen nach dem Schönen und Guten und nach der Zeugung im Schönen. Eros strebe nach Unsterblichkeit, er weise den Weg zur Schau des Schönen:

> Wer nämlich diese Sache richtig anfangen will, muss schon als junger Mensch beginnen, auf schöne Menschen zuzugehen, und wenn er es richtig machen will, einen einzigen Menschen lieben und dabei schöne Gedanken hervorrufen, später aber erkennen, dass die Schönheit aller Menschen miteinander verwandt ist und dass es eine große Dummheit wäre, wenn er sich zu dem äußerlich schönen Menschen hingezogen fühlt, die Schönheit aller Menschen nicht für ein

und dieselbe zu halten; und dass er, wenn er dies erkannt hat, zu einem Liebhaber aller schönen Menschen wird, den heftigen Drang nach einem einzigen Menschen aber geringschätzt und für wenig bedeutend hält. Darauf muss er dann noch die seelische Schönheit für herrlicher halten als die körperliche.

(210a–b)

Diotima, die unbekannte Frau, auf die Sokrates sich hier bezieht, beschreibt den weiteren Aufstieg, der mit der Liebe zu einem Einzelnen beginne und in der Schau der absoluten, ewigen und immer mit sich selbst identischen Schönheit sein Ziel erreiche, an der alles andere teilhabe, was schön ist, und dem es seine Schönheit verdanke. Erst wenn man dieses Schöne an sich erkenne, sei das Leben lebenswert. Diotima erklärt Sokrates, dass dies „ganz plötzlich" geschehe:

Wer nämlich auf diese Stufe der Liebe zum Schönen geführt wurde, während er schrittweise und richtig manches Schöne betrachtet, wird ganz plötzlich, nunmehr am Ziel seiner Liebeskunst angekommen, ein wunderbares wesenhaft Schönes erblicken, eben das, lieber Sokrates, worauf alle früheren Anstrengungen hinzielten.

(210e)

Schließlich kommt Sokrates wieder darauf zurück, dass der Mensch diese höchste Schönheit nur mit Hilfe des Eros sehen kann; deshalb müsse man den Eros und alles Erotische verehren. Denn Diotima hatte die „platonische Liebe" nicht als unkörperliches oder gar als entsagungsvolles Gefühl beschrieben, sondern als ein vom Eros angetriebenes Fortschreiten, das von der sinnlich erfassbaren körperlichen Schönheit ausgeht und in der Schau der vollkommenen Schönheit ihr Ziel erreicht. Unmittelbar nach dem Höhenflug der Gedanken der Diotima tritt Alkibiades auf, der eine Rede auf Sokrates hält, die streckenweise hymnischen Charakter hat. Sie hebt einerseits Wesen und Wirkung des Sokrates hervor, andererseits charakterisiert sie sein Verhalten in der realen Welt und seine Bewährung im täglichen Leben. Alkibiades vergleicht Sokrates mit dem mythischen Satyr Marsyas, um die innere Ergriffenheit zu veranschaulichen, die Sokrates bei den Menschen hervorruft; dann vergleicht er ihn auch noch mit einem Silen, um seine Kunst der Verstellung und der Ironie hervorzuheben.

Wie wurden seine Werke überliefert?

In der Antike soll Thrasyllos, der Hofastrologe des Kaisers Tiberius, eine Platon-Ausgabe besorgt haben, in der die Dialoge nach dem Vorbild der tragischen Tetralogien (d. h. auf drei erschütternde Tragödien folgte als viertes Stück ein entspannendes Satyrspiel, s. S. 14) angeordnet waren. Es ist allerdings möglich, dass die Einteilung der Dialoge in Tetralogien bereits vor Thrasyllos vorlag, und zwar schon in einer offiziellen Platon-Ausgabe der Akademie. Auf jeden Fall handelt es sich um eine Einteilung in neun Tetralogien, die auch noch in den neuzeitlichen Platon-Ausgaben berücksichtigt wurde. Von Diogenes Laertios wurden die Dialoge nach Tetralogien aufgezählt und knapp charakterisiert, wobei er Echtes und Unechtes nicht voneinander unterschieden hat.

In späterer Zeit flossen zahlreiche biographische Quellen, so z. B. Diogenes Laertios im dritten Buch seiner *Philosophengeschichte*; hinzu kam später eine Biographie des Neuplatonikers Olympiodor. Wie man bei Athenaios erfährt, gab es auch eine platonfeindliche Literatur.

Wie lebten die Werke fort?

Schon seine nächsten Schüler wie Aristoteles, Speusipp oder Xenokrates haben über Platon geschrieben und ihn als „göttlichen Mann" verehrt. Speusipp war Platons erster Nachfolger in der Leitung der neun Jahrhunderte (bis 529 n. Chr.) bestehenden Akademie, eines Zusammenschlusses von Schülern Platons. Ein erster und wesentlicher Beitrag zum Fortleben war die Platonkritik des Aristoteles, die sich vor allem gegen die Ideenlehre richtete.

Was bleibt?

Platon fordert dazu auf, den Dialog als kommunikative Denkbewegung und als Möglichkeit des Wissenserwerbs ernst zu nehmen. Zum platonischen Dialog gehört auch die Inszenierung, die eine anregende Atmosphäre schafft. Der Lehrvortrag suggeriert Resultate eines an sich offenen Denkprozesses. Aber Platons Dialoge veranschaulichen, dass Denken ein offenes Spiel und niemals endgültig ist; sie stellen ungelöste Aufgaben.

Synopsis und Synkrisis

Plutarch

Name:	**Plutarchos von Chaironeia**
Lebensdaten:	**ca. 45 – nach 120 n. Chr.**
Literarische Gattung:	**Biographie, Essay**
Werke:	**Doppelbiographien, *Moralia***

Wer war das?

Plutarch stammte aus einer wohlhabenden Familie in Chaironeia (Böotien) und studierte zunächst in Athen. Er wurde Mitglied der platonischen Akademie; Platon blieb für ihn sein Leben lang von größter Bedeutung. Als Akademiker rät er zur skeptischen Zurückhaltung in allen Urteilen; zur Abwehr dogmatischer Festlegungen bedient er sich häufig der Darstellungsform des Dialogs. Von der auf Aristoteles und seine Nachfolger zurückgehenden peripatetischen Schule ließ er sich zu weiterführenden Studien veranlassen (besonders häufig wird Theophrast zitiert).

Die Pythagoreer regten ihn zu einer vegetarischen Lebensweise an und weckten seine Achtung gegenüber der Tierwelt: Er war davon überzeugt, dass in den Tieren die Seelen verstorbener Menschen wohnen. Die Vorsokratiker Empedokles, Demokrit und Heraklit zitiert er mit Zustimmung. Plutarch versucht immer wieder die Philosophie zur Klärung und Lösung der Probleme des täglichen Lebens heranzuziehen; seine philosophischen Gegner waren vor allem die Stoiker und die Epikureer. Er verfasste Streitschriften gegen die Vertreter beider Schulen, obwohl er ihnen auch vieles verdankt und sie manchmal auch zustimmend zitiert. Bei seinen Reisen nach Alexandria – er war mindestens einmal in Ägypten (*Moralia* 678 C) – lernte er die ägyptische Religion kennen und verfasste über Isis und Osiris eine Abhandlung, die er aber wohl keinem gründlichen ägyptologischen Studium verdankt. Plutarch hielt sich mehrmals in Rom auf und erhielt das römische Bürgerrecht. Unter den römischen Kaisern wurden ihm hohe Auszeichnungen verliehen; er blieb aber sein Leben lang mit seiner Vaterstadt Chaironeia in Böotien eng verbunden. Daraus erklärt sich auch seine Ablehnung Herodots, der sich nicht gerade schmeichelhaft über die Böoter äußert (s. S. 80). Er verehrte seine berühmten Landsleute sehr: die Dichter Hesiod und Pindar und die Feldherren Epameinondas und Pelopidas. In der letzten Phase seines Lebens diente er in Delphi als Priester des Apollon.

Was schrieb er?

Plutarch verfasste 22 vergleichende Lebensbeschreibungen (Doppelbiographien) und vier Einzelbiographien großer Griechen und Römer (z. B. *Alexander und Caesar, Demosthenes und Cicero*). Der Autor will in seinen Lebensbeschreibungen weniger Biograph und Historiker als Erzieher sein; der Leser soll die Charaktere der geschilderten Personen als Vorbilder für sein eigenes Leben nutzen. In der Einleitung zum Biographienpaar *Alexander und Caesar* schreibt Plutarch über seine Absicht:

> Wenn ich das Leben des Königs Alexander und das Leben Caesars, von dem Pompeius beseitigt wurde, in diesem Buch beschreibe, dann werde ich wegen der Vielzahl der vorliegenden Taten nichts weiter vorausschicken als die Bitte an meine Leser, wenn ich ihre ruhmvollen Taten nicht vollständig und nicht ausführlich genug darstelle, sondern das Meiste nur knapp behandle, mir das nicht übel zu nehmen. Denn ich biete keine Geschichtsschreibung, sondern Lebensbeschreibungen, und in den berühmtesten Taten zeigt sich nicht immer Tüchtigkeit oder Verworfenheit, sondern oft schon warf ein unbedeutender Vorgang, ein Wort oder ein Scherz ein deutlicheres Licht auf den Charakter eines Menschen als die blutigsten Kämpfe, als die größten Schlachten und Belagerungen. Genauso wie die Maler die Ähnlichkeiten aus dem Gesicht und den Zügen um die Augen, in denen sich der Charakter zeigt, entnehmen und sich am wenigsten um die übrigen Körperteile kümmern, muss es auch mir erlaubt sein, tiefer in die äußeren Merkmale der Seele einzutauchen und auf diesem Weg das Leben eines jeden zu veranschaulichen und die großen Taten und die Kämpfe anderer zu überlassen.
>
> *(1, 1–3)*

Mit diesen Worten grenzt sich Plutarch deutlich von der Geschichtsschreibung ab (obwohl er sich rund 600-mal auf historiographische Vorlagen beruft und dabei 150 Autoren nennt). Er interessiert sich vielmehr für das Typische oder Charakteristische der Menschen, um ihre Tüchtigkeit oder ihre Verworfenheit herauszustellen, wie sie vor allem in „unbedeutenden", d. h. wenig beachteten Vorgängen und Verhaltensweisen zum Ausdruck kommen.

Welche Absicht verfolgt Plutarch mit dieser Perspektive? Das sagt er selbst am Anfang der Doppelbiographie **Demetrius und Antonius**: Die Lebensbeschreibungen wollen als Muster oder Modelle gelesen werden. Auch die Schilderung negativer Charakterzüge dient diesem pädagogischen Zweck:

> Ich habe wirklich nicht die Absicht, dem Leser durch eine abwechslungsreiche Schilderung üblen Verhaltens nur Vergnügen und Unterhaltung zu bieten, sondern wie der Thebaner Ismenias seinen Schülern sowohl gute wie auch schlechte Flötenspieler vorführte und dazu sagte: „So muss man Flöte spielen", und: „So darf man nicht spielen ...", bin auch ich davon überzeugt, dass man um so stärker motiviert ist, die guten Lebensbilder nicht nur anzuschauen, sondern auch als Vorbilder nachzuahmen, wenn man auch die schlechten und tadelnswerten kennt.
>
> *(1, 5–6)*

Die Biographienpaare werden jeweils durch einen zusammenfassenden Vergleich (Synkrisis) abgerundet, der mehr oder weniger deutlich macht, warum die zuvor beschriebenen Personen verglichen werden. Manchmal ist es nur ein geistreiches Gedankenspiel, Gleiches und Ungleiches, Gemeinsames und Trennendes wahrzunehmen. Ein Beispiel aus **Lykurg und Numa** veranschaulicht die Absicht der Sammlung – die Inszenierung eines antithetischen Spieles mit einer zugleich moralischen wie politischen Tendenz:

> Was aber jeden auf besondere Weise auszeichnet, ist zunächst bei Numa das Erlangen der Königswürde, bei Lykurg der Verzicht darauf. Der Erstere erhielt sie, ohne sie zu wollen, der Letztere besaß sie und ließ sie los. Jenen ließ ein fremdes Volk vom Privatmann und Fremdling zu seinem Herrscher werden. Dieser machte sich selbst vom König zum Privatmann. Nun ist es zwar schön, durch Gerechtigkeit eine Krone zu erwerben, aber schöner noch, eine Krone der Gerechtigkeit zu opfern. Denn die Tugend war es, welche den einen so berühmt machte, dass man ihn der Krone für würdig hielt, den anderen so groß, dass er sie ablehnte.
>
> *(1, 1–2)*

Wie der Leser in den Lebensbildern dazu veranlasst wird, die beschriebenen Gestalten miteinander zu vergleichen, so sind Zusammenschau und Vergleich auch in den *Moralia* („Moralische Schriften") Prinzipien der Darstellung. Als Ausgangspunkt dient meist ein auffallender Gegensatz oder mindestens eine Verschiedenheit der Vergleichsobjekte, die durch den Vergleich in ihrer Eigentümlichkeit deutlicher hervortreten. Die Schriften sind in Form von Dialogen, Briefen und Vorträgen abgefasst. Der Titel *Moralia* passt aber nur zu einem kleineren Teil der Sammlung. Das gesamte Werk könnte eher den Titel „vermischte Schriften" tragen, da es sich ebenso mit Pädagogik, Musiktheorie, Politik, Archäologie, Ethnologie, Ätiologie und Philologie sowie mit literarischen und historischen Fragen beschäftigt und ältere Autoren kommentiert. Ferner befasst es sich mit Mathematik, Physik, Astronomie, Zoologie und Tierpsychologie – von privaten Briefen und Anekdoten ganz abgesehen.

Wie in den Doppelbiographien richtet sich Plutarchs Interesse meist auf das Private, Persönliche, Alltägliche, Unspektakuläre. Er erörtert u. a., wie man einen Schmeichler von einem Freund unterscheiden könne (48 E), oder worin Tugend und Verworfenheit bestehen könnten (100 B). Immer wieder vergleicht er Griechen und Römer; er untersucht, welche Bedeutung Schicksal und Können für Alexander haben (326 D), und er fragt, wann die Athener mehr Ruhm geerntet haben: im Krieg oder im Frieden (345 C). Hier vergleicht er zahlreiche Taten im zivilen und militärischen Bereich und kommt zu dem ziemlich überraschenden Schluss, dass die militärischen eindeutig den zivilen Leistungen überlegen sind.

Zu den vergleichenden Studien gehört auch eine Abhandlung über die Frage, ob körperliche oder seelische Schmerzen schlimmer sind (500 B). Dann vergleicht er (wie andere vor ihm) die Staatsformen Monarchie, Demokratie und Oligarchie (826 A). Er schildert ebenso die Lebensläufe der „zehn attischen Redner" (832 B) wie die Eigenarten der Komödiendichter Aristophanes und Menander (853 A). Nicht leicht zu beantworten ist die Frage, ob Wasser oder Feuer nützlicher ist (955 D) oder ob Landtiere oder Wassertiere klüger sind (959 D).

Stimmt's wirklich? Warum lässt das Meerwasser Bäume nicht wachsen? Etwa aus demselben Grund, aus dem es auch Landtiere nicht vertragen? Denn Platon, Anaxagoras und Demokrit glauben, dass eine Pflanze ein in der Erde festgewachsenes Tier ist; die Tatsache, dass Salzwasser für Meerespflanzen wie für Fische nahrhaft und trinkbar ist, lässt nicht gleich darauf schließen, dass es auch die Pflanzen auf der trockenen Erde und die Bäume ernährt; denn aufgrund seiner Dickflüssigkeit dringt es nicht in die Wurzeln ein und kann aufgrund seines Gewichts nicht in den Stängeln und Stämmen nach oben steigen. Dass es schwer und erdartig ist, lässt sich unter anderem dadurch veranschaulichen, dass es Boote und Schwimmer besser trägt. Oder liegt der Grund darin, dass Bäume vor allem durch Trockenheit geschädigt werden und Meerwasser eine austrocknende Wirkung hat? Deshalb schützt Meerwasser auch vor Fäulnis, und die Haut der Menschen, die im Meer baden, bekommt sofort eine trockene, raue Oberfläche.

(911 C–D)

Wenn Plutarch feststellt, dass die stoischen Philosophen größeren Unsinn reden als die Dichter (1057 C), dann geht es auch um einen Vergleich. Die Schrift *Ob es richtig ist zu sagen, dass man im Verborgenen leben müsse* (1128 A) ist insofern synkritisch angelegt, als hier zwei gegensätzliche Auffassungen miteinander verglichen werden. Das Darstellungsprinzip des Vergleichs wird schließlich noch überzeugend veranschaulicht in der Schrift *Über die Tugenden der Frauen* (242 E). Eine Zusammenstellung gleichartiger Ereignisse der römischen und der griechischen Geschichte (305 A) erschließt viele Gemeinsamkeiten zwischen Römern und Griechen (u. a. vergleichbare Heldentaten).

Wie wurden seine Werke überliefert?

Die früheste Nachricht über Plutarchs Schriften bietet der sogenannte *Lamprias-Katalog*, eine angeblich von Plutarchs Sohn Lamprias hergestellte Liste von 227 Titeln, von denen die ersten 40 Titel „Lebensbeschreibungen" und die übrigen 187 Titel „vermischte Schriften" bezeichnen. Offensichtlich gab es kurz nach dem Lebensende des Plutarch eine entsprechende Werkausgabe, die aber noch keinesfalls alle Schriften umfasste, denn der *Lamprias-Katalog* verzeichnet noch nicht alle wirklich echten Arbeiten des Plutarch. Es sind rund achtzig dieser „vermischten Schriften" erhalten, von denen etwa sechzig im Katalog aufgeführt sind.

Die erste umfassende Sammlung der *Moralia* entstand im 13. Jh. und befindet sich als Manuskript unter Nr. 1671 (A) in der Bibliothèque National in Paris. Daneben existieren noch zahlreiche andere Plutarch-Handschriften aus dem 11. bis 15. Jh. in Paris und in mehreren anderen europäischen Bibliotheken. Darüber hinaus wurde Plutarchs Werk durch zahlreiche Zitate bei anderen antiken Autoren überliefert. Die erste gedruckte Ausgabe der *Moralia* erschien 1509 in Venedig; die Doppelbiographien wurden 1517 in Florenz gedruckt. Darauf folgte die Ausgabe von Xylander 1570 mit lateinischer Übersetzung. Eine Ausgabe sämtlicher Werke gab Henri Étienne Stephanus 1572 in Paris heraus. Der griechische Text des Stephanus wurde mit Xylanders lateinischer Übersetzung 1599 in Frankfurt publiziert, 1620 und 1624 nachgedruckt mit der heute noch in den modernen Ausgaben (z. B. Bernardakis, Leipzig 1888–96, für die *Moralia* und K. Ziegler/H. Gärtner, Leipzig/Stuttgart 1964–1997, für die Doppelbiographien) üblichen Seitenzählung.

Wie lebten die Werke fort?

Der römische Schriftsteller Aulus Gellius lässt seine *Attischen Nächte* (die im Übrigen an die „Tischgespräche" 612 C und 697 C erinnern) mit Plutarch beginnen. Der Mediziner Galen schätzte Plutarchs pädagogische Schriften. Kaiser Mark Aurel war Plutarchs Einfluss zugänglich (Mark Aurel 1, 10), Kaiser Julian sah in ihm sein philosophisches Ideal. In der späteren Antike wurde Plutarch eine Autorität für weite Kreise. Er hat gewiss dazu beigetragen, dass der fest eingewurzelte schlechte Ruf der Böoter wegen ihrer angeblichen Rede- und Denkfaulheit allmählich getilgt wurde. Eine nicht ganz so wünschenswerte Nebenwirkung war die Tatsache, dass sich die Schriften anderer Verfasser an Plutarchs Namen hefteten.

In den christlichen Kreisen der Antike wurde er sehr geschätzt. Man betete für ihn, um ihn, den Nichtchristen, vor der ewigen Verdammnis zu retten. Die Ansprache des Basileios aus Caesarea an die Jugend über den rechten Gebrauch der heidnischen Literatur war offensichtlich eine Umformung der wichtigen Plutarch-Schrift *De audiendis poetis* (14 D). Während die griechischen Kirchenväter Plutarch mitunter sogar als einen der Ihren betrachteten, geriet er im lateinisch-christlichen Westen allmählich in Vergessenheit; man hielt sich lieber an Cicero und Seneca. Anders bei den Byzantinern: stellvertretend für andere sei für das 13. Jh. Planudes erwähnt, der den Text der *Moralia* neu konstituierte und 1296 eine Gesamtausgabe herausgab. Für den italienischen Dichter Torquato Tasso war Plutarch einer der größten Philosophen.

Am Anfang des 16. Jhs. erschienen die ersten deutschen Übersetzungen. Der Humanist Erasmus verehrte ihn wie kaum einen anderen heidnischen Autor. Die Reformatoren Zwingli und Melanchthon setzten sich mit Plutarch auseinander. Johannes Kepler kommentierte die Schrift *Über die*

Erscheinung des Gesichts im Kreis des Mondes. Montaigne (1533–1592) hatte eine besondere Vorliebe für die *Moralia,* die in seinen Augen den schöneren Teil der Schriften Plutarchs darstellten. Shakespeare verdankt ihm die Stoffe einiger seiner so genannten Römer-Dramen. In England verbreitete Francis Bacon mit seinen Essays (1597) die Kenntnis der *Moralia.* Für ihn sind Seneca und Plutarch die größten Essayisten des Altertums. Auch David Hume (1711 bis 1776) knüpfte in seinen *Essays moral and political* (1741) an die *Moralia* an. Rousseau ließ sich in seinem *Émile* von Plutarchs Pädagogik anregen. Von Friedrich dem Großen, von Goethe und Schiller und auch von Beethoven wurde er sehr geschätzt. In den *Räubern* (1780) lässt Schiller seinen Karl Moor ausrufen (von dem er selbst erklärt, dieser verdanke seine „Grundzüge" Plutarch und Cervantes): „Mir ekelt vor diesem tintenklecksenden Säkulum, wenn ich in meinem Plutarch lese von großen Menschen" (1. Akt, 2. Szene). Nietzsche fordert im 6. Kapitel seiner Schrift *Vom Nutzen und Nachteil der Historie* (1874) die Nachwelt dazu auf, Plutarch zu lesen: „Sättigt eure Seelen an Plutarch und wagt es, an euch selbst zu glauben, indem ihr an seine Helden glaubt." Plutarchs Wirkung ist insgesamt unbeschreiblich groß; die europäische Geistesgeschichte wäre ohne ihn anders verlaufen.

Erwähnt sei schließlich nur noch Alan Bullocks Doppelbiographie *Hitler und Stalin* (1991). In seinen „Vorbemerkungen" erklärt der britische Historiker:

> Ich habe nicht die Absicht zu zeigen, dass die beiden Regime sich als Unterarten einer allgemeinen Gattung definieren lassen, sondern ich möchte mit den Mitteln des Vergleichs gerade die unverwechselbare, individuelle Wesensart des einen wie des anderen beleuchten. So ist auch der Untertitel von den „parallelen Leben" zu verstehen, den ich in Anlehnung an Plutarch gewählt habe: Parallele Lebensläufe berühren oder schneiden einander ebenso wenig wie parallele Leben.

Was bleibt?

Plutarchs Programm der *Synanthropie,* der Bereitschaft, als Mensch mit Menschen zu leben, eröffnet eine globale Perspektive. Offensichtlich beschreibt dieser ungewöhnliche Begriff eine Eigenschaft, die die modernen Entwicklungspsychologen als „Wir-Intentionalität zu gemeinsamem Handeln" bezeichnen und in dem sie das konstituierende Merkmal des Menschen sehen.

Verweigerung der Norm

Sappho

Name:	**Sappho von Lesbos**
Lebensdaten:	**ca. 630 – nach 590 v. Chr.**
Literarische Gattung:	**Lyrik**
Werke:	**Lieder in neun Büchern**

Wer war das?

Man erzählt sich manches über Sappho. Das liegt natürlich daran, dass ihr poetisches Werk nur wenig über die Dichterin selbst verrät. Warum aber sollte man die Frau von der Insel Lesbos nicht auch mit den Augen ihrer späteren römischen Dichterkollegen Catull oder Ovid sehen wollen?

Der römische Dichter Catull erschuf eine „Lesbia" („Frau von Lesbos"), die er zur Geliebten des Ich-Sprechers stilisierte. Sie ist das Produkt einer „womanufacture", wie der Catullkenner Niklas Holzberg diesen Vorgang nennt. Dennoch ist sie kaum vergleichbar mit der idealen Frau, die sich ein tief enttäuschter Pygmalion im Mythos aus einem Stück Elfenbein schnitzt und mit Hilfe der Göttin Venus zum Leben erweckt. Sie ist auch nicht die Pixel-Schauspielerin Simone (im Film *Simone*), der die phantastische Wynona Rider ein nicht nur virtuelles Gesicht verleiht und dem gescheiterten Filmregisseur, gespielt von Al Pacino, zu neuem Ruhm verhilft.

Sappho, die historische Dichterin aus Lesbos, wurde schon in der Antike und eigentlich schon zu ihren Lebzeiten zum Urbild einer Frau, die gegen die Normvorstellungen ihrer Zeitgenossen verstößt. Sie stammte aus einer adligen Familie in Mytilene, der Hauptstadt der Insel Lesbos, und lebte wohl aus politischen Gründen einige Zeit in Sizilien im Exil. Sie leitete eine Schule, in der Mädchen und junge Frauen eine allgemeine höhere Bildung erwerben konnten. Dazu gehörten neben Lesen und Schreiben Mythologie, Geschichte, Musik, Literatur, kultivierter Umgang in der Gesellschaft. Die wirkungsmächtige Dichterin galt nicht nur als ein weiblicher Homer; ihr eilte auch der mehr oder weniger fragwürdige Ruf einer Hetäre voraus (die mehr mit einer japanischen Geisha als mit einer bürgerlichen Ehefrau gemeinsam hat). Der Name „Lesbia", den Catull in Anspielung an Sappho seiner fiktionalen Figur gibt, war schon in der Antike die „Chiffre für ein sexuell aktives und somit höchst schamloses weibliches Wesen". Es ist natürlich nicht sicher, ob Sappho wirklich diesem Bild entsprach; aber dass sie der „Prototyp der normwidrig liebenden Frau" ist, der Catull zu dem poetischen Konstrukt seiner Lesbia anregt, liegt nahe.

Wie wir von dem antiken Geographen Strabon (10, 2, 9) aus dem 1. Jh. n. Chr. erfahren, nahm sich Sappho aus Liebeskummer selbst das Leben, indem sie vom Leukadischen Felsen ins Meer sprang. Eigentlich sollte ein Sprung von diesem Felsen unglücklich Liebende nur ihren Liebeskummer vergessen lassen. Das Objekt ihres unerfüllten Verlangens war der schöne Jüngling Phaon. So haben es jedenfalls die Komödiendichter gesehen, die Phaon und Sappho als Witzfiguren auftreten lassen; wir wissen von mindestens einem halben Dutzend Komödien mit den Titeln *Phaon* oder *Leukas*. Menander behauptet sogar (*Leukodia*, Frg. 312), dass Sappho die Erste war, die diesen Sprung wagte.

Ovid lässt die Dichterin einen Brief an Phaon im elegischen Versmaß schreiben (s. u.); er wird die Lieder der Sappho noch gelesen haben. Ovid lässt sie freimütig erzählen, dass sie sehr viele Freundinnen hatte, die sie nicht ohne „Vorwurf" (*crimen*) liebte. Jetzt aber sei sie allein und nur für Phaon da, wenn er doch nur bei ihr wäre. Der „Vorwurf" bezieht sich auf Sapphos Praxis der „lesbischen" Liebe, die wohl in Wirklichkeit keine homosexuelle, sondern eine bisexuelle Beziehung war. Denn nach den „hundert" Frauen, die sie einst geliebt hat, gab es eben auch Phaon, und zwar nur noch Phaon.

Sapphos Phaon ähnelt dem mythischen Adonis, dem Geliebten der Aphrodite, der auf der Jagd von einem Eber getötet wird. Die Liebesgöttin ist über diesen Verlust untröstlich. Deshalb werden später in regelmäßigen Abständen während eines jährlich wiederkehrenden Festes Klagelieder auf den toten Adonis gesungen. Spuren dieses Ritus sind auch bei Sappho zu finden (Frg. 21 D. und 107 D.); es heißt auch, dass das Fest zu Ehren des Adonis besonders bei den Hetären beliebt war – vielleicht weil es die unerfüllte Liebe der Frauen zelebriert? Ein literarisches Bild von einer Adonis-Feier vermittelt das 15. *Eidyllion* des Theokrit. Sappho soll außerdem verheiratet gewesen sein und eine Tochter mit dem Namen Kleïs gehabt haben. Ihr Mann war allerdings bereits gestorben, als sie ihren „Mädchenkreis" gründete.

Sappho, eine von Ovids „Heldinnen"

Der römische Dichter Ovid verfasste ca. 13 v. Chr. die *Heroides* („Heldinnen"), eine Sammlung von 15 fiktiven Briefen berühmter Frauen an ihre Liebhaber oder Ehemänner (und später ein paar

Sappho trauert um den schönen Jüngling Phaon, der sie ohne Abschied verließ. Das alte Lied. Sie aber bleibt die größte Dichterin aller Zeiten.

Antwortbriefe der Männer, die seither in der Sammlung enthalten sind). Die meisten der Paare entstammen der Mythologie – es gibt jedoch auch einen Brief von Sappho an ihren Geliebten Phaon (*Heroides* 15). Der Anlass des Briefes ist die Tatsache, dass Phaon die Geliebte ohne Abschied verlässt und nach Sizilien segelt. Sie will Phaon zurückhaben oder ihm wenigstens einen Abschiedsbrief schreiben, dann könne sie sich vom Leukadischen Felsen stürzen (der bis heute über fünfzig Meter hoch strahlend weiß aus dem Meer aufsteigt). Auf jeden Fall werde sie dann von der unglücklichen Liebe befreit. Überlebe sie den Sturz, wolle sie die Dichtkunst aufgeben.

Ovid gibt Sappho auch ein bestimmtes nachvollziehbares Äußeres. Demnach war sie nicht besonders schön: „Die launische Natur hat mir zwar Schönheit vorenthalten, aber diesen Mangel an Schönheit kannst Du gegen mein poetisches Talent aufwiegen. Ich bin klein, aber ich habe einen weltberühmten Namen, das ist meine Maßeinheit." Dass ihre äußere Erscheinung wenig ansprechend ist, soll ihre Trauer um den Verlust des Phaon unterstreichen.

Was schrieb sie?

Sappho verfasste lyrische Gedichte in äolischem Dialekt. Sie wurden in der Bibliothek von Alexandria in neun Büchern gesammelt. Die Metrik der Gedichte ist vielfältig; ihre Themen stammen aus ihrem privaten Leben und aus ihrer Umwelt. Sie versucht immer wieder, ihre mitunter leidenschaftlichen Gefühle sprachlich zum Ausdruck zu bringen.

In einem Gedichtfragment spricht Sappho von ihrer Todessehnsucht: Hermes, der die Toten in die Unterwelt geleitet, ist „als Helfer in allen Mühen" zu ihr getreten, und Sappho begrüßt ihn mit freundlichen Worten:

Herr, du bist mir willkommen; denn bei der Göttin dort unten! Ich habe keine Freude mehr. Mich beherrscht das Verlangen, tot zu sein und die taufrischen Ufer des Acheron [...] bald zu sehen und in das Haus des Hades hinabzusteigen, um zu suchen, damit niemand [...]

(Frg. 97 D.)

Offen schildert sie in einem anderen Gedichtfragment (das Catull in seinem *Carmen* 51 nachgestaltet hat) die körperlichen Symptome ihrer Leidenschaft:

Es scheint mir den Göttern gleich zu sein jener Mann, der dir gegenüber sitzt, ganz nah, und deiner süßen Stimme lauscht und dich so betörend lachen hört; das hat mir wirklich mein Herz in der Brust wild schlagen lassen. Denn wenn ich dich nur kurz ansehe, bringe ich keinen Laut mehr heraus, meine Zunge hat mich im Stich gelassen, sofort rieselt mir ein zart brennendes Feuer unter die Haut, ich sehe nichts mehr mit meinen Augen, es rauscht in meinen Ohren, Schweiß läuft mir über den Rücken, ich zittere am ganzen Körper, bin bleicher als dürres Grass, ich glaube, ich sterbe fast; aber man kann alles ertragen, da [...]

(Frg. 2 D.)

Wie wurden ihre Werke überliefert?

Im 3. Jh. v. Chr. erstellt Aristophanes von Byzanz (s. S. 108) eine Werkausgabe in neun Büchern. Wir besitzen heute aber nur noch etwa sieben Prozent der alexandrinischen Ausgabe. Nur ein einziges Gedicht ist vollständig erhalten (Nr. 1 in der Fragmentsammlung von Ernst Diehl). Weitere Fragmente sind auf Papyrus zu uns gelangt.

Wie lebten die Werke fort?

Von dem Athener Solon wird erzählt (Stobaios 3, 29, 58), er habe sich als alter Mann gewünscht, ein Sappholied auswendig zu lernen und dann zu sterben. Platon nennt sie die „zehnte Muse". Unter Sapphos Einfluss stehen die antiken Dichter Anakreon, Catull und Horaz, für Strabon (13, 2, 3) ist sie die größte Dichterin aller Zeiten.

Was bleibt?

Die Zauberkraft des lyrischen Gedichts verwandelt schmerzliche Trennung, Verlust, Trauer und Leid in tröstliche und sogar heitere, unverlierbare Erinnerung. Vielleicht war das auch der Grund für den Wunsch des weisen Solon.

Grenzen des Menschen

Sophokles

Name:	**Sophokles aus Athen**
Lebensdaten:	**497/496, gest. 406/405 v. Chr.**
Literarische Gattung:	**Tragödie**
Werke:	***Aias, Antigone, König Ödipus, Elektra* u. a.**

Wer war das?

Sophokles wurde im attischen Demos Kolonos geboren. Der *philathēnaîos* hat Athen sein Leben lang nicht verlassen; er diente in verschiedenen politischen und religiösen Ämtern. In einer antiken Biographie werden seine hohe musikalische Begabung, seine Umgänglichkeit und seine körperliche Schönheit gepriesen. Im Samischen Krieg (441–439 v. Chr.) bekleidete er – wahrscheinlich aufgrund seines Bühnenerfolges mit der *Antigone* – zusammen mit Perikles das Amt des Strategen, das er auch später in der ersten Phase des Peloponnesischen Krieges (s. S. 159) noch einmal verwaltete. Selbstverständlich kannte er Aischylos und Euripides, den er hoch achtete, und wahrscheinlich auch Sokrates. Mit Herodot war er befreundet.

Was schrieb er?

Sophokles verfasste 123 Tragödien, von denen aber nur sieben vollständig erhalten sind. Mit etwa zwei Dritteln seiner Dramen war er bei den Tragödien-Wettkämpfen der Erstplatzierte. Die erhaltenen Tragödien, die er als Einzelstücke konzipierte (nicht als Trilogien wie etwa Aischylos *Orestie*, s. S. 13 ff.), sind *Aias* (aufgeführt ca. 450 v. Chr.), *Antigone* (vielleicht 442 v. Chr.), *Trachinierinnen* (ca. 438 v. Chr.), *König Ödipus* (zwischen 434 und 432 v. Chr.) und *Elektra* (ca. 414 v. Chr.). Sicher zu datieren sind nur *Philoktet* (aufgeführt 409 v. Chr.) und *Ödipus auf Kolonos* (postum 401 v. Chr. von seinem Enkel aufgeführt). Sophokles führte einige Neuerungen ins Theater (s. S. 14) ein, wie z. B. den dritten Schauspieler, und verstärkte den Chor von zwölf auf fünfzehn Sänger.

Sophokles thematisiert mit seinen Dramenfiguren unveränderliche menschliche Grundsituationen. Die Katastrophe hat ihre Ursache nicht so sehr in einem scheinbar ausweglosen Konflikt zwischen zwei Überzeugungen, Einstellungen oder Haltungen, sondern in der Unfähigkeit, diese in ein Gleichgewicht zueinander zu bringen oder auf ein erträgliches Maß zu beschränken. Der Dichter bringt die Konflikte in seinen Stücken publikumswirksam zum Ausdruck; aber er gibt auch immer wieder zu erkennen, wie sie hätten gelöst werden können. Der „unschuldige" Zuschauer, der das dramatische Geschehen immer als abgeschlossen und endgültig erlebt, ist erschüttert, wenn er mit ansehen muss, dass die handelnden Personen die zweifellos vorhandenen Möglichkeiten einer Konfliktlösung nicht wahrnehmen und in die Katastrophe stürzen.

Antigone beginnt mit einem Gespräch zwischen Antigone und Ismene, den Töchtern des Ödipus, das die Voraussetzungen des weiteren Geschehens klärt: Kreon, Tyrann von Theben, hat verboten, den Leichnam des Polyneikes, des Bruders von Antigone und Ismene, zu bestatten, weil dieser sich als Feind der Stadt erwiesen hat. Antigone ist entschlossen, dieses Verbot nicht zu respektieren und die Konsequenzen zu tragen. Ismene versucht vergeblich, die Schwester von ihrem Vorhaben abzubringen, obwohl auch sie erkennt, dass die Nichtbestattung des Bruders ein Frevel an den „Unterirdischen" ist. Sie will diese um Verzeihung bitten, weil sie es für vernünftig hält, sich Kreons Herrschermacht zu fügen, und kein Verständnis für Antigones „fromme Freveltat" hat. Kreon will sein Verbot mit allen Mitteln durchsetzen. Da wird berichtet, der Leichnam des Polyneikes sei inzwischen rituell bestattet worden: Jemand habe Erde auf ihn gestreut und anderes getan, „was sich gehört". Trotz vorsichtiger Einwände des Chores bzw. des Chorführers ist Kreon nicht von seiner Absicht abzubringen, den Täter oder die Täterin streng zu bestrafen. Das erste Standlied des Chores beginnt mit dem berühmten Vers, mit dem er die Ambivalenz menschlicher Möglichkeiten reflektiert:

> Vielfältig ist das Unberechenbare, und nichts ist unberechenbarer als der Mensch.
>
> *(332 f.)*

Inzwischen wird Antigone festgenommen und vor Kreon geführt. Sie bestreitet nicht, das Gesetz des Königs übertreten zu haben:

> Ich hielt deine Erlasse nicht für so bedeutend, dass sie einen Menschen dazu veranlassen könnten, die ungeschriebenen und unumstößlichen Gesetze der Götter zu übertreten.
>
> *(453–455)*

145

Antigone bekennt sich nicht nur zu ihrer Tat; sie entlarvt zugleich die Bedingungen der mit Kreon personifizierten Tyrannis, die nur deshalb so gut funktioniert, weil sie die Münder der Menschen verschließt. Ismene verrät die Schwester zwar nicht, bekennt sich aber auch nicht zu der Tat, meint jedoch, ihre „Schuld" zugeben zu müssen. Anders als Antigone hat und hatte sie von vornherein ein ausgesprochen starkes Schuldbewusstsein. Der Chor erinnert an das Unheil, von dem das Geschlecht des Ödipus betroffen war; in den Augen des Chores erfüllt Kreon mit der geplanten Bestrafung der Antigone den Erbfluch, der nun auf ihr laste; er trage also nicht eigentlich Verantwortung. Aber als der Chor feststellt, dass menschliche Torheit und Selbsttäuschung von den Göttern geahndet wird, meint er damit nicht nur Antigone: Er deutet bereits auf das Unglück voraus, in das Kreon am Ende geraten wird.

Ein Streitgespräch zwischen Kreon und seinem Sohn Haimon über Recht und Unrecht des Urteils, über Schuld und Nicht-Schuld der Antigone bildet nicht nur formal die Mitte des Dramas. Kreon erklärt noch einmal seinen Standpunkt: Niemand dürfe über Gesetze hinweggehen oder den Herrschenden Vorschriften machen. Es gebe kein größeres Übel als die Anarchie. Der Chor bezeichnet Kreons Erklärung als vernünftig. Haimon greift dies auf und sagt seinerseits, die Vernunft sei das größte Gut, das die Götter den Menschen verliehen hätten. Kreon solle nicht nur eine einzige Überzeugung in sich tragen und keine andere Meinung für richtig halten: Er solle nachgeben und seine Einstellung ändern. Kreon ist jedoch noch nicht fähig, den Rat des Sohnes anzunehmen. Er unterstellt ihm vielmehr, er habe nur die egoistische Absicht, Antigone zu retten. Haimon aber entgegnet, es gehe ihm um seinen Vater, um sich selbst und um die Götter der Unterwelt. Es kommt zum endgültigen Zerwürfnis zwischen Kreon und Haimon. Der nächste Auftritt des Chores zeigt, dass dieser Haimon völlig missverstanden hat: Er hält ihm vor, Antigones Verhalten zu rechtfertigen, weil er der Macht der Liebe unterlegen sei. In einem Klagegesang nimmt Antigone nun Abschied, indem sie ihr Leid analysiert. Sie ist allein und „autonom", d. h. sich selbst Gesetz. Sie stellt sich die Frage nach ihrer Schuld: „Welches göttliche Recht habe ich gebrochen?" Ihre Antwort lautet: „Ich habe mich durch frommes Tun der Gottlosigkeit schuldig gemacht" (921/924). Damit ist die Ausweglosigkeit ihrer Situation erwiesen: Wie sie auch gehandelt hätte, sie hätte auf jeden Fall Unrecht getan. Antigone respektiert also Kreons Standpunkt und sein Recht auf Gehorsam.

Der fünfte Auftritt lässt den blinden Seher Teiresias zu Wort kommen, der Kreon ein schlimmes Schicksal prophezeit. Er appelliert noch einmal an Kreons Vernunft (ähnlich wie Haimon in dem Streitgespräch

TRAGOEDIAE
SOPHOCLIS
QVOTQVOT EXTANT

CARMINE LATINO

REDDITÆ

GEORGIO RATALLERO IN
SVPREMO APVD BELGAS RE-
gio senatu Mechliniæ Consiliario,& li-
bellorum supplicum Magistro,
interprete.

✿

SECVNDA EDITIO.

ANTVERPIAE M.D.LXXVI
Ex officina Gulielmi Siluÿ,typographi Regÿ.
CVM PRIVILEGIO AD AN. VIII.

Im Jahr 1576 benötigte man in Antwerpen noch die Hilfe der lateinischen Sprache,
um die Tragödien des Sophokles lesen zu können.

mit seinem Vater). Kreon beginnt, seine Selbstsicherheit zu verlieren. Er ist bereit nachzugeben – aber nicht aufgrund besserer Einsicht, sondern unter dem Eindruck der Andeutungen des Teiresias. In der Schluss-Szene, der Exodos, berichtet ein Bote, dass Antigone und danach Haimon sich selbst getötet haben. Stumm verlässt Eurydike, Haimons Mutter, die Szene, um sich ebenfalls umzubringen. Zu spät hat Kreon, der weiterleben und leiden muss, eingesehen, dass Vernunft und besonnenes Handeln die wichtigste Voraussetzung für ein glückliches Leben ist.

Über die Botschaft des Autors wurden unterschiedliche Vermutungen angestellt. Nach Hegel ist das Thema der *Antigone* die Antinomie zweier gleichberechtigter Prinzipien: Antigone vertritt das Recht des Bruders auf eine ehrenvolle Bestattung und damit zugleich das Recht der Götter der Unterwelt. Kreon verkörpert demgegenüber das Recht des Staates auf die Einhaltung der staatlichen Gesetze. Im Verlauf des Geschehens behält Antigone Recht, verliert aber ihr Leben, während Kreon ein Opfer seines eigenen Rechtsanspruchs wird und sein Leben in tiefstem Leid fortsetzt. Indem im Lauf des Stückes immer wieder die Vernunft beschworen wird (vor allem durch Haimon und Teiresias), deutet der Dichter an, dass es eine „vernünftige" Lösung des Konflikts hätte geben können. In dem Streitgespräch zwischen Haimon und Kreon im Zentrum des Stückes wird auch deutlich Kritik geübt an der tyrannischen Herrschaft und den Bedingungen, unter denen sie möglich ist: Niemand wagt dem König zu sagen, was er wirklich denkt (außer Haimon und Teiresias). Daher bleibt Antigone isoliert und dem Herrscher ausgeliefert. Es ist demnach anzunehmen, dass Sophokles nicht die Unvereinbarkeit zweier Rechte darstellt, sondern das Recht, für das Antigone stirbt, als das überlegene charakterisiert, das als das Recht des Hades unbedingten Gehorsam verlangt, während das Recht des Tyrannen einen minderen Rang hat, weil seiner Auslegung und Anwendung ein Spielraum zur Verfügung steht, der mit Hilfe der Vernunft abzugrenzen und zu nutzen ist. Weil Kreon aus Unvernunft, Starrsinn und Verblendung diesen Spielraum nicht nutzt, macht er sich schuldig an seinen Mitmenschen und gerät selbst in größtes Unglück.

Im *König Ödipus* wird die Stadt Theben von einer Pest heimgesucht. Die Menschen wenden sich an Ödipus, den König, um seine Hilfe zu erbitten. Er schickt seinen Schwager Kreon nach Delphi, um dort einen Hinweis zur Rettung der Stadt zu erhalten. Der Gott Apollon antwortet, der Mord an Laios, dem Vorgänger des Ödipus, müsse gesühnt werden. Ödipus beginnt unverzüglich mit der Suche nach dem Mörder, ohne zu wissen, dass er sich selbst sucht. Da die Suche nicht zum Ziel führt, wird der Seher Teiresias eingeschaltet. Er bezichtigt Ödipus der Tat. Der König vermutet eine Verschwörung des Kreon, der den Seher zu seinen Beschuldigungen angestiftet habe. In seiner zornigen Gegenrede lässt Teiresias die Bemerkung fallen, bei Ödipus' Eltern habe er in höherem Ansehen gestanden. Diese Worte verunsichern Ödipus ein erstes Mal; denn schon in Korinth hatte ihm jemand gesagt, Polybos und Merope seien nicht seine wirklichen Eltern.

Es kommt zum Streit zwischen Ödipus und Kreon, in dem Iokaste zu vermitteln versucht. Als Ödipus berichtet, Teiresias habe ihn des Mordes an Laios bezichtigt, versucht Iokaste ihn zu beruhigen: das dem Laios prophezeite Orakel, er werde von seinem Sohn getötet, sei schließlich nicht eingetroffen; denn in Wirklichkeit hätten ihn doch Räuber an einer Wegkreuzung erschlagen. Ödipus erinnert sich jedoch daran, dass er einen Mann an einer Wegegabel im Streit erschlagen hat, und lässt einen Zeugen rufen (was Iokaste übrigens erfolglos zu verhindern versucht). Dann meldet ein Bote aus Korinth, Polybos sei gestorben. Iokaste sieht darin ein erneutes Zeichen dafür, dass das Orakel widerlegt ist. Ödipus gibt ihr recht, befürchtet aber noch die Erfüllung des zweiten Orakelspruches: die Ehe mit seiner Mutter. Aber da eröffnet ihm der Bote, das könne gar nicht geschehen, da Ödipus ja ein Findelkind aus Theben sei. In diesem Moment erkennt Iokaste, dass das Orakel doch die Wahrheit sprach. Ödipus lässt den Hirten rufen, der ihn als Kind dem Korinther übergeben hatte, um letzte Gewissheit zu erhalten. Angesichts der schrecklichen Wahrheit sticht Ödipus sich selbst die Augen aus, um mit seiner Blindheit für seine Verblendung zu büßen, mit der er durch sein bisheriges Leben gegangen ist. Kreon gestattet ihm, nach dem Abschied von seinen Kindern die Stadt zu verlassen.

Ödipus hatte die Stadt schon einmal mit Hilfe seiner überragenden geistigen Fähigkeiten gerettet, als er das Rätsel der Sphinx löste. Auch in der akuten Bedrohung ergreift er die Initiative als Rätsellöser und verwendet seine Vernunft zur Lösung des Problems. Sophokles zeigt bereits im Prolog, dass Ödipus sich durch die bewundernswerte Schnelligkeit seines Verstandes vor allen anderen auszeichnet. Er hat nur ein Ziel, die Spurensuche aufzunehmen und „das Dunkel zu klären von Anfang an" (132). Aber trotz seiner geistigen Überlegenheit, hat er die schrecklichsten Taten begangen, ohne es zu wissen. Seine Ahnungslosigkeit veranlasst ihn, sich selbst zu verfluchen. Ödipus, der zuvor in jeder Situation alles sorgfältig bedachte, hat versagt. Seine Klugheit hat keine Tiefe, ihr fehlt die Basis: das Wissen um sich selbst. Ödipus weiß nicht, wer er ist und wer seine Eltern sind, und er weiß nicht, dass sein „Wissen" auf Unwissenheit basiert. Aristoteles zitiert Ödipus in seiner *Poetik* (1553 a 10 f.)

als Beispiel für Menschen, die durch eine „Verfehlung des Richtigen" zugrunde gehen. Ödipus verfehlt das richtige Maß, weil er seine beschränkte Vernunft für das Mittel zur Lösung aller Probleme hält.

Die Tragödie **Philoktet** hat folgende Vorgeschichte: Philoktet war Anführer einer der griechischen Flotten, die auf dem Weg gen Troja sind. Er ist jedoch von einer Schlange gebissen und auf der Insel Lemnos ausgesetzt worden, da das Heer den Gestank seiner eiternden Wunde nicht ertragen konnte. In völliger Einsamkeit hat er dort viele Jahre verbracht. Ein Orakel hat aber verkündet, dass nur er mit seinem Bogen die Eroberung Trojas herbeiführen könne. Deshalb entsenden die Griechen Odysseus und den Sohn des Achilleus, Neoptolemos, um Philoktet nach Troja zu holen. In seiner Verbitterung weigert er sich, dem Wunsch zu folgen. Odysseus versucht mit einer Intrige, Philoktet nach Troja zu locken: Der junge Neoptolemos soll das Vertrauen des Alten gewinnen und ihn dazu bringen, mit seinem Bogen nach Troja zu kommen; er soll Philoktet erzählen, er sei um die Waffen seines Vaters betrogen worden und fahre deshalb zurück nach Griechenland. Odysseus erwartet also, dass Neoptolemos seine moralische Integrität zugunsten eines Betrugs aufgibt. Philoktet – so hofft Odysseus – werde Neoptolemos daraufhin bitten, ihn mitzunehmen. Sobald Philoktet das Schiff bestiegen habe, soll er überwältigt und nach Troja geschafft werden.

Alles geht zunächst nach Plan. Philoktet fasst Vertrauen zu Neoptolemos, aber dieser kann die Intrige auf Dauer nicht durchhalten. Denn je näher er Philoktet kennenlernt, desto unerträglicher ist es für ihn, diesen Menschen zu täuschen und zu enttäuschen. Sein Mitleid ist so stark, dass er seine Rolle im Intrigenspiel des Odysseus aufgeben muss. Odysseus' Unmenschlichkeit erreicht ihren Höhepunkt, als er seinen Begleitern befiehlt, Philoktet freizugeben und ihn nicht mehr anzurühren: Sie hätten nun seine Waffen, Teukros könne mit ihnen umgehen, und auch er selbst, Odysseus, könne den Bogen spannen – wozu bräuchten sie ihn denn dann noch? Odysseus fordert Philoktet zynisch auf:

Freu' dich daran, auf Lemnos spazieren gehen zu können.
Wir müssen los.

(1060 f.)

Wenn auch Neoptolemos sein Handeln bereut und zu sich selbst zurückfindet, weil er Mitleid empfindet, so steht doch diese Verhaltenskorrektur nicht so sehr im Mittelpunkt der Handlung wie die Menschenverachtung des Odysseus, die nicht nur Philoktet, sondern vor allem auch Neoptolemos gilt; denn Odysseus missbraucht ihn als Mittel zum Zweck und bringt ihn in eine unerträgliche und zunächst ausweglose Lage. Aber Neoptolemos schafft es, aus Mitleid „umzudenken" (1270). Herodot gebraucht übrigens dasselbe Wort, um die Rettung des Kroisos vom Scheiterhaufen zu erklären: Auch Kyros wird zur Menschlichkeit fähig, weil er „umdenkt", d. h. die Dinge anders sieht und bewertet als vorher. In diesem Sinne kann auch Neoptolemos zu Odysseus sagen, er wolle versuchen den schändlichen Fehler wiedergutzumachen (1248 f.). So hat sich der Sohn des Achilleus dem Einfluss des Odysseus entzogen. Dessen Rechnung geht also nicht auf, weil er Philoktet, das Opfer der Intrige, in seiner Wirkung auf Neoptolemos, das Werkzeug der Intrige, unterschätzt hat. Der zunächst leicht errungene Sieg der „Klugheit" (Odysseus) über die „Redlichkeit" (Neoptolemos) verstellt den Blick für die unberechenbare Wirkung des Mitleids in der Konfrontation mit dem Opfer.

Allerdings muss man auch fragen, wie sich das scheinbar so menschliche Verhalten des Neoptolemos auf die Griechen vor Troja ausgewirkt hätte, hätte nicht Herakles eingegriffen und alles zum Guten gewendet. Wenn es auch großartig erscheint, dass in der sophokleischen Tragödie Mitleid und Menschlichkeit eine schäbige Intrige überwinden, lässt die Tragödie keine Freude aufkommen. Denn der Dichter hält es offensichtlich für ausgeschlossen, dass der Mensch allein und ohne göttliches Eingreifen einer ausweglosen Situation entkommt. Indem er den göttlichen Herakles eingreifen lässt, gibt er zu verstehen, dass der Mensch das Problem aus eigener Kraft nicht hätte lösen können. Nicht ohne Grund wird die Rückgabe des gestohlenen Bogens an Philoktet sehr ausführlich geschildert. Es kommt zu einem erregten Streitgespräch:

Neoptolemos: „Was sagst du? Wer will dies verhindern?"
Odysseus: „Das ganze Volk der Griechen und darunter: ich."
Neoptolemos: „Du bist ein kluger Kopf, doch sprichst du keine klugen Worte."
Odysseus: „Du redest weder klug, noch tust du etwas Kluges."
Neoptolemos: „Aber wenn ich recht handle, ist das mehr Wert als kluge Gedanken." [...]
Odysseus: „Fürchtest du nicht das Heer der Griechen, wenn du dies tust?"

(1242–1246; 1250)

Odysseus lässt es nicht zum Äußersten kommen; er entfernt sich mit der Drohung, er werde dem gesamten Heer darüber berichten, das Neoptolemos bestrafen werde. Als dieser den Bogen an Philoktet zurückgibt, ruft Odysseus – allerdings erfolglos:

> „Aber ich verbiete es – die Götter seien meine Zeugen – im Namen der Atriden und des ganzen Heeres!"
>
> *(1293 f.)*

Die viermalige Erwähnung des Griechenheeres ist nicht nur als Drohung zu verstehen. Odysseus weist zugleich darauf hin, dass das Heer ein Anrecht hat auf die siegreiche Beendigung des Krieges mit Hilfe des Bogens. Indem Neoptolemos den Bogen zurückgibt, korrigiert er zwar seinen Rechtsbruch gegenüber Philoktet, setzt sich aber dem Heer gegenüber ins Unrecht. Die an Philoktet verwirklichte Menschlichkeit ist zugleich unmenschlich gegenüber den Griechen insgesamt. Man kann es auch so sehen: Wie Achill, der Vater des Neoptolemos, aus gekränkter Eitelkeit Menschenleben opfert, so gefährdet der Sohn aus Mitleid mit Philoktet (und vielleicht auch aus Selbstmitleid) den Sieg über Troja. Unter diesem Aspekt fällt übrigens auf die Intrige des Odysseus ein anderes Licht: Sie ist Teil einer schon für den homerischen Odysseus typischen Überlebensstrategie.

Lessing sagt in seiner Schrift *Laokoon* (1766), die Lebensumstände des einsamen Philoktet erweckten Mitleid: „Philoktet, der ganz Natur ist, bringt auch Neoptolemos zu seiner Natur wieder zurück. Diese Umkehr ist vortrefflich, und um so viel rührender, da sie von der bloßen Menschlichkeit bewirket wird."

Wie wurden seine Werke überliefert?

Bald nach dem Tod des Sophokles wurden in Athen die Texte seiner Dramen schriftlich fixiert. Die Handschrift gelangte wahrscheinlich nach Alexandria, verbrannte aber bei dem großen Brand der Bibliothek nach der Eroberung durch Caesar (48 v. Chr.). Es gab natürlich Abschriften. Aber vom 2. Jh. n. Chr. an beschränkte man sich auf die Vervielfältigung der heute noch erhaltenen sieben Tragödien. Byzantinischen Gelehrten ist die Erhaltung dieses Corpus zu verdanken. Im 15. Jh. gelangte eine im 11. Jh. angefertigte Abschrift nach Florenz und ist bis heute als ein *Codex Laurentianus* zugänglich. Später entdeckte man noch einen im 13. Jh. geschriebenen *Codex Parisinus*. Daneben existieren zahlreiche Fragmente, die als Zitate bei anderen Schriftstellern oder auf Papyrus erhalten sind.

Wie lebten die Werke fort?

In seiner Schrift *Wie man seine Fortschritte in der Tugend erkennen kann* (79 B) lobt Plutarch Sophokles wegen der überzeugenden Zeichnung seiner dramatischen Charaktere. Die enorme Wirkung der Tragödien des Sophokles auf die Nachwelt sei hier nur anhand der Beispiele *Antigone* und *König Ödipus* angedeutet.

Schon Euripides schreibt eine (verlorene) *Antigone*. Racine greift 1664 den Stoff auf (*La Thébaide ou Les Frères ennemies*) und gestaltet daraus ein Intrigenspiel. Opitz (1636) übersetzt die sophokleische *Antigone*. Hölderlin verfasst 1804 seine *Antigonä*, indem er eine den Wortlaut des Originals nachbildende Übersetzung herstellt. Im 20. Jh. bleibt Hasenclevers Stück *Antigone* (1917) zwar dem antiken Vorbild verpflichtet, aber mit deutlichem Zeitbezug: Kreon spricht wie Wilhelm II., und Antigone fungiert als Priesterin der Liebe und der Menschlichkeit. Bei Anouilh (1942) will Antigone ein Leben ohne Rücksicht auf Konventionen, ein Leben, das der jeweiligen Situation entspricht. Ihre schon bei Sophokles angedeutete „Autonomie" wird auf die Spitze getrieben. Kreon verkörpert dagegen die Vernunft und den Sinn für die Realität. Bertolt Brechts *Antigone des Sophokles* (1948) thematisiert den Konflikt zwischen Menschlichkeit und Staatsraison. Einen engen Zeitbezug zu den gerichtlichen Verfahrensweisen im Dritten Reich stellt Rolf Hochhuth mit seiner *Berliner Antigone* (1964) her. In zahlreichen Vertonungen von Mendelssohn bis Orff bleibt die *Antigone* lebendig.

Obwohl *König Ödipus* bei seiner ersten Aufführung nicht besonders erfolgreich war, hatte er in späterer Zeit eine ungewöhnlich starke Wirkung. Bereits Aristoteles räumt dem Stück in seiner *Poetik* einen hohen Rang ein: Es gilt bei ihm als Muster der Tragödie. Aristophanes spielt schon in seinen *Acharnern* (425 v. Chr.) mehrfach auf den *Ödipus* an. Im 5. und 4. Jh. v. Chr. wurden von mehreren Autoren verschiedene Ödipus-Dramen verfasst. Sogar Caesar schrieb einen *Oedipus* (um 80 v. Chr.), der leider nicht erhalten ist. Senecas *Oedipus* basiert auf dem Sophokles-Drama; der römische Philosoph wurde für die Renaissance und das Barock zum Hauptvermittler des Stückes. Statius behandelt in seiner *Thebais* den Stoff und wird so zum Vermittler der Geschichte für das Mittelalter. Sogar in den mythologischen und historischen Werken des Hellenismus und der Kaiserzeit lebte der *Ödipus* fort. Bemerkenswert ist auch die Wirkung der Ödipus-Geschichte auf die Heiligenlegende; so ist die Gregorius-Legende des Hartmann von Aue nach dem *Ödipus* gestaltet (allerdings ohne Orakel und Vatermord). In den *Gesta Romanorum* findet sich wiederum eine lateinische Kurzfassung der Gregorius-Legende. In der *Legenda aurea* des Jacobus de Voragine ist der Legende des Matthias die apokryphe Geschichte von Judas vorausgeschickt, die in zahlreichen Motiven mit der Ödipus-Geschichte übereinstimmt. In der Renaissance wurde die Tragödie ins Lateinische übersetzt (z. B. von J. C. Scaliger, 1540), in Italien entstanden italienische Fassungen. In Frankreich führte Pierre Corneille 1659 seinen *Oedipe* auf. In England wurde 1679 der *Oedipus* des John Dryden auf die Bühne gebracht, und Henry Purcell komponierte 1692 die Oper *Oedipus*. In der Zeit der Aufklärung entstand der *Oedipe* von Voltaire (1717). Weitere Stationen der *Ödipus*-Rezeption sind mit folgenden Namen verbunden:

Hölderlin: *Ödipus der Tyrann* (1804); Heinrich von Kleist: *Der zerbrochene Krug* (1803/1804); Percy B. Shelley: *Oedipus Tyrannos or Swellfoot the Tyrant* (1820); Hugo von Hofmannsthal: *Ödipus und die Sphinx* (1905); André Gide: *Oedipe* (1932); Jean Cocteau: *Oedipe Roi* (1925); Igor Strawinsky: *Oedipus Rex* (Oratorium, 1927); Heinrich Spoerl: *Der Maulkorb* (Humoreske, 1936); Thomas Mann: *Der Erwählte* (Roman, 1951); Franz Fühmann: *König Ödipus* (Novelle, 1966). Erwähnenswert bleiben u. a. auch die Ausführungen von Friedrich Nietzsche (*Geburt der Tragödie*) und natürlich Sigmund Freud (*Vorlesungen zur Einführung in die Psychoanalyse*, 1897–1902).

Beide Stoffe bearbeitete Carl Orff in seinem Opernzyklus „Theatrum Mundi": *Antigonae* (1949) und *Ödipus der Tyrann* (1959). Und natürlich sind auch beide Tragödien verfilmt worden – am bedeutendsten: Giorgos Tsavellas: *Antigoni* (1961) und Pier Paolo Pasolini: *Epido Re* (1967).

Was bleibt?

Allen überlieferten Dramen des Sophokles ist gemeinsam, dass das tragische Geschehen keinesfalls unausweichlich ist. Es hätte vielmehr immer einen Ausweg oder eine vernünftige Lösung gegeben, wenn die verantwortlich Handelnden ihren Starrsinn, ihre Engstirnigkeit und ihre Beschränktheit überwunden hätten. In jedem Drama hat Sophokles eine Lösung angelegt oder sogar unverhüllt aussprechen lassen; nur die für die Katastrophe Verantwortlichen waren nicht in der Lage, diese Lösung zu sehen oder zu hören.

Vielgestaltigkeit und ironische Distanz

Theokrit

Name:	**Theokritos von Syrakus**
Lebensdaten:	**Erste Hälfte des 3. Jhs. v. Chr.**
Literarische Gattung:	**Mimos, Kurzepos, Götterhymnos u. a.**
Werke:	***Eidyllia***

Wer war das?

Antike Nachrichten über Theokrit schöpfen im Wesentlichen aus seinen Werken selbst und können sich nicht auf biographische Quellen beziehen. Es darf als sicher gelten, dass er in Syrakus geboren wurde und in einfachen Verhältnissen aufwuchs. Er lebte mehrere Jahre in Alexandria, der Hauptstadt des Ptolemäerreiches. Dass er dort auch mit → Kallimachos und Apollonios Rhodios in Kontakt stand, ist zumindest nicht ausgeschlossen.

Was schrieb er?

Theokrits *Eidyllia* sind kleinere Gedichte zu unterschiedlichen Themen, die allerdings keine (wie diese Bezeichnung vermuten ließe) „idyllische" Welt widerspiegeln, sondern dem Ideal der Vielgestaltigkeit (*polyeídeia*) entsprechen wollen. Es sind überwiegend in daktylischen Hexametern (s. S. 95) verfasste „bukolische" Gedichte, kurze Szenen aus dem Hirtenmilieu (griech. *boukólos*: Rinderhirte), die sich aber auch auf die sonstige ländliche Arbeitswelt oder auf die Fischerei beziehen; sie stellen z. T. sogar Szenen aus dem städtischen Leben dar. Mehrfach werden mythische Szenen geschildert, und selbst Elemente aus der Herrscher-Panegyrik (Loblieder) sind vorhanden. Ein wichtiges übergeordnetes Thema ist die Macht der Liebe und die mit ihr verknüpften zwischenmenschlichen Probleme. Verbindend in dieser bunten Vielfalt ist eine literarische Innovationsabsicht, die sich als bewusster Traditionsbruch zeigt: Theokrit bringt zwar Ausschnitte aus dem Mythos und spielt auf die Klassiker an, befreit aber deren Formen und Inhalte vom Pathos des Heroischen.

Einige Beispiele: Am Anfang des überlieferten Werkes (*Eidyllion* 1) steht ein Sängerwettstreit zweier Hirten mit Ekphrasis (einer eingelegten Beschreibung, wie man sie z. B. von Homer kennt) eines Bechers. Das Thema des Gedichts sind die Leiden des Daphnis, die im Kontrast zu den Leiden des Sängers stehen.

In *Eidyllion* 7 tritt Theokrit möglichweise selbst unter dem Namen Simichidas auf. Dieser trifft auf dem Weg zu einem ländlichen Fest einen gewissen Lykidas, der anscheinend Hirte ist. Simichidas fordert ihn scherzhaft auf, eine Probe seines Könnens als Dichter zu bieten, und verweist auf seine eigene Kunst, indem er sich mit den Dichtern Philetas und Asklepiades vergleicht. Der Wettkampf führt zum Austausch von Liedern und einer Ehrung des Simichidas. Anschließend wird der weitere Weg zum Fest beschrieben.

Im *Eidyllion* 10 bleibt der Schnitter Bukaios beim Mähen hinter den anderen zurück. Nach dem Grund gefragt, erklärt er, er sei in die Flötenspielerin Bombyka verliebt. Milon, der Vorarbeiter, verspottet den Verliebten wegen dieser mageren „Grille" und fordert ihn auf, ein Liebeslied auf Bombyka zu singen. Bukaios preist sein schlankes, dunkelhäutiges Mädchen in den höchsten Tönen. Milon lobt das Lied und setzt ihm ein Erntelied der Mäher entgegen.

In *Eidyllion* 11 erklärt Theokrit seinem Freund, dem Arzt Nikias, dass es nur eine Medizin gegen unglückliche Liebe gebe, den Musengesang. Er beweist dies am Beispiel des hässlichen Riesen Polyphem, der sich in die Meergöttin Galatea verliebt und dadurch seinen Verstand verloren hat. Er redet sich seinen Kummer vom Herzen und spricht von seinen Fehlern, deren größter seine abgrundtiefe Hässlichkeit ist. Er kommt am Ende durch diese „Beichte" wieder zu sich und begibt sich ernüchtert an seine Arbeit.

Der geliebte Knabe des *Eidyllion* 12 war zwei Tage und zwei Nächte abwesend, jetzt ist er wieder da. Im letzten Teil des Gedichts wird auf einen Kusswettbewerb angespielt, der jedes Jahr im Frühling am Grab des Knabenliebhabers Diokles in Megara stattfindet; dieser hatte einst im Kampf sein Leben geopfert, um seinen Geliebten mit seinem Schild zu schützen.

Gorgo will in *Eidyllion* 15 zusammen mit ihrer Freundin Praxinoa am Adonisfest in Alexandreia teilnehmen. Gorgo holt Praxinoa zu Hause ab. Sie haben sich lange nicht gesehen, weil Praxinoas Mann ständig zu verhindern versucht, dass sich die beiden Frauen treffen. Das ist ein Anlass für sie, über die Männer zu schimpfen, die zu nichts taugen. Endlich brechen sie auf und kommen zum prächtig geschmückten Königspalast, wo der Adonishymnus beginnt. Eine Sängerin singt von Kypris und Adonis. Am Schluss begeben sich die beiden Frauen schnell nach Hause, um ihre Männer nicht warten zu lassen.

Der Dichter klagt in *Eid.* 16 über die Gegenwart, die nur noch auf materiellen Nutzen aus sei, und preist die Vergangenheit, in der man den Sänger als Künder des Ruhmes noch zu schätzen wusste. Dann wendet er sich mit Segenswünschen an Hieron, den neuen Herrscher von

Syrakus. Er bietet an, die zu erwartenden Ruhmestaten des Königs zu besingen. Das Gedicht dürfte 275/74 v. Chr. geschrieben worden sein.

Das (nicht von Theokrit verfasste) *Eidyllion* 23 spielt vor der Tür eines Knaben, wo dessen Liebhaber sich erhängt hat. Den Knaben rührt dies nicht weiter, er geht an dem Toten vorbei auf den Sportplatz. Dort springt er neben einer Statue des Eros in ein Wasserbecken; die Statue fällt um und erschlägt den Knaben.

Eidyllion 24 schildert, wie Herakles als Säugling die von Hera geschickten Schlangen tötet und damit seinen Vater Zeus beeindruckt. Die Mutter des Herakles will von einem Seher wissen, was dieser Vorgang zu bedeuten hat. Berichtet wird über die Erziehung des jungen Herakles unter der Obhut der Mutter, die hier die Hauptrolle spielt. Dieses Beispiel veranschaulicht, wie Theokrit ein mythologisches Thema aufgreift, und mit ganz privaten Vorgängen verknüpft. Die ungewöhnliche Tat wird in ein ganz gewöhnliches häusliches Ambiente eingebettet. Alkmene wiegt ihre Kinder in den Schlaf. Als Wiege dient der Schild des Vaters:

> Den Herakles, der erst zehn Monate alt war, und den um eine Nacht jüngeren Iphikles legte Alkmene, die Frau aus Midea, nachdem sie beide gebadet und mit Milch gestillt hatte, in die Wölbung des ehernen Schildes, den Amphitryon dem gefallenen Pterelaos fortgenommen hatte. Dann streichelte die Frau den Kopf der Kinder und sagte: „Schlaft, meine lieben Kinder, einen süßen Schlaf, aus dem ihr dann auch wieder erwacht. Schlaft gut, meine kleinen Lieblinge, ihr Zwillingsbrüder, und es soll euch gut gehen. Schlaft selig und erreicht wohlbehalten den Morgen." So sprach sie und schaukelte den großen Schild, und beide schliefen ein.
>
> *(24, 1–10)*

Nachdem Herakles die Schlangen erwürgt hat, legen sich alle wieder hin, das Leben geht einfach weiter. Die Szene verbindet Disparates – den liebevollen Umgang der Mutter mit ihren kleinen Kindern vor dem Einschlafen und das grausam-tödliche Geschehen um die Erbeutung des Schildes. Durch diese Disproportionierung wird der Mythos ironisiert – und gerät so in einen starken Kontrast z. B. zur ersten *Nemeischen Ode*, in der → Pindar das gleiche Thema behandelt.

Für Theokrit charakteristisch ist die Darstellung der Alltagswelt von Hirten, Bauern und anderen „kleinen Leuten". Aber waren die *Eidyllia* wirklich für ein großstädtisches Publikum bestimmt, das sich nach einem „einfachen Leben" sehnte? Es gibt keinen Anhaltspunkt dafür, dass der Dichter ausdrücklich dazu aufgefordert hätte, die in seinen Werken verherrlichte alternative Lebensform tatsächlich zu verwirklichen. Anscheinend schuf er sich in einigen seiner Gedichte eine „bukolische" Phantasiewelt, die er zwar liebte, aber nicht als sentimentale Alternative im Rahmen einer Stadt-Land-Opposition verherrlichte, wie sie in späterer Hirtendichtung zum Ausdruck kommt. Dies verdeutlicht vor allem die zweifellos ironische Distanz zu dieser Welt der „kleinen Leute".

Wie wurden seine Werke überliefert?

Die *Eidyllia* des Theokrit wurden ursprünglich als Einzelgedichte veröffentlicht und wohl erst im 1. Jh. v. Chr. zu der Sammlung zusammengefasst, auf der die handschriftliche Überlieferung fußt. In diese Sammlung wurde auch manches Unechte aufgenommen. Die vollständige Sammlung der 30 Gedichte ist in einer Handschrift aus dem 15./16. Jh. aus Mailand (*Codex Ambrosianus* 104) überliefert.

Wie lebten die Werke fort?

Theokrits Werke über die Welt der Hirten wurden zum Vorbild für eine lange, bis in die Neuzeit führende Tradition von Hirtendichtungen, für die sogenannte „Schäferpoesie". In Vergils bukolischer Dichtung (*Bucolica*) lebt Theokrit fort, allerdings ist es bemerkenswert, dass diese thematisch und szenisch erheblich vielfältiger ist. Für das Fortleben der Werke spricht auch, dass in späterer Zeit für einige Gedichte besondere Titel – in manchen Fällen sogar zwei oder mehr – überliefert sind. Seit dem 2. Jh. n. Chr. ist eine rege Tätigkeit von Kommentatoren des Theokrit nachweisbar; durch die erhaltenen Scholien sind auch entsprechende Namen bekannt. Selbstverständlich erfuhr Theokrit in der byzantinischen Renaissance wieder ein besonderes Interesse.

Was bleibt?

Die Konfrontation und das Miteinander des „Heroischen" und des Privat-Familiären entspricht auch neuzeitlicher Lebenserfahrung – wenn auch das Heroische heute normalerweise nicht mit blutigem Kampf verknüpft ist. Das schöne Bild des zur Kinderwiege umfunktionierten Beuteschildes veranschaulicht nicht nur Theokrits poetisches Programm der „ironischen Distanz", sondern vermag auch heute noch sehr stark anzurühren. Denn es veranschaulicht, dass das Außerordentliche und das Alltägliche nicht in getrennten Welten existieren.

Thukydides

Name:	**Thukydides aus Athen**
Lebensdaten:	**ca. 460–400 v. Chr.**
Literarische Gattung:	**Historiographie**
Werke:	***Der Peloponnesische Krieg***

Wer war das?

Als Angehöriger eines der bedeutenden athenischen Adelsgeschlechter war Thukydides aktiver Politiker und Militär, musste aber nach seinem Scheitern als Stratege in Nordgriechenland 424 v. Chr. in die Verbannung gehen. Immerhin konnte er von seinen Erträgen aus Bergwerken in Thrakien gut leben. Es spricht alles dafür, dass er nach dem Ende des Peloponnesischen Krieges 404 v. Chr. wieder nach Athen zurückkehren konnte, wo er dann einige Zeit später starb.

Sparta gegen Athen – der Peloponnesische Krieg

Im Vorfeld dieses Krieges hatte es schon lange Auseinandersetzungen zwischen Sparta und Athen um die militärische Vormacht in der griechischen Welt gegeben, die sich jedoch immer wieder beilegen ließen. Dennoch kam es schließlich zum Peloponnesischen Krieg zwischen dem Peloponnesischen Bund unter der Führung Spartas und dem Attischen Seebund unter der Führung Athens. Der Krieg begann im Frühjahr 431 v. Chr. mit der Invasion Attikas durch die Peloponnesier, die vom spartanischen König Archidamos angeführt wurden. Dieser sog. „Archidamische Krieg" wurde im Frühjahr 421 v. Chr. durch einen von dem athenischen Politiker Nikias betriebenen Friedensvertrag beendet. Der „Nikias-Friede" dauerte allerdings nur kurze Zeit; der Krieg brach spätestens im Jahre 418 v. Chr. mit der Schlacht bei Mantineia wieder aus und gewann nach der Besetzung der athenischen Grenzfestung Dekeleia durch die Spartaner im Jahre 413 v. Chr. an Härte. Dieser „Dekeleische Krieg" wurde im Nachgang der schweren Niederlage Athens in der Schlacht bei Aigospotamoi (405 v. Chr.) mit der bedingungslosen Kapitulation Athens beendet (404 v. Chr.).

Entspannt und gelassen, aber auch erschöpft scheint Thukydides über sein Werk nachzudenken, hat er doch den – seiner Meinung nach – „größten Krieg aller Zeiten" erforschen und darstellen wollen.

Was schrieb er?

Schon vor 431 v. Chr. erkannte Thukydides die große Bedeutung des drohenden Krieges. Offensichtlich hatte er gründliche historiographische Vorarbeiten zu seinem Werk *Der Peloponnesische Krieg* betrieben und bereits vor Beginn der Arbeit methodologische Überlegungen angestellt, die er dann in die sog. „Archäologie", das Kernstück des Proömiums (1, 2–21), eingearbeitet hat und im „Methodenkapitel" (1, 22) vertieft.

Die Darstellung befasst sich zunächst mit dem „Archidamischen Krieg" (s. o.). Allerdings gibt es auch in diesem ersten Teil des Werkes Hinweise darauf, dass er erst nach 404 v. Chr. geschrieben wurde, und im sog. „zweiten Proömium" (5, 26) gibt Thukydides zu erkennen, dass er den gesamten Krieg von 431–404 v. Chr. als einheitlichen Gegenstand seiner Darstellung betrachtet. Man kann also davon ausgehen, dass Thukydides sein Werk in zwei Schritten konzipierte: einem ersten, der nur den zehnjährigen Archidamischen Krieg betraf, und einem zweiten, der den ganzen Peloponnesischen Krieg umfasste. Der philologische Streit über die

„thukydideische Frage" zur Entstehungsgeschichte des Werkes führte bisher allerdings nur zu der Annahme, dass der bei Weitem größte Teil des Textes der ersten Bücher sowohl vor oder auch nach 421 v. Chr. oder auch bald nach 404 v. Chr. verfasst sein kann. Im Proömium weist Thukydides mit Hilfe eines Überblicks über bestimmte Aspekte der Vor- und Frühgeschichte Griechenlands nach, dass der von ihm beschriebene Krieg bedeutender war als alle früheren Kriege (dazu gehören auch der Trojanische Krieg und die Perserkriege). Hinzu kommen methodologische Überlegungen zum Umgang mit nicht spezifisch historischem Quellenmaterial.

Thukydides erfasst das historische Geschehen nicht nur mit einer Darstellung der Vorgänge, sondern auch mit Hilfe von zahlreichen Reden, die er den handelnden Personen in den Mund legt; er charakterisiert diese als eigene Schöpfungen (1, 22, 1), er habe unter Berücksichtigung der Gesamttendenz wirklich gehaltener Reden neue Reden entworfen, die den Intentionen der Redner besonders nahekämen und die Ursachen der Geschehensabläufe sichtbar machten. So wurden die über 40 Reden zu einem wesentlichen Kompositionselement des Werkes. Ein berühmtes Beispiel ist die Totenrede des athenischen Staatsmannes Perikles auf die Gefallenen (2, 35–46). Ebenso berühmt ist eine weitere Rede des Perikles im Zusammenhang mit der Schilderung der Pest in Athen (2, 47–57 und 59–64). Außerdem nutzt Thukydides die Form des Redewettkampfes – so lässt er z. B. Alkibiades und Nikias vor Beginn der sizilischen Expedition verbal aufeinandertreffen (6, 9–23).

Ein weiterer Versuch des Autors, das historische Geschehen fassbar zu machen, ist die Unterteilung in jahreszeitlich definierte Abschnitte. Diese Art der Datierung ermöglichte es Thukydides, in einer Zeit, in der es noch keinen einheitlichen Kalender gab, alle Ereignisse in die natürliche zeitliche Abfolge eines Jahres einzufügen und so größtmögliche Genauigkeit zu erzielen. Hinzu kommt die Zählung nach Kriegsjahren.

Thukydides unterbricht seine Darstellung immer wieder durch Exkurse. Der berühmteste Exkurs ist die Schilderung des etwa fünfzig Jahre dauernden Zeitraumes zwischen dem Rückzug des Perserkönigs Xerxes aus Griechenland und dem Beginn des Peloponnesischen Krieges (1, 118, 2). Es handelt sich dabei um eine Darstellung vieler Details aus der Zeit zwischen 479 und 431 v. Chr., die den Anschein erwecken, Material für eine universale Geschichte Griechenlands zu sein, das vor Kriegsbeginn zusammengetragen worden war und nicht verloren gehen sollte.

Für das Thema des Werkes gibt es keine literarischen Vorbilder. Eine Auseinandersetzung des Thukydides mit → Herodots Auffassung von Historiographie ist dagegen fassbar: Er distanziert sich entschieden von der Unterhaltungsfunktion des herodoteischen Geschichtswerkes, benutzte alle ihm zugänglichen Informationsquellen der Zeitgeschichte und konnte auch die Ergebnisse seiner Autopsie verwerten. Er legte besonderen Wert darauf, „seinen" Krieg als den größten aller Zeiten darzustellen (1, 21, 2) und die Bedeutung etwa der Perserkriege herunterzuspielen. Schließlich wurde durch die Veröffentlichung von Herodots *Historien* die Erinnerung an den ruhmvollen Abwehrkampf gegen die Perser zwischen 490 und 479 v. Chr. wieder lebendig, sodass der Peloponnesische Krieg zweitrangig zu werden drohte. Angesichts dessen blieb Thukydides gar keine andere Möglichkeit, als im Interesse seines eigenen Gegenstandes den des Herodot in seiner Bedeutung herunterzuspielen. Auch das berühmte „Methodenkapitel" ist vor diesem Hintergrund zu sehen:

> Nur mit Mühe wurden die Tatsachen ermittelt, weil die Zeugen der einzelnen Vorgänge nicht dasselbe über dasselbe aussagten, sondern wie jeder Einzelne in seiner individuellen Sichtweise von seiner Sympathie oder seinem Erinnerungsvermögen bestimmt wurde. Und diese nüchterne und sachliche Darstellung der Vorgänge wird den Zuhörern vielleicht weniger anziehend erscheinen; wenn aber irgendwelche Leute die Absicht haben, alles klar zu durchschauen, was tatsächlich passiert ist und was der menschlichen Natur gemäß irgendwann einmal wieder so oder ähnlich passieren wird, dann wird es mir genügen, dass sie meine Ausführungen für nützlich halten. Sie stehen ihnen als ein Besitz für immer zur Verfügung und nicht als ein Hörvergnügen für den Augenblick.
>
> *(1, 22, 4)*

Der Leser soll also die Darstellung als „nützlich" erkennen, und ihre „Nützlichkeit" soll auch in der Zukunft wirksam sein, da „der menschlichen Natur" gemäß mit einer Wiederholung der geschilderten Vorgänge zu rechnen ist; der Leser soll etwas für den späteren Umgang mit ähnlichen Vorkommnissen lernen (vgl. auch 2, 48, 3). Das „Menschliche", das sich nicht verändert, ist für Thukydides die geschichtsprägende Kraft. Er definiert es (z. B. 1, 76, 2; 4, 61, 5; 5, 105, 2) als ein konstantes Verhaltensmuster. Aus der im „typisch Menschlichen" liegenden Vorstellung vom „Recht des Stärkeren" ergibt sich auch der Kriegsgrund: die Rivalität der Großmächte um die Vormachtstellung. Offensichtlich wollte Thukydides am Beispiel des Peloponnesischen Krieges – wiederum im Gegensatz zu Herodot – nachweisen, dass geschichtliche Abläufe durch die Wirksamkeit des „Menschlichen" und nicht durch „höhere Mächte" zu erklären seien. Der Krieg galt ihm als

„gewalttätiger Lehrmeister", der die zerstörerischen Bestandteile des „Menschlichen" an die Oberfläche bringt. Aber er wollte auch das Leid bewusst machen, das der Krieg immer wieder über die Menschen bringt. Ein erschütterndes Beispiel ist der „Melier-Dialog" (5, 84–116), der die Verhandlung zwischen Athen und der um Neutralität bemühten Insel Melos und den totalen Machtanspruch der athenischen Polis wiedergibt.

Wie lebte das Werk fort?

Die *Hellenika* → Xenophons (s. S. 169) schließen an Thukydides an, für die römischen Historiker Sallust, Tacitus und Ammianus Marcellinus war Thukydides das große Vorbild. Eine reiche philologische Kommentierung ist nachweisbar. Cicero hat den griechischen Historiker gut gekannt: Er erwähnt ihn als einen großartigen Künder geschichtlicher Ereignisse in seinem *Brutus* (287), und im *Redner* (30) charakterisiert er ihn als beeindruckenden und ehrlichen Historiker, aber wenig publikumswirksamen oder nachahmenswerten Redner. Im Mittelalter ist er vergessen, erfährt aber durch die lateinische Übersetzung des Laurentius Valla (1452) eine machtvolle Renaissance. Machiavellis Geschichtsauffassung zeigt seinen Einfluss, Thomas Hobbes und David Hume rühmen Thukydides. Im 19. Jh. berufen sich die Historiker Barthold Georg Niebuhr und Leopold von Ranke auf das große Vorbild, und Nietzsche zeigt sich begeistert:

> Von der jämmerlichen Schönfärberei der Griechen in's Ideal, die der „klassisch gebildete" Jüngling als Lohn für seine Gymnasial-Dressur in's Leben davonträgt, kurirt Nichts so gründlich als Thukydides. Man muss ihn Zeile für Zeile umwenden und seine Hintergedanken so deutlich ablesen wie seine Worte: es giebt wenige so hintergedankenreiche Denker.
>
> *(Götzen-Dämmerung oder Wie man mit dem Hammer philosophirt, 1888)*

Was bleibt?

Offensichtlich ist die Unveränderlichkeit des menschlichen Wesens, „das Menschliche" gerade in der Dimension seiner Unmenschlichkeit, das eigentliche Thema, das an konkreten geschichtlichen Ereignissen veranschaulicht wird, aber ein zeitunabhängiges, dauerhaftes Merkmal allen Geschehens ist. Die „Nützlichkeit" des Geschichtswerkes zeigt sich in der rückhaltlosen und zynischen Entlarvung des menschlichen Charakters.

Die attische Biene

Xenophon

Name: **Xenophon von Athen**
Lebensdaten: **Zweite Hälfte 5. Jh. – 355 v. Chr.**
Literarische Gattungen: **Sokratische Gespräche, Historiographie, Enkomion, Bildungsroman, Novelle, Fachwissenschaft**
Werke: **Sokratische Schriften, historische Schriften, pädagogisch-ethische und fachwissenschaftliche Schriften**

Wer war das?

Xenophon wurde um 426 v. Chr. in Athen geboren, sein Vater war der wohlhabende Athener Gryllos. Er erhielt eine sportlich-militärische Ausbildung. Bekannt ist seine Vorliebe für Sparta und die spartanische Lebensweise. Die Legende erzählt (Diog. Laert. 2, 48), Sokrates habe ihn in einer engen Gasse mit einem vorgestreckten Stock angehalten und gefragt, wo man am besten einkaufen könne und wo man die besten Bildungseinrichtungen finde. Xenophon habe Sokrates nur die erste Frage beantworten können. Darauf habe Sokrates ihn aufgefordert, ihm zu folgen und sich belehren zu lassen. Von da an sei er ein Schüler des Sokrates gewesen.

In den letzen Jahren des Peloponnesischen Krieges (s. S. 159) und unter der Herrschaft der Dreißig Tyrannen diente er in der athenischen Reiterei. Später schloss er sich dem persischen Prinzen Kyros und dem „Zug der Zahntausend" gegen den Perserkönig Artarxerxes II. an. Nach der Ermordung der griechischen Führer durch die Perser wurde Xenophon zum Kommandeur der Zehntausend gewählt. Er führte die Griechen bis zum Schwarzen Meer, schloss sich dann aber den Spartanern an, die sich unter Führung des Agesilaos im Krieg gegen die Perser befanden. Er kämpfte sogar nach Ausweitung des Krieges auf das griechische Mutterland auf spartanischer Seite gegen Athen. Weil daher eine Rückkehr nach Athen ausgeschlossen war, schenkten ihm die Spartaner ein Landgut in Skillus bei Olympia. Jahre später konnte er nach der Aussöhnung zwischen Sparta und Athen noch einmal nach Athen zurückkehren, wo er ca. 355 v. Chr. starb.

Was schrieb er?

Xenophons sokratische Schriften nehmen einen herausragenden Platz in seinem Werk ein: die *Memorabilien*, das *Symposion*, der *Oikonomikos* und die *Apologie*.

Ein großer Teil der wahrscheinlich im Laufe mehrerer Jahrzehnte nach 399 v. Chr. entstandenen ***Memorabilien*** („Denkwürdigkeiten") diente der Zurückweisung der Vorwürfe, die gegen Sokrates erhoben wurden und zu seiner Anklage und Verurteilung durch ein athenisches Gericht geführt hatten. Das Werk besteht aus zwei Teilen: Buch 1, 1–2 (ein Achtel der ganzen Schrift) befasst sich mit der Frage, ob die offizielle Anklage im Jahre 399 v. Chr. berechtigt war. Der Teil schließt mit der rhetorischen Frage, ob Sokrates nicht eher Ehrungen statt Strafe verdient hätte. Buch 1, 3 bis Buch 4 bieten eine Sammlung größerer und kleinerer Dialoge, in denen das positive Wirken, der „Nutzen", des Sokrates unter verschiedenen Aspekten dargestellt wird.

Mit dem Anfang von 1, 3 wird unter dem Stichwort „Nutzen" der apomnemoneutische („erinnernde") Teil der Schrift eingeleitet. Es geht u. a. um Sokrates' Verhältnis zu den Göttern und seine vielgerühmte Selbstbeherrschung. Der methodisch wichtige Abschnitt 1, 4–2, 1 setzt sich mit dem Vorwurf ungenannter Kritiker auseinander, Sokrates habe seine Gesprächspartner zwar zur Tugend angehalten, aber nicht zu diesem Ziel hinführen können. Buch 2, 2–10 befasst sich mit dem Thema „Freundschaft". Buch 3 handelt von den militärisch-politischen Pflichten des Staatsbürgers und enthält Gedanken über die Relativität bestimmter Werte und über ihren richtigen Gebrauch, ihre Ausübung usw. Buch 4, 1 berichtet über Sokrates' Methode und die Wichtigkeit der Erziehung. Buch 4, 2–3 und 4, 5–6 beschreiben die Gewinnung des Euthydemos für die Philosophie mit Hilfe von Elenktik und Belehrung. In 4, 4 unterbricht der Autor diesen Gedankengang durch ein Gespräch mit Hippias über die Gerechtigkeit. In 4, 7 legt Sokrates die Begrenztheit von Fachwissen dar, und in 4, 8 wendet sich Xenophon wieder dem Prozess und der Verurteilung des Sokrates zu, hebt noch einmal die Seelengröße des Meisters hervor und schließt mit einer kleinen Lobrede.

Xenophon bezieht sich im ersten Teil des Werkes (1, 1–2) auf die „Anklageschrift" des Rhetors Polykrates, die dieser 392 v. Chr. gegen die Anhänger des Sokrates verfasst hatte. Er ließ sich aber auch von anderen Sokratesschülern (z. B. von Platon) anregen. Die Sophisten hingegen lehnte er zwar ab, lässt aber Hippias mit Sokrates über Naturrecht und positives Recht diskutieren, ohne den Sophisten negativ darzustellen. Dem Sophisten Prodikos erzählt Sokrates den Mythos von „Herakles am

Scheideweg" nach. Hier erscheint Prodikos geradezu als ein Lehrer des Sokrates. Xenophon ließ sich wohl auch in seiner positiven Einstellung zur Rhetorik und zur Bedeutung der Rede besonders für die Erziehung von dem Sophisten Gorgias bestärken.

Unabhängig von der Frage, ob der erste Teil des Werkes als selbständige Flugschrift gegen Polykrates' „Anklage" verfasst wurde oder von vornherein den Anfang der „Memorabilien" bildete, sollte dieser Teil der Schrift nicht nur der Rechtfertigung und Verteidigung des Sokrates dienen, sondern auch die politische Loyalität des Autors gegenüber der athenischen Demokratie demonstrieren. Xenophon wollte darüber hinaus Sokrates so zeichnen, wie er ihn gesehen hatte: als ethisch rigorosen Lebenspraktiker, dessen intellektuelle Besonderheit zwar registriert, aber in ihrer Eigenart und ihrem Rang kaum erfasst wird. Xenophons Verfahren, in kurzen dialogischen Szenen allgemeingültige Lehren zu vermitteln, entspricht seiner moralpädagogischen Tendenz, die er auch in seinen anderen Schriften verfolgt. So setzt er die Erziehungsarbeit des Sokrates fort, wie er sie verstand.

Das *Symposion* („Gastmahl"), ein um 380 v. Chr. verfasstes philosophisch-dialogisches Werk, versetzt den Leser in eine heiter-entspannte Atmosphäre: Zu Ehren eines erfolgreichen Athleten veranstaltet ein reicher Athener ein Gastmahl. Nach dem Mahl tritt eine Artistengruppe auf. Es folgen kürzere Gespräche über die männliche Tüchtigkeit, die Tugenden der Frau, die richtige körperliche Erziehung, den Rausch und die Mäßigung. In einem bei Gelagen üblichen Frage- und Antwortspiel soll jeder sagen und begründen, worauf er stolz ist: Kallias auf seine Ausstrahlung, Nikeratos auf seine Homer-Kenntnisse, Kritobulos auf seine Schönheit, Antisthenes auf seinen Reichtum, Charmides auf seine Anmut, Sokrates auf seine Fähigkeit als Kuppler usw. Dann streiten Kritobulos und Sokrates darüber, wer der schönere von beiden ist.

Ein wenig später wünscht sich Sokrates eine Vorführung der Tanzgruppe. Während diese draußen probt, hält Sokrates eine Lobrede auf den Eros. Danach stellt die Tanzgruppe die Liebesnacht von Dionysos und Ariadne pantomimisch dar. In dieser Schilderung finden sich besonders geglückte Partien: die Darstellung der Physiognomie des Sokrates und die liebevolle Ausmalung der musischen Einlage. Xenophons Begabung lag offensichtlich in der Darstellung kleiner Szenen, nicht in dem von großen Spannungslinien durchzogenen Gemälde. Darum konnte auch die Platon-Parodie, die Xenophon als einen Könner der Karikatur erweist, nicht durchgehendes Stilprinzip werden, sondern blieb auf die Szene „Sokrates als Kuppler" beschränkt. Die Szenerie im Haus des Reichen gleicht Platons Darstellung im *Protagoras*; die Atmosphäre des Gelages ist in Platons *Symposion* vorgebildet. Doch gehen die Parallelen zu Platon noch weiter: die Abwendung von der Zecherei zu geistreichem Treiben; der intellektuelle Wettstreit der Trinker; Eros und Freundschaft als zentrale Themen; das Sokratesporträt; als Höhepunkt eine Rede des Sokrates, die vom Erotischen ins Psychische verweist. Wenn Platon den Dialog seines *Symposions* in einen Rahmenbericht einbettet, will er die Situation als wahr verdeutlichen. Xenophon erzählt dagegen eine in sich selbst ruhende, frei erfundene Geschichte. Doch auch er will nicht nur unterhalten, und so schickt er einen deutenden Vorspruch voraus:

> Ich finde, an schönen und tüchtigen Menschen sind nicht nur die mit Ernst erbrachten Handlungen erwähnenswert; man sollte auch die Erinnerung daran bewahren, wie sie in heiteren Stunden waren. Diese Überzeugung gewann ich durch ein Erlebnis, von dem ich berichten will …
>
> *(1, 1)*

Im *Oikonomikos* („Gespräch über die Hauswirtschaft"), einem Dialog über Privatökonomie und Landwirtschaft (nach 390 v. Chr.) findet der Leser Ratschläge für die Leitung eines landwirtschaftlichen Betriebs. Zunächst geht es um die Pflichten der Hausfrau und insbesondere um ihre Verantwortung für Ordnung und Arbeitseinteilung, aber auch um Verhaltensweisen, die ihr das Wohlwollen des Mannes einbringen; zu den Pflichten des Hausherrn gehören u. a. die Rechtsprechung über die Sklaven und die Auswahl geeigneter Mitarbeiter. Danach konzentriert sich das Gespräch auf landwirtschaftliche Fragen: Ausführlich beschreibt der Autor die Führungsqualitäten des Gutsherrn, die sich von denen eines Feldherrn nicht unterscheiden. Die Verbindung landwirtschaftlicher und militärischer Tüchtigkeit ist Xenophons Bildungsideal.

Die *Apologie* („Verteidigung") des Sokrates (ca. 370–360 v. Chr.) ist ein vielleicht durch Platons *Apologie* angeregter fiktiver Bericht über das Verhalten des Sokrates vor Gericht im Jahre 399 v. Chr. Xenophon schreibt, Sokrates habe auf eine angemessene Verteidigung verzichtet, weil sein Leben der beste Unschuldsbeweis sei. Dennoch geht er auf den Vorwurf ein, die Götter zu lästern und die Jugend zu verderben, auf sein Verhalten gegenüber den staatlichen Göttern, seine innere Stimme und die Befragung des delphischen Orakels. Der Autor meint, Sokrates habe seine Verurteilung durch „Großsprecherei" selbst verursacht, nicht zuletzt deshalb, weil er den Tod für vorteilhafter hielt als das Leben:

„Wenn jetzt aber mein Leben noch weitergeht, dann werden, das weiß ich genau, sich die Erscheinungen des Alters einstellen, dass ich nämlich schlechter sehe, weniger höre, weniger lernfähig bin und leichter vergesse, was ich einmal gelernt habe. Wenn ich aber feststelle, dass meine Kräfte abnehmen und ich selbst unzufrieden mit mir bin, wie könnte ich dann", sagte er, „noch gern leben wollen? Vielleicht", fügte er hinzu, „meint es der Gott sogar gut mit mir, dass er mein Leben im richtigen Alter und auch besonders leicht beendet. Wenn nämlich jetzt das Todesurteil über mich gesprochen wird, dann wird es mir offensichtlich möglich sein, das Ende zu finden, das von denen, die etwas davon verstehen, für besonders leicht gehalten wird, und außerdem noch den Freunden die geringsten Unannehmlichkeiten macht und die größte Sehnsucht nach dem Verstorbenen weckt. Denn wenn nichts Unschönes und nichts Hässliches im Bewusstsein der Überlebenden bleibt, sondern der Verstorbene mit einem gesunden Körper und einer Seele mit versöhnlichen Gedanken fortgeht, wie sollte dann der Tod nicht wünschenswert sein?"

(6 f.)

Neben den sokratischen Schriften hat Xenophon mehrere historiographische Werke verfasst. Die **Hellenika** („Griechische Geschichte") befassen sich in sieben Büchern mit griechischer Geschichte in der Zeit von 411 bis 362 v. Chr., und zwar, nach dem Ende des Peloponnesischen Krieges (s. S. 159), im Wesentlichen mit der Geschichte Spartas. Eine Ursache für dieses Ungleichgewicht liegt wahrscheinlich darin, dass sich der Autor vor allem auf eigene Beobachtungen und Erinnerungen stützte, die er im Gefolge des spartanischen Königs Agesilaos gesammelt hatte. (Diesem widmet er ca. 360 v. Chr. noch ein eigenes Werk, ein *Enkomion*, das ihn als vorbildlichen Herrscher und liebenswürdigen Menschen zeigt – zudem vermittelt die Schrift, welchen Maßstäben eine vorbildliche Persönlichkeit im 4. Jh. v. Chr. zu entsprechen hatte.) Das Ungleichgewicht erklärt sich aber auch aus der Tatsache, dass Xenophon neben seinen eigenen Aufzeichnungen und Informationen durch andere keine weiteren Untersuchungen anstellte, obwohl er nach der Aufhebung seiner Verbannung aus Athen zu Beginn der sechziger Jahre wieder Zugang zu athenischen Informationsquellen hatte.

In den ersten beiden Büchern versucht Xenophon so thukydideisch wie möglich zu sein. Er übernimmt die Chronologie des → Thukydides und bemüht sich auch um eine stilistische Anpassung an den Vorgänger. Ungeklärt bleibt die Frage, woher Xenophon seine Informationen über den Zeitraum von 411 bis 404 v. Chr. bezog. Vielleicht hat er schriftliche Quellen etwa in Form einer attischen Lokalchronik und mündlich übermittelte Augenzeugenberichte benutzt. Die Annahme, er habe ein Privatarchiv des Thukydides eingesehen, bleibt reine Spekulation.

Ein Leitgedanke des Werkes ist die Veranschaulichung des Niedergangs, den Sparta nach dem Sieg im Peloponnesischen Krieg erlebte. Die Ursachen des Machtverfalls und die wichtigsten Stationen des geschichtlichen Weges (z. B. die Niederlage gegen die Perser bei Knidos 394 v. Chr. und der Sieg der Thebaner bei Leuktra 371 v. Chr.) werden nicht thematisiert. Der Untergang ist laut Xenophon nicht zuletzt auf den Zorn der Götter zurückzuführen; denn die Spartaner hatten den Schwur, den griechischen Städten ihre Autonomie zu lassen, gebrochen.

Offensichtlich kam es dem Autor weniger auf die historiographisch umfassende Wiedergabe und Analyse der geschichtlichen Vorgänge an. Er wollte „ruhmvolle Taten" schildern, ohne Rücksicht auf ihr historisches Gewicht und die exemplarische Bedeutung menschlicher Leistungen herausstellen, unabhängig von ihrem historischen Rang. Daneben kam es ihm auf die Darstellung der Persönlichkeiten an, die mit ihren Taten aus der Masse herausragten. Reden beleuchten die Charaktere und lockern das trockene Referat der Fakten auf; überall ist die für Xenophon typische Lebendigkeit der Darstellung spürbar. Wenn das spätere Altertum – Polybios, Cicero, Dionysios von Halikarnassos – den Autor schätzte, so bestimmt auch aufgrund seiner *Hellenika*.

Die ***Anabasis*** („Marsch hinauf") berichtet über den im Jahre 401 v. Chr. erfolgten Versuch des persischen Prinzen Kyros, die Macht zu ergreifen und seinen Bruder, den rechtmäßigen Großkönig, vom Thron zu vertreiben, über das Scheitern des Unternehmens und über den Rückmarsch der zehntausend griechischen Söldner, an dessen Organisation Xenophon selbst maßgeblich beteiligt war. Der Autor veröffentlicht seinen Bericht zunächst unter dem Pseudonym „Themistogenes aus Syrakus". Der Titel (eigentlich: „Marsch von der Küste hinauf ins Binnenland") passt eigentlich nur zu einem kleineren Teil des Werkes (1, 1–8), denn mit der Schlacht bei Kunaxa endet der Feldzug des Kyros.

In dieser Schlacht, von der wir mit Xenophons Beschreibung den Ausschnitt vor Augen haben, den Xenophon selbst überblicken konnte, erringen die Griechen trotz der gewaltigen Übermacht des Großkönigs zwar einen Sieg, aber Kyros wird von einer persischen Lanze tödlich getroffen. Xenophon schließt diesen Teil seines Berichts mit einem ausführlichen Porträt des Prinzen und seiner Führungsqualitäten (1, 9); vergleichbare Porträts zeichnet der Autor auch von den Feldherren Klearchos, Proxenos und Menon. Der Hauptteil der Schrift gilt dem Rückzug des griechischen Söldnerheeres. In lebendiger Anschaulichkeit schildert der Autor die monotonen Märsche auf Gebirgswegen und über Wüstenpisten und den schwierigen Rückmarsch der auf sich allein gestellten griechischen Söldner im strengen Nachwinter des Jahres 401/400 v. Chr. – durch die Gebirgsmassive Zentralanatoliens bis nach Trapezunt am Schwarzen Meer und dann weiter nach Westen, wo die Überlebenden schließlich im Auftrag des thrakischen Fürsten Seuthes ihre letzten Kämpfe zu bestehen haben.

Xenophon erzählt in der *Anabasis* Selbsterlebtes oder durch Augenzeugen Verbürgtes. Von sich selbst und seinem (nicht unbeträchtlichen) Anteil am Geschehen des Zuges spricht er in der dritten Person – wie später Caesar in seinen *Commentarii* (*De bello Gallico* u. a.), die dem Buch auch in Stil und innerer Haltung sehr verwandt sind. Dieser Kunstgriff förderte zugleich die Absicht des Verfassers, seine eigene Leistung ins rechte Licht zu setzen, war doch die Beteiligung am Unternehmen eines persischen Rebellen und Hochverräters aus athenischer Perspektive zumindest suspekt.

Xenophons Absicht kann nicht nur darin bestanden haben, den Feldzug, den Rückmarsch und die glückliche Rettung des griechischen Söldnerheeres darzustellen. Offensichtlich sollte die Schrift dazu beitragen, die Gefolgsleute des Kyros vor missgünstiger Beurteilung zu schützen. Außerdem wollte sich der Söldnergeneral Xenophon vor seinen athenischen Landsleuten, die ihn als Vaterlandsverräter in die Verbannung geschickt hatten, rechtfertigen und sich gegen die Vorwürfe zur Wehr setzen, die gegen ihn erhoben worden waren.

Zu Xenophons fachwissenschaftlichen Schriften gehört der nach 362 v. Chr. verfasste **Reiterführer**. Er bietet einen Überblick über die Pflichten eines Reitergenerals – freilich keine systematische Lehrschrift, sondern eine Sammlung von Regeln für den Praktiker: Auswahl der Pferde und Reiter für den Kampfeinsatz, Aufstellung der Truppe, taktische Anweisungen, Kriegslisten, Behandlung der Soldaten, Verteidigung einer Stadt, Ratschläge zur Vergrößerung der attischen Reiterei, Hinweise auf die Notwendigkeit der Einhaltung kultischer Vorschriften.

Der ca. 360 v. Chr. entstandene Ratgeber für Kavalleristen **Über die Reitkunst** befasst sich mit Pferdekauf und Pferdehaltung einschließlich der Beschaffenheit des Stalles, der Pflege und Dressur, die das Pferd auf den militärischen Einsatz vorbereitet. Der Autor geht u. a. auf Lauf-

Heine, die Zehntausend und das Meer

In direkter Anlehnung an Xenophons Anabasis hat Heinrich Heine das Gedicht „Meergruß" (1827) gestaltet. Hier begrüßt der Sprecher die Nordsee mit denselben Worten, die Xenophon seinen „Zehntausend" in den Mund legt, als diese nach beschwerlichem und langem Weg endlich auf einer Hügelkette das Schwarze Meer erblicken – und zu laufen beginnen: „Thalatta! Thalatta!" – „Das Meer, das Meer!"

Thalatta! Thalatta!
Sei mir gegrüßt, du ewiges Meer!
Sei mir gegrüßt zehntausendmal,
Aus jauchzendem Herzen,
Wie einst dich begrüßten
Zehntausend Griechenherzen,
Unglückbekämpfende, heimatverlangende,
Weltberühmte Griechenherzen.

Es wogten die Fluten,
Sie wogten und brausten,
Die Sonne goß eilig herunter
Die spielenden Rosenlichter,
Die aufgescheuchten Möwenzüge
Flatterten fort, lautschreiend,
Es stampften die Rosse, es klirrten die Schilde,
Und weithin erscholl es wie Siegesruf:
Thalatta! Thalatta! [...]

(aus: Buch der Lieder, Die Nordsee, Zweiter Zyklus 1)

und Sprungtraining, Bergauf- und Bergabreiten und Kampftechniken ein. Xenophon beweist hier höchste Sachkenntnis und tierpsychologisches Einfühlungsvermögen.

In dem fiktiven Dialog *Hieron* (oder *Ein Gespräch über die Tyrannis*, ca. 356 v. Chr.) erklärt der sizilische Tyrann Hieron dem Dichter Simonides, sein Leben sei unglücklicher als das Leben eines Privatmannes und eine perverse Existenzform. Simonides hält dagegen, die Tyrannis sei unter bestimmten Bedingungen eine vollkommene Selbstverwirklichung. Vielleicht wollte Xenophon mit der Schrift Einfluss nehmen auf Dionysios II. und ihm die Umwandlung der Tyrannis in eine gerechte Herrschaft nahelegen.

Das nach 355 v. Chr. vorgelegte Werk *Vorschläge zur Beschaffung von Geldmitteln* (oder *Über die Staatseinkünfte*) befasst sich mit der Frage, wie Athen unter Verzicht auf Expansionspolitik seine wirtschaftliche Versorgung sicherstellen kann. Der Autor beschreibt die Ressourcen Attikas, weist auf die Nützlichkeit der Ausländer hin und macht Vorschläge für die Aufhebung ihrer Diskriminierung. Er äußert Überlegungen zur Erweiterung von Schifffahrt und Handel, zur Intensivierung der Silberförderung und zur Verstärkung einer Investitionspolitik in Hochkonjunkturzeiten.

Die *Kyrupädie* („Bildung des Kyros"), die wohl nach 362/361 v. Chr. verfasst wurde, ist die romanhaft-historische Darstellung des idealen Herrschers am Beispiel Kyros' II., des Begründers des Persischen Reiches, in acht Büchern. Die „Bildung" wird unter drei Aspekten beschrieben: Voraussetzungen der Persönlichkeitsentwicklung, Anwendung des Gelernten auf die Lebenspraxis (was sich vordergründig als eine Kette militärischer Leistungen und Erfolge darstellt) und Konsolidierung der von Autorität getragenen Herrschaft durch Weitergabe des Gelernten an die Untertanen. Das Thema der Schrift ist also die Bildung des Kyros unter den Gesichtspunkten ihres Erwerbs, ihrer Anwendung und ihrer Vermittlung, den drei Lebensabschnitten des Kyros entsprechend: Jugend, Eroberung und innere Organisation des Reiches. Weil Xenophon kein Geschichtswerk schaffen wollte und keinen Anspruch auf historiographische Zuverlässigkeit erhob, erfand er Personen und Situationen. In die Gestalt des Perserkönigs sind Eigenschaften anderer Menschen eingegangen, die Xenophon schätzte: des Agesilaos, des Sokrates, des jüngeren Kyros.

Wenn Xenophon sein Idealbild des gerechten und starken Monarchen zeichnet, fasst er noch einmal alles zusammen, was sein literarisches Leben bestimmt hat: die Reverenz vor dem persischen Nachbarvolk, die Neigung zu historischen Studien, die Freude an den pragmatischen und militärischen Disziplinen feudaladliger Lebensweise, das Streben nach moralischer Durchdringung des Daseins und die Bewunderung großer Persönlichkeiten. Was Kyros aufgrund seiner Bildung beherrscht, ist die Kunst der Menschenführung, die seine Mitmenschen dazu bringt, ihm freiwillig zu folgen und zu gehorchen. Aufgrund seiner Weisheit und Menschenfreundlichkeit entartet seine Herrschaft trotz unbegrenzter Machtfülle nicht zur Despotie. Für Xenophon war die Monarchie, wie sie Kyros in Persien verwirklicht hatte, eine wirkliche

Alternative zur attischen Demokratie seiner Zeit; die auf Wahrheit und Fiktion beruhende Darstellung des historischen Romans diente dem Autor als Hintergrund für dieses problematische Anliegen.

Wie wirkten seine Werke fort?

Arrian aus Nikomedeia, der sich selbst als „neuen Xenophon" bezeichnete, nahm für seine Darstellung des Alexanderzuges nach Asien Xenophons Werk zum Vorbild (sein griechischer Titel: *Anábasis Alexándrou*); er benutzte es auch für seine Darstellung der *Umsegelung des Schwarzen Meeres*. Auch auf die römische Literatur hatte er eine bedeutende Wirkung. Cicero erwähnt (*Über die Pflichten* 2, 87), er habe den *Oikonomikos* übersetzt (um 85 v. Chr.) und bezeugt intensive Lektüre der *Kyrupädie*, die auch schon Scipio Africanus ständig in der Hand hatte: „Denn in der Schrift blieb keine Pflicht eines gewissenhaften und maßvollen Herrschers unerwähnt" (Cicero, *Briefe an Quintus* 1, 1, 23). Über Xenophons Stil sagt Cicero (*Redner* 32), er sei „süßer als Honig". Und das *Suda*-Lexikon bezeichnet Xenophon im 10. Jh. wegen der Reinheit seiner Sprache als „attische Biene". Seine Sprache galt als Vorbild für den schlichten Stil. Er wurde darum nicht nur in der späteren Antike sehr geschätzt, sondern blieb auch bis heute Schulautor. Seit der Neuzeit wurde er vor allem wegen seiner – umstrittenen – Darstellung des Sokrates in verschiedenen seiner Schriften gelesen.

Was bleibt?

Warum hat Xenophon seine vielleicht berühmteste Schrift *Anabasis* genannt, obwohl der Titel auf den ersten Blick nur zu dem kleinsten Teil seiner Ausführungen passt? Die „Anabasis" ist das „Aufsteigen" und „Vorwärtskommen" im Blick auf ein Ziel. Auch Platon (*Staat* 519 d) verwendet die Metapher des Aufstiegs für den Fortschritt im Wissen um das Gute. Xenophons *Anabasis* ist nur vordergründig ein „Marsch in das Landesinnere". Sie ist vielmehr die Allegorie eines Entwicklungsprozesses, der in einer extremen Ausnahmesituation zu höchsten Anstrengungen und fast übermenschlichen Leistungen führt. Xenophon übernahm die Verantwortung, vertraute auf die menschliche Leistungsfähigkeit und tat im richtigen Augenblick das Richtige – und erreichte durch äußerste Disziplin und Mobilisierung aller Kräfte das Ziel. Das ist die Botschaft der *Anabasis*.

Nachwort

Aus der großen Zahl berühmter griechischer Schriftsteller konnte hier nur eine kleine Auswahl vorgestellt werden. Aber wie schon Hesiod (s. S. 82 ff.) sagte, ist „die Hälfte manchmal mehr als das Ganze". Das bedeutet aber nicht, dass die zweiundzwanzig Porträts, die der vorliegende Band enthält, auch nur annähernd diese Hälfte umfasst. Aber immerhin – es sind die Persönlichkeiten der griechischen Antike, von denen man heute noch spricht.

Manche Leserin und mancher Leser wird ein Porträt des einen oder anderen griechischen Philosophen vermissen, von denen einige schon am Rand der vorliegenden Ausführungen erwähnt wurden und auf weitere Informationen neugierig gemacht haben. Darunter sind etwa vorsokratische Denker wie der weise Thales, Anaximander, der das „unerklärbar Andere" zum Urgrund das Dasein erklärt, Parmenides, der es für möglich hält, Wahrheit und Schein sauber zu trennen, und der „dunkle" Heraklit, für den „alles fließt", Empedokles, bei dem Liebe und Hass die Welt beherrschen, und der heiter-optimistische Demokrit, der redegewandte Sophist Protagoras, der den selbständigen Menschen zum Maß aller Dinge erklärt, der sympathische Antisthenes, der Apostel von Mühe und Arbeit, und der bezaubernde Provokateur Diogenes.

Selbstverständlich gehört die Schlüsselfigur aller Philosophie dazu: Sokrates – und nicht zuletzt die prominenten Personen der späteren Zeit: der Skeptiker Pyrrhon und der Akademiker Karneades, Ciceros geheimes Vorbild, und Aristipp, der Erfinder des Hedonismus und Vorbild aller Epikureer, aber auch der gelassen-fortschrittliche Stoiker Panaitios und der hoch gelehrte Poseidonios, für den alles in der Welt zusammenhängt und gemeinsam empfindet. Warum sollte endlich nicht auch Theophrast aus dem Schatten des Aristoteles heraus treten und seine Bedeutung beweisen dürfen oder Pythagoras zu Wort kommen, der davon überzeugt war, dass die Welt aus Zahlen besteht und darum berechenbar ist, und viel mehr war als ein einflussreicher Mathematiker?

Zum Weiterlesen

Allgemeines

Bruno Bleckmann: Der peloponnesische Krieg, München 2007.

Wolfgang Buchwald u. a. (Hg.): Tusculum-Lexikon griechischer und lateinischer Autoren des Altertums und des Mittelalters, München ³1982.

M. Erler/A. Graeser (Hg.): Philosophen des Altertums. Vom Hellenismus bis zur Spätantike. Einführung, Darmstadt 2000.

Herwig Görgemanns (Hg.): Die griechische Literatur in Text und Darstellung, Stuttgart 1991.

Andreas Graeser: Hauptwerke der Philosophie der Antike, Stuttgart 1992.

Käte Hamburger: Von Sophokles zu Sartre. Griechische Dramenfiguren antik und modern, Stuttgart ⁵1974.

Niklas Holzberg: Die antike Fabel. Eine Einführung, Darmstadt ²2001.

Gerhard Jäger: Einführung in die Klassische Philologie, München ³1990

Joachim Latacz: Einführung in die griechische Tragödie, Göttingen 1994.

Albin Lesky: Geschichte der griechischen Literatur, Bern ³1971.

Rainer Nickel: Lexikon der antiken Literatur, Düsseldorf 1999.

Albert von Schirnding: Am Anfang war das Staunen. Über den Ursprung der Philosophie bei den Griechen, München 1978.

Oliver Schütze (Hg.): Griechische und römische Literatur. 120 Porträts, Stuttgart/Weimar 2001.

Bernhard Zimmermann: Die griechische Komödie, Düsseldorf/Zürich 1998.

Zu einzelnen Schriftstellern

Reinhold Bichler/Robert Rollinger: Herodot, Darmstadt 2000.

H.-D. Blume: Menander, Darmstadt 1998.

Bernd Effe: Theokrit. Gedichte. Griechisch – deutsch, Düsseldorf/Zürich 1999.

Ernst Heitsch (Hg.): Hesiod, Darmstadt 1966.

Hippokrates. Ausgewählte Schriften. Herausgegeben und übersetzt von Charlotte Schubert und Wolfgang Leschborn, Düsseldorf/Zürich 2006.

Otfried Höffe: Aristoteles, München 1996.

Kallimachos. Werke, Griechisch und deutsch, hg. und übersetzt von Markus Asper, Darmstadt 2004.

Joachim Latacz (Hg.): Homer. Die Dichtung und ihre Deutung, Darmstadt 1991.

Manfred Joachim Lossau: Aischylos, Darmstadt 1998.

Christian Mueller-Goldingen: Xenophon. Philosophie und Geschichte, Darmstadt 2007.

Michael Theunissen: Pindar. Menschenlos und Wende der Zeit, München 2000.

Wolfhart Unte: Demosthenes. Politische Reden. Griechisch/deutsch, Stuttgart 1985 (mit Bibliographie und wichtigem Nachwort).

Abbildungsnachweis

Impressum

176 Seiten mit 11 Abbildungen

Umschlagabbildung vorne: Euripides, griechische Kopie einer römischen Marmorbüste © akg-images / Erich Lessing
Umschlagabbildungen hinten: (v.l.n.r) Aristoteles, Thukydides, Herodot © GNU Free Documentation License 1.2/ Creative Commons Attribution ShareAlike 3.0 (2x), public domain
Frontispiz: Raffaels phantasievolles Gemälde versammelt die berühmtesten griechischen Schriftsteller und Philosophen aus mehreren Jahrhunderten. Mit Recht stellt er Platon und Aristoteles in den Mittelpunkt. © Album/Oronoz/AKG
Titelseite: Sophokles, Bronzemünze

Bibliografische Information der Deutschen Nationalbibliothek
Die Deutsche Nationalbibliothek verzeichnet diese Publikation in der Deutschen Nationalbibliografie; detaillierte bibliografische Daten sind im Internet über *http://dnb.d-nb.de* abrufbar.

Weitere Publikationen aus unserem Programm finden Sie unter:
www.zabern.de

© 2010 by Verlag Philipp von Zabern, Mainz
ISBN: 978-3-8053-4242-1
Lithos und Gestaltung: Vollnhals Fotosatz, Neustadt a. d. Donau
Lektorat: Dr. Cornelius Hartz, Hamburg
Reihengestaltung/Umschlaggestaltung: Max Bartholl, text und gestalt GbR, Frankfurt am Main und Hamburg
Druck: CPI – Ebner & Spiegel, Ulm